1

人類文明究將在和平共存中繼續演進、或是在轟然巨響中毀於一旦？這是「西方的沒落」所逼現的根本問題。上圖為聯合國開會的場景，下圖卻是美國首次引爆氫彈的情狀。兩者出現於同一天的「紐約時報」（1952・6・15），恰呈尖銳的對比與反諷。

枯寂的人生，意味著趨向僵化與沒落的文明，圖為現代畫名家狄奇理珂（Giorgio de Chirico）的作品：「街的神秘與陰鬱」（Mystery and Melancholy of a Street），反映了現代西方都市生活的寂寞與疏離。

十九世紀是西方文明極盛的時代，對外殖民與淘金，成為歐洲社會的流行風氣。上圖為法國殖民者大批出海的情景，下圖為西方殖民者在澳洲挖掘金礦的情景。這時，西方文化正發展到它的巔峰狀態。

西方的沒落，在外表金碧輝煌的維多利亞時代，已經顯出端倪，上圖是維多利亞時代，高層社會的仕女交際概況，充滿了偽善與虛浮，下圖顯示同一時代，因為對殖民地的爭逐，分配不均，西方軍事將領們已經在準備彼此互相作戰。

德國在現代西方世界一躍而為首級強國，得力於普魯士軍軍事統一的成功，以及俾士麥權術手腕的靈活。圖為德國崛起之初，軍事將領在俾士麥鼓舞下，向德皇宣誓效忠的情景。不久，德國即戰勝奧、法等國，成為歐洲最大的強權。

在史賓格勒看來，第一次世界大戰的發生，印證了「西方的沒落」所設定的主題：西方文明已經進入了「戰國時代」。事實上，早在一八九〇年德國「鐵血宰相」俾士麥下臺時，歐洲權力均勢即已無法維持，大戰爆發，只是遲早的問題，圖為英國漫畫家約翰・特尼爾筆下，俾士麥去職的情景，上方為逼他下野的德國新帝威廉二世，充滿了諷刺趣味。結果，威廉二世戰敗投降，埋下了希特勒崛起的主因。

第一次世界大戰揭開了「西方的沒落」序幕，上圖是德國最高統帥部策劃作戰的情形，中為德皇威廉二世，左為興登堡元帥，右為參謀長魯登道夫。下圖是一次大戰的西線戰場上，德、法兩軍傷亡慘烈的實況。

現代西方在政治上唯一的一次理想主義式的表現，是一次大戰之後，在巴黎和會上，美國總統威爾遜所提的「十四點和平建議」，但歐洲根本無人理會他。威爾遜垂頭喪氣返美之後，希特勒便應時而起了。上圖是威爾遜氣沮而歸的情形，下圖是希特勒意氣風發的演講，理想主義之屈服，狂熱主義之抬頭，恰好形成一項尖銳的對比。

每一文明的最終階段，都是軍國主義崛起，對外進行征服。在西方文化中，第一、二次大戰的過程，即是軍國主義起伏盛衰的實況。圖為一九二三年，納粹以火炬遊行展示軍容與軍威的情景，是現代史上極具代表性的一幕。

軍國主義的下場，往往是窮兵黷武，血流成渠，終於民窮國亡，名都成墟，圖為納粹戰敗之時，柏林市內斷垣殘壁的淒涼景況。

史賓格勒認為：希臘文化的基本象徵為「有限的實體」，可由菲狄亞斯的雕塑作品做為代表。事實上，早在西元前第七世紀的希臘瓶繪中，「有限的實體」觀念已經十分明顯，因為古希臘瓶繪傑作，敘述大神波里菲瑪士（Polyphemus）被刺瞎的故事。

古希臘另一著名於後世的瓶繪作品，為名畫家西亞克斯（Psiax）所繪，描述大力士赫拉克利斯（Herakles）與獅子搏鬥的情景，逼真生動，比例匀稱，具體呈現了「有限的實體」之內涵。

希臘建築也充分體現了「有限的實體」觀念，上圖為雅典衛城旁邊的「萬神廟」，下圖為雅典的露天劇場，均是西元前第四世紀的作品，結構之嚴謹，比例之圓融；迄今垂為典範。

古希臘雕刻作品中的傑作之一：「擲鐵餅者」（Discobolus）肌肉動彈，條理分明，是阿波羅文化的具體流露。

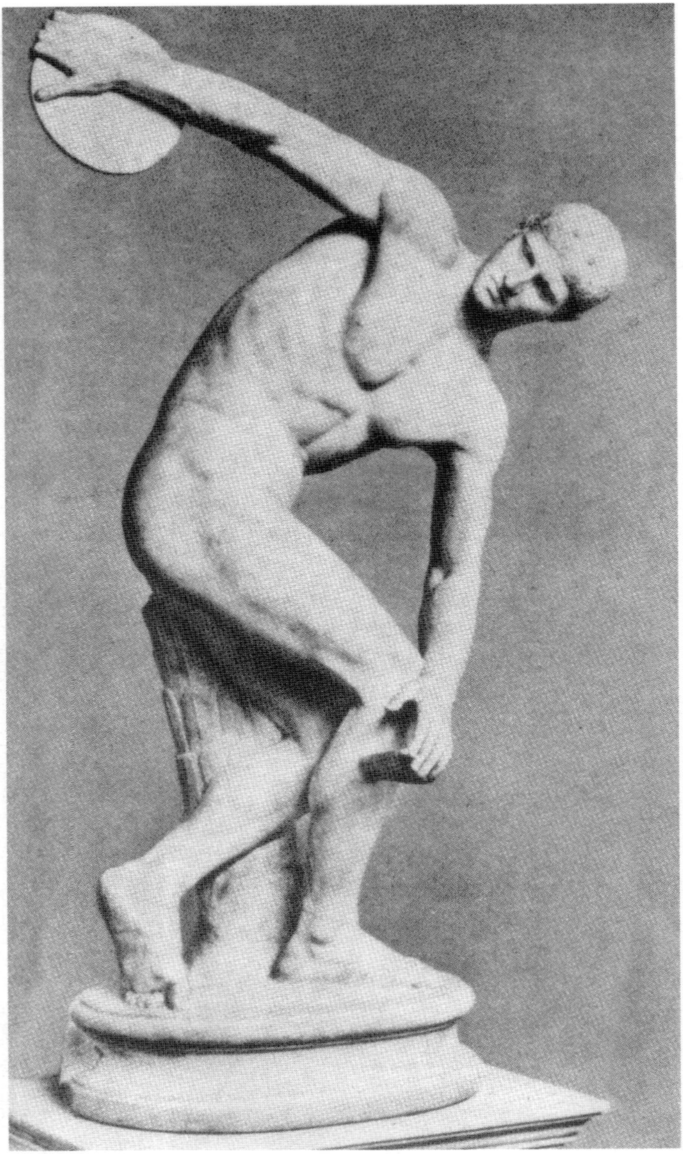

15

希臘女神阿芙露黛（Aphrodite）的雕像，健美細緻，眼神炯炯，疑為名雕刻家菲狄亞斯的作品。

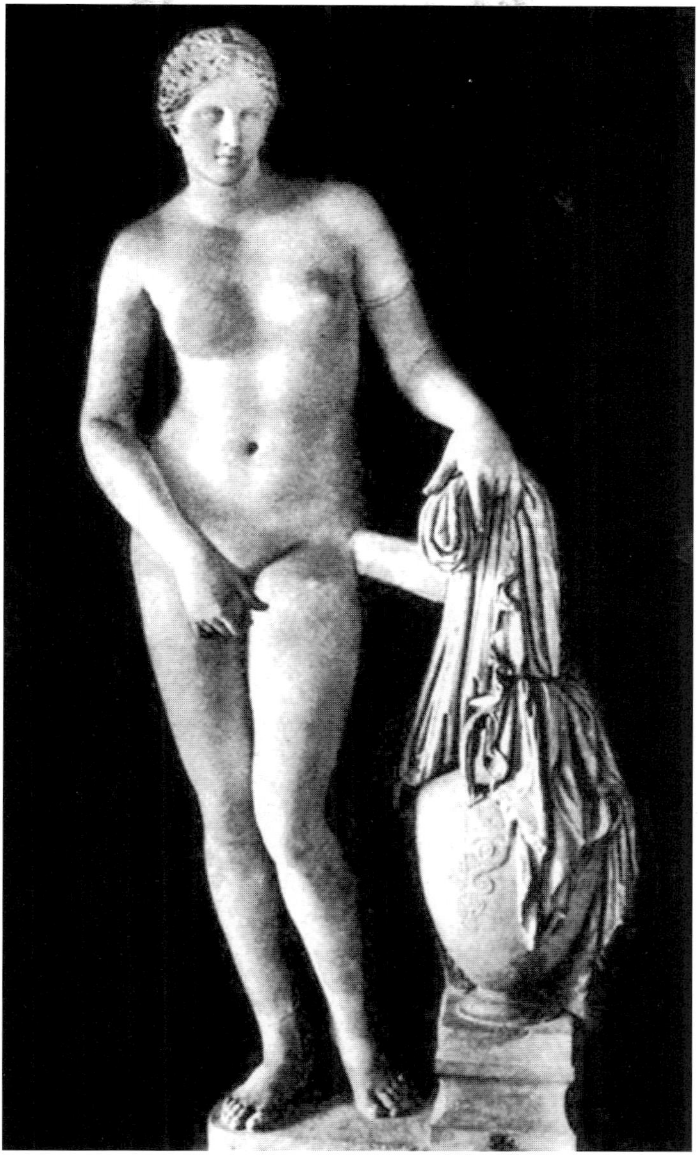

上圖為大理石像「垂死的戰士」（Dying Warrior），為西元前五世紀的希臘作品。下圖為青銅雕像「垂死的高盧人」（Dying Gaul），西元前三世紀的作品，痛苦的神情，逼真生動，此時，希臘人已感到文明瀕臨死亡時的痛苦。

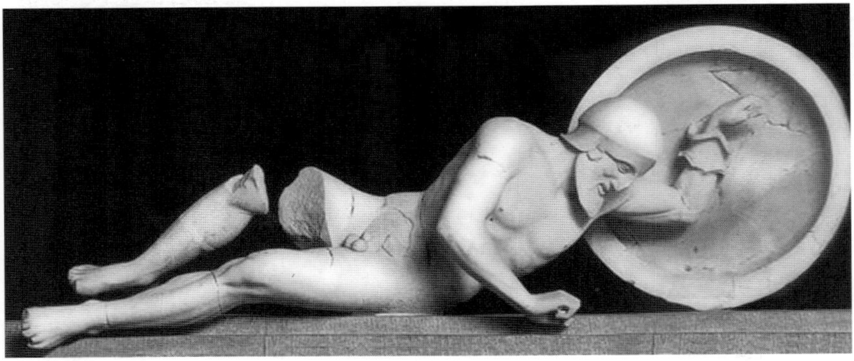

羅曼斯克建築風格的代表作：位於法國南部的聖・塞南教堂（St.Sernin），羅曼斯克風格的興起，標示了中世紀藝術的高潮。

羅曼斯克繪畫的代表作，上圖為尼古拉（Nicholas of Verdun）的名畫「摩西渡紅海」（The Crossing of The Red Sea） 下圖為繡織畫「哈斯庭戰役」（The Battle of Hastings）

哥德式建築的出現，代表了近代西方文化的覺醒，哥德式建築的穹頂，高聳入雲，指向於無盡的空間，正是浮士德精神的象徵意符（Symbol），圖為巴黎「聖母院（Notre-Dame），典型的哥德式建築。

哥德式雕塑代表作，法國雷姆大教堂（Reims）西邊大門前的雕像作品：「報佳音和訪問群」（Annuciation and Visitation）。

後期哥德式雕塑作品，世俗化的傾向開始浮現，圖為比利時亨特祭壇（The Ghent）壁繪的細部，亞當與夏娃的肖像，世俗意涵已超過宗教意涵。

文藝復興時代，西方文化開始走向深度的覺醒，其時的藝術作品多具人性的內涵。上圖為名畫家法拉・安基理珂（Fra Angelico）的傑作「報佳音」，下圖為加斯塔諾（A.Castagno）的名畫「最後的晚餐」。

達芬奇的曠世名畫「蒙娜麗莎的微笑」（MonaLisa），是文藝復興成熟時期的代表作品之一，深具天才藝術家的神韻與靈感。

文藝復興時代雕塑作品的巔峰：米蓋蘭基羅的「摩西之像」（Moses），雄偉陽剛，活力迸湧。

巴鏤克時代，西方藝術開始有了豐富的生命力與奔放的想像力。上圖為名畫家雷尼（Guido Reni）的「晨曦」（Aurora），下圖為雕刻大師柏尼尼（G.Bernini）的巨作「聖泰蕾莎的的狂悅」（The Ecstasy of St.Theresa）。自此時起，北歐與西歐進入藝術史上的黃金時代。

梵迪克（Anthony Van Dyck）的名畫：「查理一世狩獵圖」（Portrait of Charles Hunting），也是巴鏤克藝術的代表作之一。

文藝復興時代，名畫家提善（Titian）的代表作：「聖母奧彼沙羅家族」（Madonna With the Members of Pesaro Family）。

浪漫主義是現代西方文化的先驅，作品充滿了生趣與活力指向著對自然及人世的激情。上圖是柯伯利（John.S.Copley）的名畫「華生與巨鯊」（Watson and the Shark），下圖是米利特（F.Millet）的名畫「播種者」（The Sower）。從中可以看出現代西方人的征服意識。

寫實主義時代的西方藝術風格，上圖為莫內（Manet）的名作「瘋狂牧羊人酒吧」（A Bar at the Folies-Bergeres），下圖是雷諾瓦（Renoir）的名作「烘餅磨坊」（Le Moulin de Gallette）均透顯了昂揚的塵世熱情。

現代西方已經進入了後期文明時代。藝術家往往是最敏感的心靈，二十世紀代表性畫家畢卡索風格的詭譎多變，透示了時代精神的急劇轉捩。上圖是畢卡索從他的「藍色時期」走向立體主義時期的過渡型名作「亞維農的姑娘們」（Les Demoiselles d'Avignon），下圖是畢氏立體主義時期的馳名作品「三個音樂家」（Three Musicians）

西方文明進入後期工業科技時代的典型藝術表達方式：抽象的線條取代了實質的畫面，成為填塞與征服空間的主要結構。上圖為布萊丹（R.Bladen）的作品「未知數」（The X），木製加彩，形成龐然突聳的架構，下圖是吉康米提（A.Giacometti）的作品「下午四時的宮殿」（The Palace at 4.A.），以木頭、玻璃、電線及細繩組成。兩者的造型都令人有望之儼然的感受，而內內中卻空無一物。前者現由華盛頓「柯可隆畫廊」收藏，後者由紐約「現代藝術博物院」收藏。

史賓格勒筆下，西方文化所追求的「無限的空間」，在當代藝術上有了更進一步的體現，當代藝術家往往揉合了解剖學、工程學、物理學與數學中的意義與概念，而展現出一個抽象的、分析的、動態的、多元的宇宙，左圖為貝斯奈（Persner）的雕刻名作「開放的圓柱」，右圖為加波（Gabo）的雕刻作品「無限的宇宙」。兩件作品的意念與表達十分相近。

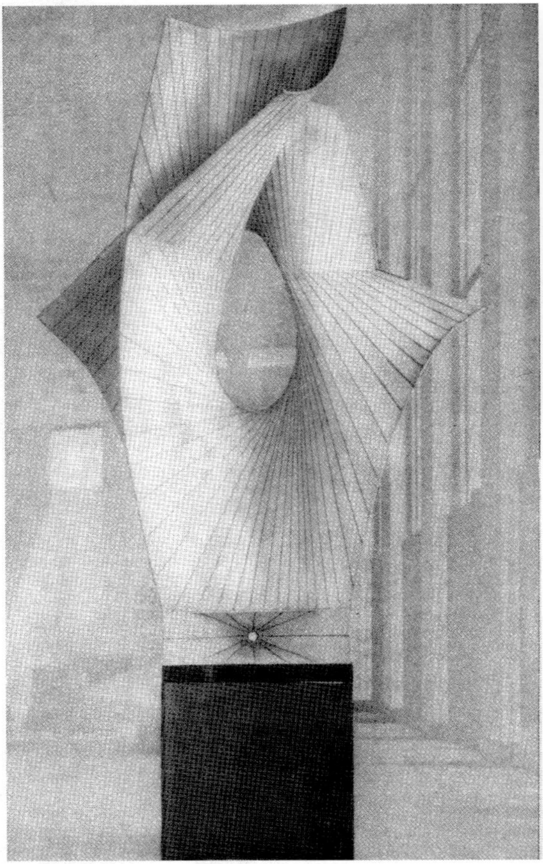

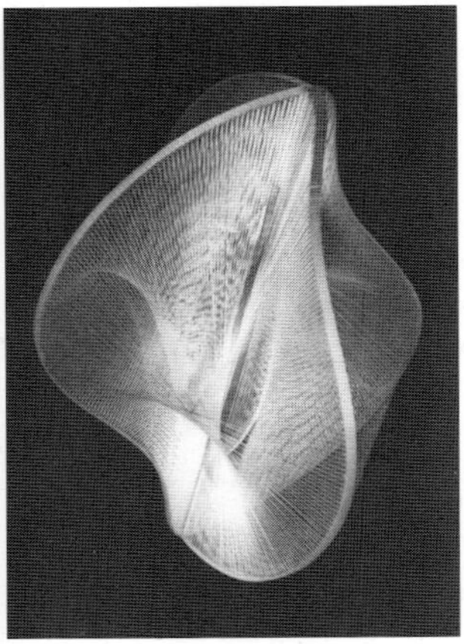

史賓格勒認為埃及文化的基本象徵是對「不朽」的渴望，表現於巍峨的金字塔與龐巨的人面獅身像。圖上為開羅市郊所遺最古的三座金字塔，圖下為埃及中王國時代的人面獅身像。五千餘年來，滄海桑田，世事多變，而金字塔與獅身像卻巍然獨存，堪稱人類歷史的奇蹟。

西元前二四七〇年左右的石版雕像，埃及法老王蜜西雷尼士（Mycerinus）與他的王后，栩栩如生，神態逼真，可見除了木乃伊之外，埃及人在藝術上，也將追求「不朽」的欲望，表現得淋漓盡致。

巴比倫文明亡於亞述之後，留下了一部「漢摩拉比法典」，是人類史上第一份法律文獻，圖為刻有漢摩拉比法典的石雕，浮雕部分即是漢摩拉比本人及其大臣，為西元前一七六〇年左右的作品。

巴比倫名王薩爾恭二世（Sargon Ⅱ），曾經征埃及與中亞，代表了巴比倫文明的軍事擴張時代。圖上為薩爾恭二世的都城建築，圖下為當時的城門雕塑，均為西元前八世紀的產物，直至一九三〇年代，才為考古學家發掘出來。

史賓格勒認為：「道」是中國文化的基本象徵，「道」是「陰」「陽」二元的永恆運作，「忽兮恍兮，其中有物」，「恍兮忽兮，其中有象」，最足以表現中國人「天人合一」的宇宙觀，而這一宇宙觀與中國人對山水風景所產生的生命感受有關。圖為浙江雁蕩山的一景，著名的地理學者徐霞客讚為「絕壁四合，摩天劈地」，「陰陽變幻，與時推移」，充分表現了山水風景所引起的生命感受。

史賓格勒指出：中國人「徜徉」於宇宙之處，最能與河山大地融合無間。圖為著名的太湖風帆，古人有云：「望太湖三萬六千頃，歷盡風帆沙鳥」，最能體現這種「徜徉」的情致。

中國的園林藝術，在十七、八世紀時馳名世界，成為啟蒙運動時代，西方思想家與藝術家嚮往的目標，史賓格勒在「西方的沒落」中也盛讚中國的園藝與庭景。圖為明代畫家筆下的典型中國園林，或依山傍水，或曲徑通幽，具見中國人心目中理想的生活空間。

寒江獨釣，荒林夜嘯，濯足滄浪，歲月悠悠，如詩如畫的中國文化，如今已在西潮衝擊下黯然逝褪，未來藝術家心境中的中國造型，將是如何一番景象？

圖為中國最古老的貨幣之一，春秋時代齊國鑄造的「刀錢」，證明早在兩千七百多年前，中國的社會經濟體制，已經進入到相當具有規模的雛型工商社會階段。中國何以沒有發展出如同現代西方一樣的資本主義及工商文明？是近代研究中國歷史的學者最重視的焦點問題。

圖為刻著卜辭的獸骨，其上的甲骨文是中國最古老的文字。從這種文字的象形特徵中，可以看出日後中國文字的演變軌跡。中國不走拼音文字的途徑，是中國文化的特點之一。因為語言文字對文化思想的型塑與影響，遠在任何其他因素之上，或許中西文化的分途異轍，在刻出這片獸骨的時代，便已經大體註定了。

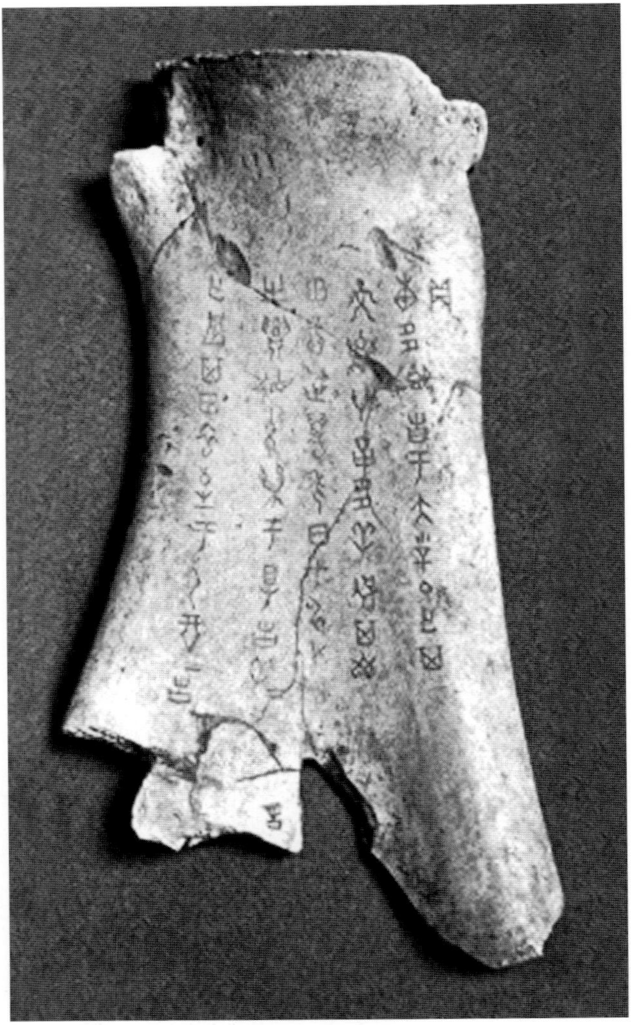

史賓格勒認為印度文化的主要特色是禁慾苦修，追求「涅槃」境界，並以耆那教（Jena）與佛教，作為這一追求的具體例證。事實上，耆那教對苦行的重視，猶在佛教之上。其中「裸身派」甚至堅持人類本就一無所有，所以畢生堅守裸體，不著衣裳，圖為耆那教始祖摩訶毗羅（Mahavira）及二十三位使徒的雕像。摩訶毗羅在悟道後被尊稱為「勝者」，因為他能戰勝一切生命的痛苦。因此，耆那教意即「勝者」之教。

釋迦牟尼的冥思悟道，是「理念型」印度文化的最高象徵。佛陀感於人生的老、病、死、苦，推廣至「眾生皆苦」，唯有超脫生滅，渡入永恆，把握中道，成就正果，才是徹底的了悟。但佛陀臨入滅時說：「一切功德，倏忽生滅、奮發修行，永不止息」，也揭示了佛教除冥思禪定之外，仍有其永不止息的人間意義。圖為佛陀入定的雕像。

印度文化除了「理念型」的冥思走向之外，也有極豐富的神話想像。相傳釋迦牟尼之母摩耶夫人，曾夢到白象入胎，因而誕生了佛陀。圖為「白象入胎」的夢塊浮雕，係西元前二世紀的作品，可以看出原始印度文化中，怪誕而靈活的想像力與藝術表達力。

印度文化中，其實具有極濃濃厚的情慾色彩及變形幻想，所以對女體的雕繪，往往極度誇張其肉體的誘惑力。上圖為大神西瓦及女神巴娃蒂的雕像，情慾意涵十分明顯；下圖為牛妖瑪迪尼的雕像，女妖與公牛之間的變形關係，耐人尋味。

中世紀的羅馬與拜占庭文明，完全在基督教精神的籠罩之下，圖為拜占庭藝術的代表作，鑲嵌圖案「基督釘在十字架」（The Crucifixion），足以看出中世紀的時代特徵。

約在西元第十三世紀，聖母瑪利亞成為西方文明的崇拜偶像，圖為著名的版畫「聖母登寶座圖」（Madonna Enthroned），現收藏於華盛頓「美國國家藝廊」。

回教勢力曾經在歷史上盛極一時，其建築風格展現了「洞穴」的感受。上圖為著名的開羅伊文都倫回教寺院；下圖為柯多瓦回教寺院的內部狀況。

阿拉伯文化因受羅馬文明的「偽形」籠罩，而被壓服數百年之久，穆罕默德在麥加創立伊斯蘭教，成為阿拉伯文化反攻的起點，圖為牛津大學圖書館所收藏的「麥加聖城繪」，左上角為穆罕默德畫像。

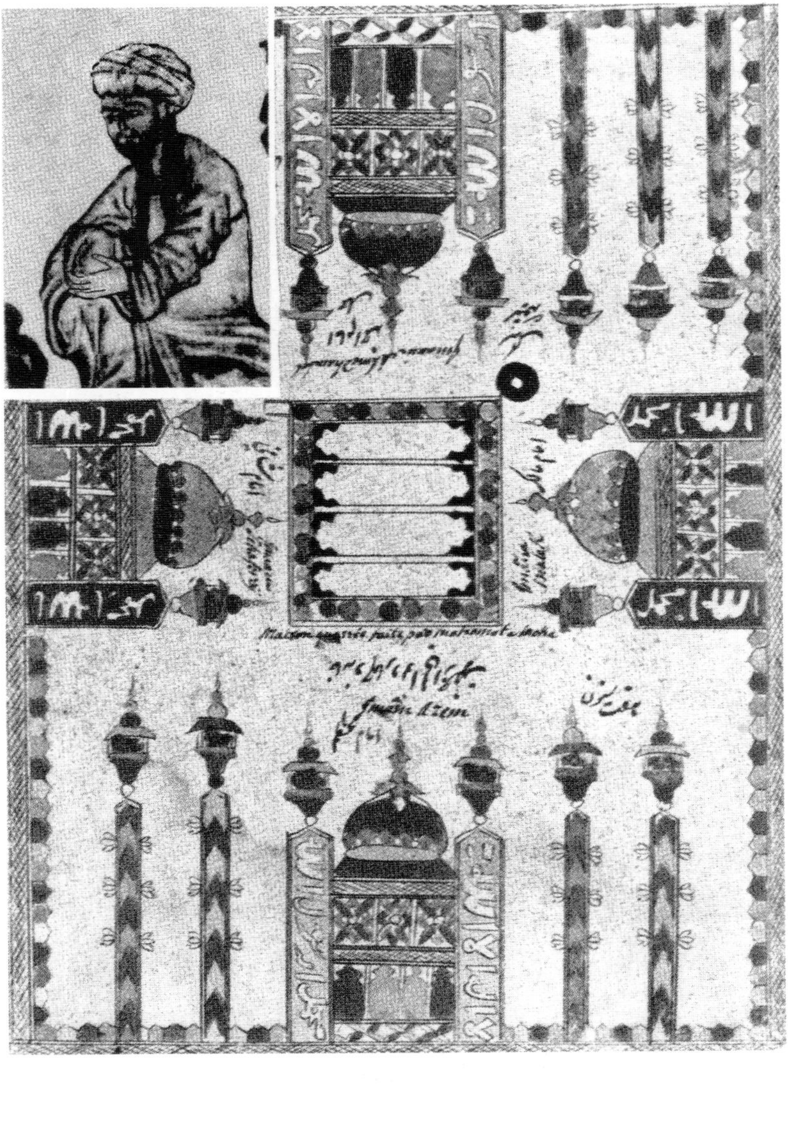

回教極盛時代，兵威四播，征服地區橫跨歐、亞、非三洲，但各地回教國王與貴族的生活，逐漸趨於奢靡逸樂，埋下了回教勢力退潮的遠因，此畫為一典型的「回教國王行樂圖」。

在蒙兀兒帝國時代，回教軍力與印度文化相遇，形成了奇妙的結合，圖上為當時貴族少女嬉遊的情景，圖下為回教領袖的家居生活，極像是「天方夜譚」的印度版。

古代美洲的馬雅文化，史賓格勒認為是一種「猝然死亡」的高級文化。在西班牙人侵入之前，馬雅文化已經產生了輝煌的建築、雕塑及都市文明，但在遭到西方文明的武力征服之後，短期內即淪為一片斷垣殘壁，圖上為為墨西哥城北的「古戰士群像」，圖下為「阿茲特克神殿」，均為馬雅文明的遺跡。

史賓格勒認為印加文化也是馬雅文化的一部分，殘留的印加文明遺跡，呈現文明生命的脆弱與無常。上圖為印加雕塑中有名的「戰士圖」，下圖為考古學家發現的古印加城市遺跡。

史賓格勒認為，俄羅斯文化的基本象徵，是「無垠的平板」，因俄國境內充滿了一望無垠的雪地與草原，所以生活在這片大地上的人們，本來充滿了虔誠而平等的農民意識，尤其，長期的東正教傳統，使俄國人民趨向於普遍的良心與友愛。這一切，在西方文明的「偽形」籠罩下，遭到了扭曲。圖為俄國境內隨處可見的茫茫平野。

俄國文化是史賓格勒認為，在「西方的沒落」之後，唯一可能躍現於世界歷史舞臺上的高級文化，但東正教的傳統在俄國早已搖搖欲墜，變質後的馬克思—列寧主義正宰制了俄國人民的生活，所謂人類史上「第九種文明」，真有煥然綻開的可能嗎？

俄羅斯文化本是一個深具藝術天性的文化，圖為聞名全球的俄國芭蕾舞團練舞的情景。但在馬克思主義與西方文明的對決之下，俄國如今的軍事意識，已取代了藝術意識。

圖為蘇俄紅軍閱兵的情況。蘇俄的軍力已經成為西方文明所面臨的最大威脅，但在軍力膨脹以後，霸權隨之擴張，俄國人民純樸而虔誠的天性，是否仍有彰顯的可能？便成為史賓格勒留給後代史學家的一道謎題了。

馬克思主義本是對西方資本主義社會的批判，馬克思也預言共產主義革命，必定發生在歐洲工業最發達的國家，但一九〇五年俄國農民赴沙皇在聖彼得堡的「冬宮」請願，遭到軍隊屠殺，造成著名的「血腥星期日」，卻導致世界史的突變，使馬克思主義在俄國突然得勢。下圖為「血腥星期日」發生時的現場照片。

現代俄國命運轉捩的兩幕：上圖，列寧於一九一七年十一月，在德國鐵甲車運送下，返回俄境，隨即掌握了權力，將俄國帶往共產主義之途，下圖，末代沙皇尼古拉二世的全家，在十月革命之後，被射殺於伊卡特林堡，結束了舊俄時代。

上圖為列寧去世、俄人探視的情形，標誌了俄國在共產主義取得政權之後的一大轉捩。至此之後，在史大林統治下，俄國迅速進入新的社會帝國主義的時代。下圖是革命熱情消失後，俄國一般的陰鬱景象。

形式的輝煌，掩飾不了內容的貧瘠和枯澀。上圖為紐約「林肯表演藝術中心」（The Lincoln Center of the Performing Arts），是二十世紀最大的演藝壇場，下圖是紐約聯合國大廈，也是二十世紀代表性的建築物。然而，無論藝術或政治，在一個苦悶的時代裏，已都明顯地失去了應有的活力。

超級工業與科技發展，代表了現代西方文明的偉大成就，但在史賓格勒看來，工業與科技已無法挽回西方文明趨於沒落的命運。圖為巴黎埃佛爾鐵塔，標示了工業文明初期，科學與技術改變西歐面貌的象徵情景。

史賓格勒認為，文化是一種有機體，如同原野上的樹木一樣，有誕生、成長、茁壯，死亡的歷程。但現代文明卻是以鋼鐵工業與電子工業鑄造出來的新品種，是否仍有強韌的文化生命力？有待於進一步的研察。圖為當代名設計家巴奈特・紐曼（Barnett Newman）的傑作「斷裂的方尖形碑」（Broken Obelisk），將人造的鋼碑與自然的樹木並列，頗能表現一種強烈而奇特的文化張力。

全新譯校 風雲思潮

The Decline of the West

西方的沒落

【下】世界歷史的透視

〔德〕史賓格勒 Oswald Spengler 著　陳曉林 譯

生緣何在？被無情造化，推移萬態，
縱儘力難與分疏，更有何閒心為之偢倸，
百計思量，且交付天風吹籟，
到鴻溝割後，楚漢局終，誰為疆界。
長空一絲煙靄，任翩翩蝶翅，泠泠花外，
笑萬歲頃刻成虛，將鳩鶯鯤鵬隨機支配，
回首江南，相爛漫春光如海，
向人間到處逍遙，滄桑不改。

——王船山

第二部　世界歷史的透視

第十一章　始源與風景
——自然宇宙與內在宇宙　441
第十二章　始源與民族
——高級文化組群　449
第十三章　城市與民族　475
第十四章　阿拉伯文化的問題之一
——歷史的偽形　513
第十五章　阿拉伯文化的問題之二
——馬日的靈魂　565
第十六章　阿拉伯文化的問題之三
——畢達哥拉斯、穆罕默德、克倫威爾　601

西方的沒落 下

目錄

第十七章 國家
——階級的問題 663
第十八章 國家與歷史 675
第十九章 政治哲學 713
第二十章 經濟生命的形式世界
——金錢 739
第二十一章 經濟生命的形式世界
——機器 757

第二部

世界歷史的透視

第十一章 始源與風景
——自然宇宙與內在宇宙

你若看到黃昏的花朵，一朵接一朵，在夕陽落照之下垂闔著，你會感受到一種奇異的情緒，印烙在你的身上——一種面對著茫茫大地上，盲目而夢昧的存在，所感受到的謎樣的恐懼。無聲的森林、寂靜的田野、低矮的樹叢、樹上的枝椏，本身絕不動彈，只有風的吹拂，帶來一陣紛擾。而小小的蚊蚋，卻是自由的——牠在黃昏的光線下，仍然自由舞動，愛去那裏，就去那裏。

一株植物，本身並不表示什麼。它形成「風景」的一部分，在這風景上，由於某一種的機緣，使它得以落地生根。而微曙、寒慄、每一朵花的垂闔——這些，既不是因，也不是果，既不危險，也不造成危險。它們只是單純的自然運行的過程，正在這植物的附近進行、陪隨這植物而進行、在這植物之中進行而已。個別的植物，是既不能自由觀望、也不能自由意志、更不能自由選擇的。

相反地，動物可以選擇。它已自一片沉寂的世界的「拘役」（servitude）之中，解脫出來。這一小群蜜蜂不斷在舞動，那隻孤獨的鳥仍然在黃昏中飛翔，狐狸偷偷潛近了鳥巢——這些，都是另一個大世界之中的，動物們自己的小小世界。水滴上的微生動物，小得人眼無法覺察到，它雖然只生存一秒鐘的時間，只以水滴的一角，作為生存的領域——可是，面對漠漠宇宙，它是自由的，是獨立的。巨大的橡樹，葉子可以懸掛多少的水滴，可是，它卻不能自由。[1]

拘役與自由——在最終極和最深刻的分析中，即是我們藉以區分植物性生存、與動物性生存的差異所在。[2]然而，只有植物才是全然而完整的存在，因為在動物的存有之中，含有一種二元對立的成分在內。植物，就只是植物，而動物，除了植物之外，還包括其他的性質。獸群聚

1 關於這一點，我已寫下了一本形上學的書，希望不久可以出版——原註。

2 在隨後的章節中，會提到人的「動物性」，須以此處的形上意義來瞭解，方能得其要旨——英譯者註。

集在一起，面對危險，恐懼戰慄；孩子哭泣不已，依戀於母親的懷抱中；人絕望地奮鬥，想要追求他的上帝，——所有這一切，都是想要從自由的生命，回歸到植物性的拘役中去，而他們本就是從這拘役之中解脫出來，而進入於孤單和寂寞的。

〔植物是屬於**自然宇宙**的（cosmic），動物則另有一項性質，它是與外在宇宙有關的一種內在宇宙（microcosm）。自然宇宙的一切事物，都帶有「**週期性**」（periodicity）的特色。它擁有生命的脈動節奏。而內在宇宙的一切事物，則具有一種「**偶極性**」（polarity）。偶極性固然表現在思想方面，但其實，所有的覺醒狀態，本性之中都帶有一種「張力」——例如主體與客體的對立、「我」與「你」的對立等都是。

對自然宇宙的脈動節奏的感知，我們稱之為「**感受**」（feel）；而對內在宇宙的張力的感知，則稱為「**知覺**」（perception）。德文中 Sinnlichkeit ——感覺能力、感覺性——一詞的曖昧性，實在攪混了生命的植物一面、與動物一面之間的差異性。事實上，前者永遠帶有週期性的特性、脈動的節奏；而後者的特色是在張力，是在光線與被照體之間、認知與被認知物之間的偶極對立。

對我們而言，**血液**是生命的象徵。祖先的血液，流過了世世代代，把他們束縛在一個由命運、脈動、和時間所搭成的巨大連鎖之中。故而**自然宇宙**與**內在宇宙**，在此同時浮現了出來。

「意識」一詞，頗為含混；它包括了「**生命存有**」（Being），也包括了「**覺醒意識**」（Waking—consciousness）。生命存有，具有**脈動**和**導向**；覺醒意識，則是**張力**和**廣延**。植物的生存之中，不具有「覺醒意識」這一要素。

對動物而言，與眼睛相對立的一極，就是「光線」（light）。生命的圖像，是透過光線世界，而捕攝入眼睛之中的。在人的覺醒意識之中，沒有任何事物，能攖及到眼睛的「支配地位」（lordship）。但一種不可見的**上帝**的概念，是人類超越性的最高表達，故而能超乎光線世界的界限之外。而在藝術之中，則只有音樂的方法，不必藉助於光線世界，故而能使我們脫離光線的統治。

即使在高級動物身上，「純粹的感覺」與「理解的感覺」之間，也自有其差別。語言的發展，使得理解自感覺之中，解脫了出來。**脫離感覺之後的理解，便稱為「思想」**。」

在人的覺醒意識之中，理論性的思想之發展，不可避免地造成了一種新的衝突——「生命存有」與「覺醒意識」之間的衝突。這便使人類與動物判然有別。動物的內在宇宙中，覺醒意識只是隸屬於生命存有的僕從，兩者自然結合起來，虎為一個活生生的單元，故而動物只是單純地「生活」著，而不會反省自己的生命。然而，一方面由於眼睛那無條件的統治地位，使得生命在光線之下，呈現為一種可見的整體生命；另一方面，當理解與語言互相結合時，卻又立即形成了**思想的概念**，與**生命的反面概念**（counter—concept），到了最後，實在的生命，便和可能的生命，發生了差別。於是，我們的生命不再是一往直前的，簡單明瞭的，我們有了「思想與行動」之間的對立。

這在野獸身上，是根本不可能的事，可是在我們每一個人，已不但是可能，而且是事實，而最終，還要成為二者選一的抉擇。成熟人類整個的歷史，一切的現象，都是由此形成的。而且，文化所取的形式越高級，這一對立性，對於其意識存有的重要時刻的主導，也越完全。

〔人類的覺醒意識，包括了感覺和理解，這是確定無疑的事實。於是，便遇到了知識論上的問題。覺醒意識，既兼容並蓄了相反的生命存有：而自其本身看來，則張力的世界，必然是嚴格和死板的，所謂「永恆的真理」，超乎所有的時間，表現為一種狀態；可是覺醒意識的實際世界，卻又充滿了變化。靜止與運動、持續與變異、已經生成的事物與生成變化的過程，這些對立，都指向於一種本質上「**超乎一切理解**」的事物，故而純從理解的觀點來看，必定帶有一種荒謬性。而如果求知的意志，在運動問題上歸於失敗，則很可能是因為：生命的目的，在這一點上，已經達致了。儘管如此，事實上，也正因為如此，運動問題一直繼續成為所有高級思想的重心所在。〕

運動的問題，立即而直接地，觸及到生命存在的秘密，它對覺醒意識是陌生疏離的，但卻冷酷地迫壓在覺醒意識之上。在研詰運動的問題時，我們強使我們的意志，去瞭解那不可瞭解的事物——**「何時」**、**「為何」**、**命運**、**血液**，一切我們的直覺過程所能觸及的深度。由於我們生來就有視覺，我們便努力想把這問題，置於我們眼前的「光線」中，俾使我們能實實在在掌握住它，而把它確認為具體的事象。

這是頗具決定性的事實，而運動問題的觀察者，並不曾意識到——他整個的努力，所追尋的目標，其實並不是生命，而是「看到」生命；也不是死亡，而是「看到」死亡。

我們不僅生活著，而且知道「生活」本身，是在光線之中，我們具體的存在的一種結果。但是獸類只知道生命，而不知死亡。如果我們是純粹的植物式存有，我們不會意識到死亡，而只是自然地死亡，因為對植物而言，感受死亡與死亡本身，是同一回事。而動物，縱使牠們聽到死亡的呼聲、看到死亡的屍體、聞到腐爛的氣味，也仍只是眼看死亡，而一無瞭解。只有當理解，透過語言，而脫離了純粹視覺的知覺之後，死亡對於人而言，才成為他周遭光線世界中的一項絕大奧秘。

惟其如此，生命才變成了誕生與死亡之間的，一段暫短的時間；而與死亡有關的另一偉大神秘——世代蕃衍（generation），也告產生了。惟其如此，動物對一切事物，所懷的混亂的恐懼，乃變成為人類對於死亡的確定的恐懼。由此，而造成了男女之愛、母子之愛、世代綿延、家庭、民族，而最後，世界歷史本身命運中，那無限深刻的事實與問題，也呈現了出來。死亡，是每一個誕生在光線之中的人，共同的命運；與死亡緊密糾合的，有「罪與罰」的觀念；有生存是一種贖罪過程的觀念；有超越這一光線世界，便能獲致新生的觀念；也有藉由宗教救贖，而能終止死亡恐懼的觀念。在對死亡的知識中，產生了一種文化的世界景觀，由於我們具有這種景觀，乃使我們成為人類，而有別於野獸。

第十二章 始源與民族
——高級文化組群

〔人無論是為生命而生、抑或為思想而生，只要他正在行動或思考，他便是**覺醒**的，因而，也便即處身於他的光線世界，為他所調整的焦距之內。

在**歷史世界的圖像**中，知識只是一種補助之物：事象本身呈現在我們所謂的「記憶」裏，好似沐浴在一種由我們生存的悸動，所掃掠而過在內在之光中。這在**自然世界的圖像**中，則表現為一種疏離虛幻、不斷展現的主題。縱使思想能規律自身，然而一旦思想變成了思想史，便不再能免於一切覺醒意識的基本狀況的影響。

每一時代，有其自己的歷史水平，真正歷史家的特點，就在於他能實現他的時代所要求的歷史圖像。每一文化與每一時代，各有自己的認識歷史的途徑，世上沒有所謂**歷史的本身**。」

即使是植物和動物的歷史，甚至地殼或星球的歷史，也不免含有寓言的成分（fable convenue），不過只是自我存有的內在傾向，反映到外在實際中的影象而已。研究動物世界或地層演化的學者，本身還是一個人，生活於他自己的時代中，具有自己的國籍和社會地位，所以，他不可能在處理事象時，消除一切主觀的視點，正如我們不可能獲得一部有關法國大革命、或有關世界大戰的完全客觀的記載一樣。

我們所抱持的，有關地殼與生命的圖像，迄今為止，仍然處在自「啟蒙運動」以來，**文明化**的英國思想，所發展出來的一套概念的主導之下——萊伊爾（Lyell）有關地質層疊形成的那種愚鈍的理論、達爾文的「物種原始」理論，實際上，只是英國本身歷史發展的導出物。他們摒棄了早期地質學家凡布哈（Von Buch）與克威爾（Cuvir）所承認的，那些不可數計的災異和形變，而將一種依序而進的演化觀念，強置於極長的時期之上。並且，只承認科學上可計算的原因——實際上是機械性的「實用原因」或「功利原因」（utility—cause）——才是演化的因素。

與十九世紀相較，二十世紀的重點工作，就是驅除此一膚淺的「因果系統」——它的根源，遠紹於巴鏤克時代的理性主義——而代之以一種純粹的「觀相系統」。在十九世紀，「演化」一詞，意指生命向其目的，不斷遞增其適應性的一種「進步」。可是，萊布尼茲出版於一六九一年的《原形》（*Protogaea*），一本充滿深刻思想的著作，即基於對哈茲銀礦的研究，而描繪出一幅世界早期的圖像輪廓，與歌德的圖像甚為相似；而在歌德本人，「演化」實意味著「形式」內涵的增加，以迄於「形式」的充分完成。故而歌德的「形式」完成，與達爾文的「演化」觀念，兩種概念恰成完全的對立，一如**命運與因果**的對立一樣。（這也正是德國思想與英國思想、德國歷史與英國歷史的不同。）

對達爾文主義，最終極的反駁，莫過於由「化石學」（palaeontology）所提供的證據。簡單的或然率，指出化石貯藏，只是一些試樣。而每一試樣，應代表一個不同的演化階段，故而我們應能發現一些僅屬「過渡時期」的類型，這些類型沒有確定的型態和種類。但是，並沒有此類的化石存在。我們只發現一些已歷經久遠時代，完全固定而不再改變的形式，一些不按「適應原則」以發展自身的形式。它們突然而立即地出現，成為確定的形態。其後，也並不趨向於較佳的「適應」，反而是越來越少，終至消失，然後另一些完全不同的形式，湧現出來。

在不斷增加的形式中，所開展出來的，是「**生命存有**」的各種繁富的種類和屬類。這些種類，自始存在，迄今仍存在，而並沒有過渡的類型。我們明白，在魚類之中，板鰓魚這一簡單形式，最先出現在歷史的前景之上，然後逐漸的衰絕；而由硬骨魚慢慢取而代之，成為最有勢力的純粹魚類型態。這也同樣見於植物世界中的羊齒植物和木賊植物，這兩者之中，只有後一種類，如今仍然存在於完全發展的有花植物界中。但是，對於這些現象，所作的「實用原因」、以及其他的可見原因的假設，並沒有實際的根據[1]。

應該是「**命運**」，在世界之中，喚起了生命之為生命，喚起了植物與動物間不斷尖銳的對立、喚起了每一單獨的類型，每一「屬」（genus）、每一「種」（speies）。隨此一「存在」以俱來的，尚有一種專屬於形式的確定「能量」——經由這一「能量」，在「形式」完成的過程中，「形式」能保持純粹，或相反地，變成遲鈍與含混、或逃避地遁入無數的樣式中——而最終，成為此一「形式」的生命持續期（除非有意外事件介入，削短這一持續），它總是自然地進入於此一種類的衰老時期，而最後終至於消失。

至於人類，一般對洪水時代的發現，越來越確切地指出：當時所存在的人類形式，即對應於現有的人類。毫無任何最輕微的演化特徵，可以表現出某一族類，確有實用主義者所謂的

1 動物與植物的基本形式不是發展而成，而是突然產生，最初的論證，見於凡理士（Hugo de Vries）的「突變論」（Mutation Theory）。以歌德的話來說，即是「特定形式」自個別樣品內，自行崛生，而不是整類鑄成。

「適應」傾向。在地質學「第三紀」（Tertiary）時代的發現中，始終不曾尋到人類的蹤跡，這也越來越明晰的顯示：人類的生命形式，像任何其他生命形式一樣，是起源於一種「突變」（mutation），它是「來自何處」？「如何形成」「為何如此」？始終是一種不可思議的奧秘。事實上，如果確有英國人所謂的「演化」一詞，則既不可能有確定的地表層疊、也不可能有特定的動物類型，而只有一堆簡單的地質素材、和一團混沌的生命形式，這才是我們可以假定為「存在的掙扎」（struggle for existence）中，餘留下來的物象。

但是，我們在周遭所見的一切，一直迫使我們相信：有一些深邃而突然的變化，發生於植物及動物的存有中，這些變化，是屬於「**自然宇宙**」的現象，絕不只限於地表之上。事實上，這即使不是超乎人類一切的觀點之外，至少也絕不是人類那囿限於因果的感覺或理解的視界，所能企及的。同樣地，我們也觀察到：迅捷而深刻的變化，自己出現在**各大文化**的歷史之中，沒有任何確定的原因、影響、或目的。

哥德式與金字塔的風格，突然地呈現為完整的存有，正如秦始皇時代的中華帝國、奧古斯都時代的羅馬帝國一樣，也正如希臘主義、佛教、及伊斯蘭的出現，同樣地突然。每一個人，個體生命中的一些事件，其情形也與此完全相同；任何人若不能瞭解這一點，便絕不能瞭解成人、更不能瞭解孩子的生命。每一存有，無論其為活動的、抑或沉思的，都經由各個「**時**

期」（epochs），而大步邁向於自我的完成，我們所須從事的工作，正是定出太陽系及恆星世界的歷史中的，這一些的「時期」。地球的起源、生命的起源、自由移動的動物之起源，**就是這一些**「時期」，故而，這是我們無法理解而只能接受的神秘[2]。

我們對人類的瞭解，很明顯地要劃分為兩大時期。就我們的觀點所及，第一時期，是限定在我們所稱的「冰河期」開始時，地球命運的複調旋律中。關於這一時期，我們在世界歷史的圖像中，只能說：有一種自然宇宙的變化，曾發生經過。——另一時期，即是尼羅河與幼發拉底河畔，**高級文化**的開始，人類生存的整個意義，由此突然**完全改觀**。我們到處能發現地質第三紀與洪水時期之間，顯著明銳的區劃所在；可是，自洪水時期以來，我們所見的人類，已是一種完全成形的類型，已熟悉了風俗、神話、智慧、裝飾、與技術，並已具有一種直到今日，實質上全無改變的形體結構。

在一切的**原始存在**中，「自然宇宙」以直接君臨的力量，迫使所有內在宇宙的表達語言，無論其為神話、風俗、技術、或裝飾，均只服從於當前頃刻的壓力之下。我們看不到甚麼確實的規律，主導這些語言的持續、速度、與發展歷程。也看不到裝飾與組織之間、神祇崇拜與實

2 也許應該註明，「時期」（epoch）一詞，在本書中，有其獨特的「轉捩點」或「轉變時刻」之類含意，不只是一般鬆散的「期間」（period）這一意義——英譯者註。

際建築之間，有甚麼必然的關聯。這些事物的發展，永遠只意味著原始文化中，某一項個別的觀點或特徵的一些進展，而絕不表示**文化本身**的進展。如我以前已說過的：這是本質上混沌的現象；原始文化既不是一個有機體，也不是一種有機體的合成。

但是在**高級文化**類型中，「自然宇宙」告退，一種強勁而凝集的「傾向」（tendency）取而代之。原來，在原始文化之中，部落與氏族，當然有異於單獨的個人，然而也只是一些甦醒了的「存有」，並無特定的「傾向」。而原始文化本身，其實也就是這樣一種無目的的存有而已。任何的一項原始事物，都是一種總和——原始族群表達形式的總和。相反地，**高級文化**，則是一個單獨的巨大有機體的**覺醒存有**；它不但使風俗、神話、技術、藝術，都從屬於它；而且使附著於它本身的民族和屬類，都成為一個單獨的形式語言、和單獨的歷史之容器。

使**高級文化**突然出現在人類歷史的領域中的，是一種偶然事件；這偶然的真正意義，至今未能追索明白。事實上，在地球發展史上，將任一種新的、不同的形式，帶入到現象存在界的，很可能也是某種的突發事件。但是，在我們眼前，有八個高級文化[3]，都有同樣的建構、同樣的發展、與同樣的持續，這一事實，使我們能夠把這些文化，當作「可比較的」事象來處

3 即中國文化、埃及文化、巴比倫文化、印度文化、古典文化、西方文化、馬日文化、馬雅文化。至於俄羅斯文化，史賓格勒認為是未來的第九文化。

理，對它們施以比較的觀察，比較的研究。而從我們的研究中，可以獲得一種知識，我們可以將之向後延伸於悠邈難尋的過往時代，向前延展到未來的時代——當然，這永遠要假定：另一種的命運，不會突然而基本地，以另一形式世界，來取代我們這一形式世界。

我們其所以能進行此等比較研究，是基於對普遍的「**有機存有**」（organic being）的經驗。在猛禽科或松柏科的歷史中，我們不能預測：是否、或何時，會有一項**新的種屬**興起；故而，在文化的歷史中，我們也不能說：是否、或何時，會有一個**新的文化**產生。但是，從一個新生命在母胎中開始孕育、或一粒種籽開始植入地下的時刻起，我們確能知道：這一新的生命歷程的**內在形式**；我們也能知道：它那發展與完成的寂靜歷程，也許會被外界力量的壓迫所干擾，但卻**絕不會改變**。

作為一個組群來看，**高級文化的組群，不是一種有機單元**。因為此組群中，文化的數目、發生的地點、崛起的時間，在人類眼中，只是一項偶然之事，沒有更深的意義。相反地，**個別文化**的發展程序，則表現得特別的卓然分明，故而中國、馬日、及西方世界的歷史方法，都能設定一組數字，來描繪歷史的時期——事實上，這也是各該文化中，有學問的人唯一共通的觀念，而絕難加以更改——例如，歌德在他的小篇論文「精神演進史」中，分劃文化為四部分：先期、早期、晚期、文明階級，其透視的深度，直到今天，我個人仍不能妄贊一詞。

約在西元前三〇〇〇—二六〇〇年間，在埃及，經過很長的一段明晰可感的「梅羅文加王朝」（**Merovingian**）式的時代[4]之後，開始有兩大最古的文化，出現在尼羅河下游、和幼發拉底河下游的相當有限的面積上。這兩大文化的早期與晚期時代，很久以前即已分別標定為埃及的「古王國」與「中王國」，及以巴比倫的蘇美（**Sumer**）與阿伽德（**Akkad**）時代[5]。埃及的封建時代之出現，是由世襲貴族制度的設立、以及自第六王朝以來王權的凌替，作為表徵；這和中國文化的春天時期，自周懿王以後的發展歷程；以及西方文化，自亨利四世以降的情形，表現出令人驚訝的相似性。故而對這三者，作一統一的比較研究，頗值得一試。

在巴比倫文化的「巴鏤克」時代開端時，我們可以看到西元前二五〇〇年左右，偉大的君王薩爾恭（**Sargon**）的形象。他擴張勢力達於地中海沿岸，並征服塞普路斯，如西方的查士丁尼一世及查理五世一樣，他自稱為地球上的「四方之主」。然後，經過相當的歷程，約在一八〇〇年左右的埃及、以及稍早以前的蘇美——阿伽德，我們可以感覺到最初「**文明**」的肇始。兩者之中，尤以亞述，展現了龐大的擴張力量，如史書所言：這是「巴比倫文明的成

4 「梅羅文加」時代，本是西元四八六—七五一年的法蘭克蠻族王朝時代，本書中用以指稱任一文化，在相應階段的蠻族爭戰時代。

5 蘇美與阿伽德，皆為巴比倫文化中的一段時期，分由蘇美人及阿伽德人統治，稱雄於兩河流域。

就」——許多與度量、計算、數目有關的事象和觀念，可能發展至於遠達北海及黃海。

在日耳曼蠻族中，巴比倫的標誌，極受尊敬，用作一種神秘的象徵，並導出了一些「早期日耳曼」的裝飾藝術。但與此同時，卡塞人（Kassites）、亞述人、加爾底亞人、米提人、波斯人、馬其頓人，先後崛起，使巴比倫王國數度易手。這些都是在能力強大的領袖統轄下的小型武士戰團，他們絡續攻入巴比倫，以取代前任主人，而都不曾遭遇到任何嚴厲的抵抗。

這是「羅馬帝國」風格的最初例子——不久之後，埃及也有與此平行的情形——在卡塞人治下，先已設立統治領袖，其後由執政官代替；而亞述人，像後來羅馬在康模德斯皇帝（Commodus）以後的「軍人皇帝」（soldier—emperor）情形一樣，維持了古老的制度形式；波斯的居魯士，與東哥德的狄奧多理大帝（Theodoric），都自認是帝國的主宰者，並認為他們的武士戰團——米提與倫巴，是陌生疏離的環境之中的統治民族。但以上這些，只有制度上的差別，而無實質上的不同，在形態學上，可視為「相應的」現象。

在西元前一五〇〇年之後，三個新的**文化**誕生了：——首先，是印度文明，產生於旁遮普地帶；然後，一百年之後，中國文化誕生於黃河中游；再後，約在一一〇〇年，古典文化也崛起愛琴海。中國史家，說及夏、商、周三個偉大的朝代時，意味上頗近似於拿破崙的自命為繼承梅羅文加、加羅林、與開普汀的第四王朝——事實上，在這兩種情況中，第三個時代都與

「**文化**」共存，以迄於終；而後，便是「**文明**」時代的到臨。當西元前四四一年，中國名義上的共主——周天子，變成了只是「東方諸侯」式的一邦領主；以及在西元一七九三年，法國把路易十六送上了斷頭臺時，這兩大文化，便分別進入於「**文明**」。

中國遠自商朝後期，保存下來的一些偉大的古代銅器，與中國後來的藝術之間關係，恰與梅錫尼時代的陶器、對早期古典時代的陶器；以及加羅林時代的藝術、對羅曼斯克的藝術的關係一樣。在印度的吠陀時代、古典的荷馬時代、以及中國的文化春天時，所表現的「**鐵器時代**」與「**銅器時代**」中[6]、武士制度與封建領主中，我們可以看到，我們哥德式時代的整個影象。而中國在六九一—六八五年間的「周召共和」時代，也恰可對應於西方的克倫威爾（Cromwell）、華倫斯坦（Wallenstein）、與黎息留的時代；以及希臘世界的第一度僭主政治時代（First Tyrannis）[7]。

西元前四八〇—二三〇的一段時期，中國史家稱作是「戰國時代」。龐大軍隊的不斷作戰，延續一世紀之久，帶來可怕的社會動亂，因此，而產生了「羅馬帝國」式的秦朝，成為

6 「鐵器時代」與「銅器時代」實為意譯，原文為Burgen與Pfalzen，疑係史前銅器時代與鐵器時代賽爾特（Celtic）人建立的王國名稱。

7 第一僭主政治時代，是雅典在梭倫掌政以前的暴君篡政時代。

中國帝國的創奠者。埃及，約是在一七八〇與一五八〇年間，經歷到這一樣態，其最後一世紀，便是「希克索」（Hyksos）時代。古典文化在這方面的經驗，則從西元前三三八年的卡羅尼亞之戰開始，其恐怖時代的最高峰，是一三三年的伽力契之役，至三一年的艾克西（Actium）[8]之役。我們的現代歐美世界，在十九世紀至二十世紀間，也面臨這種「戰國」的命運。

在「戰國時代」中，文化的重心遷移了，古典文化從阿提克遷至拉丁區，中國文化則從黃河流域拓至長江。在這段期間，中國學者對於更南的西江，尚很模糊，正如亞歷山大時代的地理學家，也不知易北河究在何方一樣。當時的中國，對於印度的存在，也沒有什麼概念。如同地球的另一邊，後來有羅馬的朱利安—克勞第式的（Julian—Claudian）元首統治一樣[9]；在這一邊，中國則崛起了強暴有力的秦王嬴政。他領導秦國，經過了決定性的鬥爭，終於，「六王畢，四海一」他於西元前二二一年晉位為帝，自號「始皇帝」——這稱號頗相當於羅馬的「奧古斯都」。他在中國，奠定了如我們所稱的「殘酷和平」（Pax Sevica），並於民疲

8 艾克西海戰，即是屋大維擊敗安東尼的一役，自此，羅馬的「偽形」，覆蓋了東方世界，見第十四章。

9 指軍人皇帝掌政。朱利安、克勞第均為羅馬軍人而成為羅馬皇帝者，而前者同時兼指凱撒而言。

財敉的帝國境內，執行了巨大的社會改革；然後，如羅馬一樣，迅即建築他的「防線」——著名的萬里長城。為了築長城，他於西元前二一四年，併吞了滿洲的一部。

另外，秦始皇也是第一個鎮壓江南蠻族的人，為此，他展開一連串大規模的戰役，並以軍事性的道路、城堡、和領地，來鞏固他的戰果。此外，秦始皇家族的歷史，也頗具有塔西陀筆下的「羅馬」意味。呂不韋是他的大臣，也是他的繼父（譯者按：應為生父），李斯是偉大的政治家，有如羅馬的阿古里巴（Agrippa）[10]，也是中國文字的統一者，這兩人都介入於秦始皇家族的歷史中。而最後，很快地以羅馬暴君尼祿式的恐怖，來終結了此一歷史。

然後，隨之而來的是兩漢：西漢，西元前二〇六—西元二三年；東漢，西元二五年—二二〇年。在漢朝治下，疆界越益擴展，可是在京城之中，太監、將軍、軍隊，任意廢立君主。以致只有很罕見的一些時候，例如武帝（一四〇—八六）及明帝（五八—七六）的統治下，中國儒家的、印度佛家的、以及古典斯多噶的世界勢力，才能在裏海一帶，互相緊密接近，而能容易地進入實際的接觸[11]。

命運判定匈奴人的猛力攻擊，都將在長城之前，徒勞無功；而在每一危機時期，中國也都

10 阿古里巴（63—11 B.C.）羅馬政治家。

11 因為在當時，帝國主義的發展傾向甚至也見於印度的王朝。——原註

有一位強大的君王出來，保衛長城。中國對匈奴人的決定性反擊，是發生於一二四—一一九年，當時的主持者，是中國的圖拉真（Trajan）[12]——漢武帝。漢武帝為了要打通一條通往印度的絲路，最後還把南中國收入了帝國的版圖；他並築成一條備戰的道路，直達塔里木河。於是，匈奴人被迫轉而西向，經過一段相當的時間，這些匈奴人推動著一大群日耳曼蠻族，而出現於羅馬世界的「防線」之前。

這一次他們成功了，羅馬帝國崩潰解體，三大帝國只剩下了兩個，繼續存在，以供不同的勢力，輪番侵襲，肆意劫掠。今天，是由西方的「紅髮野人」（red—haired barbarian），在印度及中國的高度文明的眼前，扮演了以往蒙古人和滿洲人的角色，扮演得如出一轍，絲絲入扣；當然，像蒙古人和滿洲人一樣，西方人也將在適當的時候，被其他的演員所取代。另一方面，話說回來，當時是在崩潰中的羅馬的殖民地上，未來的西方文化，於西北部暗暗地趨於成熟；而在東方，則阿拉伯的文化，已經繁花盛開。

阿拉伯文化，是一大發現。它的統一性，曾為後期的阿拉伯人所猜疑過，但由於它完全脫離於西方歷史研究的範圍之外，所以我們甚至未能為它找出一個滿意的名稱。按照其主要的

12 圖拉真為西元九八—一一七年之羅馬皇帝，敉平叛亂，開拓疆土，在他治下，羅馬帝國的版圖推展至最大的極限。

語言為準，則這文化的**胚芽時期及春天時期**，可以稱為「**阿拉姆**」（Aramaic）文化；**後期時代**，則稱「**阿拉伯**」（Arabian）文化。但事實上，並無真正有效的名稱可用。在阿拉伯文化的領域內，很多**文化**緊密交錯，而其所對應的各文明的擴張，更導致了甚多的重疊現象。

我們可以從波斯及猶太的歷史中看出，阿拉伯的先文化時期，是完全產生在巴比倫世界的地域之中的。但它的春天時代，則是處在**古典文明**的強大魔力之下。其時，**古典文明**挾其剛達成熟的全副力量，排山倒海自西方侵入；此外，在這地域內，**埃及文明**與**印度文明**的痕跡，也很明晰可感。然後，阿拉伯的精神，大部分飾以後期古典文化的外貌後，開始將自己的魅力，擲向早期的西方文化。阿拉伯**文明**，**疊在**一部分仍在殘存的**古典文明**之上，進入於西班牙南部、普拉汶斯與西西里的大眾心靈中，而成為哥德式靈魂，藉以教育自己的一種模式。

阿拉伯文化所處的風景，明顯地分佈很廣，且各呈零散的片斷。我們若置身於帕邁拉（Palmyra）或台西芬（Ctesiphon）[13]，而凝神遙望四周，則北方是厄斯霍恩（Osrhoene）；而埃得薩（Edessa）成為阿拉伯文化春天的佛羅倫斯。西方是敘利亞與巴勒斯坦——新約聖經及猶太舊教的故邦，而以亞歷山大城為其前哨。在東方，拜火教經過了一次有力的再生，頗可與耶

13 帕邁耳為敘利亞古城，台西芬為兩河流域古城，均位當文化交錯的要衝之地。

穌誕生於猶太世界的事情相對應；但關於這方面，只有拜火教的「阿凡士塔」（Avesta）文學中所述及一些情狀[14]，可使我們略略知曉此事曾經發生過，詳細過程便告闕如了；在此地，並曾產生過「泰默」（Talmud）宗教[15]與摩尼教。深入到南方，則是伊斯蘭的未來老家，一個回教騎士的時代，將會發展完成，有如薩散匿（Sassanids）王國中的情形一般[16]；甚至直到今天，這裏仍殘餘一些未經探察的城堡與要塞的遺跡，這便是當時紅海兩岸，阿克薩（Axum）的基督教國邦、與希米亞萊（Himyarites）的猶太教城邦，互作決戰的地方，而羅馬與波斯的外交政策，便是在此地煽風點火。

在極北方，是拜占庭——一個由凋萎的、文明化的、古典的殘基，與青春的、勇武的精神，所結合成的奇異混合體，勇武的精神，尤其顯現在拜占庭軍事體系的混亂歷史中。在這一世界中，伊斯蘭教最後——非常後期——促成了一種意識的統一。這可以說明，何以它能具有不斷勝利的進展，並幾乎毫無阻撓地吸收了基督徒、猶太人、和波斯人。然後，再經適當的

14 「阿凡士塔」經，為波斯祆教的聖典，後之波斯文學，均淵源於此。

15 「泰默」為猶太律法與宗教古籍的集結，分為兩大部分，一為「密喜那」（Mishnah），一為「迦瑪垃（Gemara），為猶太教的根源。

16 薩散匿王朝，為波斯本土最後一個輝煌的王朝，以戰士勇武著稱。

時間，自伊斯蘭中，便產生了阿拉伯的「**文明**」；而在這「**文明**」達到其心智完成的巔峰時，從西方來的「蠻人」——十字軍，卻又突然闖入進來，進軍至於耶路撒冷。我們可能會問自己：這一突然的侵襲，究是如何出現在當時已高度開化的阿拉伯人眼前的？也許有些類似於今天的布爾雪維克主義的情形？事實上，與阿拉伯世界的政治方策相形之下，當時的西方法蘭克王國的政治關係，根本尚在較低的層面上。

同時，另有一個新的文化，發展於墨西哥[17]。這一文化與其他文化相距太遠，故而甚至毫無交通可言。更令人驚異的，是它的發展，與古典文化的發展極其類似。無疑，站在中美洲角形丘上神廟前的考古學家，會駭異地聯想到自己的多力克神廟；但正是由於這一文化，具有完全的古典特徵——在有關技術方面，權力意志甚為脆弱——故而，使得代表這文化的阿茲特克人（Aztecs），武力極差，以致造成了他們滅種的巨禍[18]。

這巨禍的發生，**是一個文化終結於暴死**的例子。這文化不是死於饑饉、鎮壓、或阻窒，而是在它展開至完全的輝煌時候，突被「謀殺」。它的被摧毀，就好像一朵向日葵的頭部，突被

17 即是指馬雅文化——一個暴卒的文化。
18 阿茲特克人幾乎被西班牙的殖民冒險家殺伐殆盡。

一掠而中一般。馬雅文化所有的一些城邦，包括有一個統制全域的權力中樞，和不止一個的聯邦組合。這些城邦的廣闊分布和豐富資源，遠較漢尼拔時代的希臘和羅馬城邦為優；它們擁有一個內容豐盛的政治制度、一個秩序井然的財政體系、及一個高度發展的法律系統；它們的管理構想和經濟傳統，遠非西方查理五世之流的君主所能想像；它們也有由數種文字寫成的豐富的文學；在大都市中，更有智識燦然、禮儀優雅的社會，是西方絕對無法比擬的——所有這一切，不曾在某一殊死的戰爭中崩解，卻被一小撮的西方匪徒，在短短幾年間，一掃而空[19]。而且掃除得十分徹底，如此龐大人口所留的遺跡，至今甚至已完全不復為人所記憶。像提諾契特蘭（Tenochtitlán）這樣的大城市[20]，如今已不剩一塊石頭，留在地面上。一大批龐大的**馬雅文化**（Mayan）的城市，如今已淹沒在猶加敦（Yucatam）的原始叢林中，迅速地屈服在植物的覆壓之下，而我們甚至不知道這些城市中，任一個的原來名稱。文學方面，有三本書殘留下來，可是無人能夠讀懂。

19 按照美國歷史家普瑞斯科（Prescott）的記載，西班牙冒險家柯特茲（Cortez）的軍隊，在登陸墨西哥時，大大小小加起來，只有十三支手槍，十四門砲。這些在他第一次於當地被擊敗時，已全部失去。後來，一項純粹的偶然事件，使柯特茲獲得由歐洲來的軍火供應。以軍事眼光看來，戰馬對西班牙在墨西哥的戰勝，其貢獻幾近於槍火，而其實當時的馬匹也不多，至多不過十六匹——原註。

20 墨西哥城市，或更正確一些，是墨西哥河谷中一大堆城鎮與村落的集合。

這一悲劇，最驚人的地方是：在西方文化中，絕無任何的必然性，非要造成這一慘禍不可。這是一些冒險家私人的事情，當時的德國、法國、和英國，根本無人知曉，該地發生了什麼狀況。這一例證，獨一無二，因為它說明了人類歷史，根本毫無意義可言，而深度的象徵意義，只存在於個別文化的生命歷程中。**諸文化間的相互關係，並不重要，只是偶然**。在**馬雅文化**的情形中，這一偶然的意義外，是如此的殘忍而陳腐，如此的絕頂的荒謬，甚至在最狂野的鬧劇中，都會令人不堪忍受。一些大砲和手槍，就這樣開始、並結束了這一戲劇。[21]

如我們的「十字軍」和「宗教改革」這樣的大事，都已消失隱沒，不留一絲痕跡。只有在最近幾年，歷史的研究，才算是勉勉強強，設定了後期發展過程的輪廓；而有了這些基據的助益，比較形態學，才能經由其他文化的基據，而嘗試去拓寬和加深我們的歷史圖像。根據這一基礎，我們可以推斷，馬雅文化的各個時期，約後於阿拉伯文化對應時期二百年，而早於我們自己的西方文化約七百年。其先文化時期（pre—cultural period），一如中國和埃及，曾發展了文字和日曆，但對這些，我們如今已一無所知。只知道它的時間計測的起始日期，遠後於基督誕生，但已不可能確定究與基督誕生相距多少年。此外，在任何事項中，都可以看出：墨西

21 見註20。

哥人類具有一種超乎尋常的、強力發展的歷史感。

馬雅的「希臘式」城邦的春天時代，可以由南部的柯貝（Copán）、底克爾（Tikal）等古城，以及稍後些時北部的奇金依塔薩（Chichén Itzá）、那倫佐（Naranjo）、及色坡爾（Seibal）等城市中[22]，當時所築的雕柱上看出來——其時約為西元一六〇至四五〇年。在此一時期的末尾，奇金依塔薩成為建築的範本，而被其他城市追隨達幾世紀之久。至於巴冷克（Palenque）與西邊的彼德拉斯・尼瓜拉斯（Piedras Negras），則可對應於我們西方的後期哥德式、及文藝復興時代（馬雅四五〇——六〇〇＝歐洲一二五〇——一四〇〇？）。

在馬雅的「巴鏤克」或後期文化時代，坎波頓（Champotón）表現為風格形成的中心。而在阿那霍克高原上，相當於馬雅文化中「義大利民族」的納華民族（Nahua Peoples），也開始受到馬雅文化的影響。在藝術上和精神上，納華民族只是文化的吸收者，但是在政治才能方面，卻遠優於馬雅民族（約在六〇〇——九六〇＝古典七五〇——四〇〇＝西方一四〇〇——一七五〇？）。然後，馬雅文化進入於「希臘式」的樣態。約在九六〇年，烏克斯摩城（Uxmal）已告建立，很快成為第一流的世界都會，成為馬雅的亞歷山大城或巴格達，就像其他一切建於文

22 這些只是附近村落的名字，真正的名稱已經湮滅——原註。

明的開端的大都市一樣。

與此同時，我們還發現一系列輝煌的城市，諸如拉勃那（Labná）、馬雅坪（Mayanpán）、查克蒙頓（Chacmultun），以迄今仍存的奇金依塔薩。這一些地方，代表了一種宏偉雄渾的建築風格的頂點。自此以後，文化便不再創造新的風格，只把舊的主題，在風味和特色方面，推展至強烈的程度而已。在政治上，這是有名的「馬雅坪同盟」（League of Mayaápn）時代。這一由三個主要城邦所組成的聯盟，雖然多少有些牽強和雜湊，可是在巨大的戰爭及反覆的革命期間，卻似乎曾成功地保持了它的地位（九六〇——一一六五＝古典三五〇——一五〇＝西方一八〇〇——二〇〇〇）。

這一時代的結束，是表現為一場大的革命；而馬雅的「羅馬」——納華民族的勢力，自此決定性地干預了馬雅的事務。藉由納華的力量之助，胡納凱爾（Hunac Ceel）掀起了一場普遍的顛覆鬥爭，而摧毀了「馬雅坪同盟」（約在一一九〇＝古典一五〇）。其結果，便是過度成熟的文明的典型歷史：各個不同的民族，競爭軍事的領導權。偉大的馬雅諸城，如同羅馬時代的雅典以及亞歷山大城一樣，沉溺於溫柔的滿足，不復具有創造力；但在納華領土的地平線上，則正在發展出一個最後的民族——阿茲特克人，他們年輕、嚴格、而野蠻，並充滿著一種貪婪的權力意志。

在一三二五年（＝奧古斯都時代），阿茲特克人建造了提諾契特蘭大城。這城市不久便成為整個馬雅世界的首都和巨埠。約在一四〇〇年，大規模的軍事擴張行動開始了，經由軍事殖民地、及軍事道路網的設立，而征服了大片的領土；另外，阿茲特克人優越的外交政策，還促使獨立的城邦進入控制，並互相隔離。提諾契特蘭帝國漸形龐大。其世界都會中，居住著大量的人口，這些人四方雜處，說著這一帝國境內的每一種語言。看起來，納華的境域，在政治上和軍事上，都安全無慮。可是，西方南下的衝力，正在飛速發展，即將伸手於馬雅的城邦。我們無法知道以下幾世紀的歷程究將如何，因為突然間——一切終結了。

在當時，西方所處的水平，馬雅文化早已超過了七百年之久；西方的腓特烈大帝時代尚未到臨，故而根本不曾成熟到能夠瞭解「馬雅坪同盟」的政治水準的程度，而阿茲特克人在西元一五〇〇年所組織的大帝國，尚是我們將來有待發生的情形。但即使在那時候，**浮士德文化的人**，已與任何**其他文化**的人，判然有別，他已表現了對於遙遠距離的不可壓抑的渴望。這種渴望，最後殺死、甚至滅絕了墨西哥與秘魯的文化——這股史無其匹的驅迫力，也準備要發揮於任何其他的領域。

當然，愛奧尼克的風格，曾被模仿於迦太基及博斯波利斯（Persepolis）；希臘時代的風味，也曾在印度的甘達拉（Gandara）藝術中，找到一些傾慕者。將來的研究，也許可能在原始的日耳曼木造建築中，發現某些中國的成分。回教寺院的風格，影響所及，更從印度直達於俄國北部、非洲西部、和西班牙。但所有這一切，若與西方靈魂的擴張力量相形之下，簡直就算微乎其微，不值一提。不待說，西方靈魂的真正風格歷史，只能在自己的母土上，完成發展；但它的最終影響，卻無遠弗屆。

就在提諾契特蘭城曾經矗立的地方，西班牙人建造了一座巴鏤克的大教堂，並以西班牙的油畫和雕塑的傑作，為其裝飾；與此同時，葡萄牙人已經開始經營東印度；而從西班牙與義大利傳出的，後期巴鏤克建築，也已發展至波蘭和俄羅斯的心臟地帶。英國在洛可可時代，尤其是大英帝國時代，於北美的殖民諸邦中，佔有廣大的地盤。而西方的古典主義，已在加拿大海岸一帶發生作用，如今影響所及，更是無垠無限。

在任何其他的形式領域中，情形也都完全相同。我們這年輕有力的**文明**，與那些仍在殘存中的古老**文明**的關係，即是：——它將西歐——美國的生命形式中，不斷增厚的諸般層疊，覆壓在一切其他的**文明**之上；而在這些層疊下，慢慢地，古代淳樸天真的生命形式，漸形消失。

歷史是什麼？十九世紀所理解的那種「古代——中古——近代」的歷史架構，只包含一組極其明顯的關係之選樣。但是，如今，古老的中國及墨西哥的歷史，都已開始對我們施予一種精微巧妙的、尤其屬於心智方面的影響。我們在這些歷史中，正**聽到**生命本身的最終必然；我們經由此等另外的生命歷程，正學著去瞭解我們自己，瞭解我們是什麼、必定成為什麼、以及將會成為什麼。這是研究我們的未來的偉大學校。在這歷史人性的尚待研究的高妙領域中，我們這些仍然具有歷史、仍然正在創造歷史的西方人，終可以探索到歷史究竟是什麼。

蘇丹境內的兩個黑人部落之間的戰爭，或是凱撒時代的卡路斯錫（Cherusci）與該提（Chatti）兩小族之間的戰爭，或是——本質上與此全無二致的——不同的螞蟻社群之間的戰爭，都只是一幕「活生生的自然」所演的戲劇。但是，當卡路斯錫人，在西元前九年，擊敗了羅馬人，或是當阿茲特克人擊敗了托拉斯坎蘭人（Tlascalans），這便是**歷史**。因為在這裏，「何時」（When）的問題甚關重要，每十年，甚至每一年，都有其意義。

這裏我們所處理的，是偉大的生命過程的行進，其每一項的決定，都代表了一段「**時期**」（epoch）。這裏有一個目標，一切的發展都趨向於此目標；有一個存有，努力在完成自己的預定命運，也有一種速度（tempo），一種有機的持續期（organic duration）——而不是如塞西亞人（Scythians）、高盧人、或加勒比人（Caribs）的那種漫無定則的起伏浮沉；因為在此等漫雜的升沉中，任何特殊的細節，都只如海狸群或瞪羚群中的胡亂行為一樣，毫無重要意義可言。

在此，我要反對兩種已經嚴重損害一切歷史思想的假說，其一，是認定**人類全體**有一終極的目標；另一，是**根本否定**有終極目標的存在。事實是，「**生命**」**具有**一個目標，生命觀念之中，即已注定了此一目標的實現。但是，個人生來，或屬於某一特定的高級文化，或僅僅屬於一般的人類類型——而不可能另有第三種單元可以歸屬。故而，他的命運必定存在於動物的領域、或世界歷史的領域這兩者之一。「歷史的」人，如我所瞭解者、及所有偉大的歷史家所表示者，即是指一個完全趨向於自我完成的「**文化**」中的人。在此之前，在此之後，在此之外，人是「無歷史的」（historyless）。

由此看來，則事實上，人不但在**文化誕生之前**，**是無歷史的**；而且一旦當**文化**的活生生發展已經**終結**、**文化**的生命中最後潛力已經**用盡**，而**文明**已完全塑成了自身的最終形式的時候，人又再次回返於無歷史的狀態。我們在西提一世（Seti I）之後的埃及**文明**，以及今天的中國**文明**、印度**文明**、阿拉伯**文明**中所見的——雖然在宗教上、哲學上、尤其是文明所託命的政治形式上，仍頗有其小慧佻巧——畢竟無非是原始時代的古老動物生命，再次的起伏浮沉而已。

在歷史中，在高級人類的**真正歷史**中，奮鬥爭取的目的、與掙扎追求的基礎，一直是某一本質上屬於精神性的事物之實現，一直是在將一項概念，傳譯於一個活生生的生命形式中去——雖然此中的驅動者（driver）、與從動者（driven），可能完全不自知他們的行為、目標、與命運之中的象徵力量。這也同樣適用於藝術中，大風格趨勢的努力、適用於哲學的追索、適用於政治理想和經濟形式方面的奮鬥。但是，**文明**後期的歷史，則完全沒有這一切的現象。所剩下來的，只是純粹為了權力、為了動物性的利益而鬥爭。以前的權力，即使在表面上，全無任何靈感啟示可言，終竟永遠是在為某一文化的「概念」而服務；可是在後期的**文明**之中，即使表現出某一概念的最動人的幻影，也只是純粹的動物性掙扎的面具而已。

佛陀之前的印度哲學，與佛陀之後的印度哲學，其間的差別，就在於：前者是經由印度的靈魂、並在印度的靈魂之中，為達致印度思想的目標，而表現的一種偉大運動；而後者，只是現已結晶硬化、不再發展的思想貯藏（thought—stock），不斷在轉動其新的刻面而已。

我們的答案就在這裏，雖然表達的式樣可能有所不同，可是答案永遠如此。漢朝之前、和漢朝之後的中國繪畫；「新帝國」開始之前、和開始之後的埃及建築，情形也都是如此。至於技術方面，表現亦無例外。後期**文明**狀態，先天賦有毫無變化的、虛華浮麗的特性，這在生活於其中的人們看來，幾乎是理應如此的，可是這與真正的「**文化**」人——例如：在埃及的希羅多德，以及繼馬可波羅而入中國的西方人——那種精力旺盛的發展脈動相形之下，簡直就是不可思議的死寂。這是一種非歷史的、無變異的沉滯狀態。

第十三章　城市與民族

兩種靈魂

〔房屋對於農人的意義，是一種「安定」的象徵，城市對於文化人類的意義，也即是如此。城市本如植物一般，它的發展，本與繫著在風景之上的高級文化形式的發展，沒有甚麼不同。但是，「**文明**」時代的巨型城市，則剝除了這一靈魂的根柢，使城市不再植基於風景的泥土中。城市的剪影，所表達的語言，是屬於它自己的靈魂的。城市與鄉野，各有不同的靈魂；在一個**文化**的各大時期中，城市之間，自有其不同的特色。當然，不同的文化，其城市也必然有所差異。

農人，是永恆的人類，獨立於各大文化之外。真正的農人，其虔誠信仰，要較基督教的信仰更為古遠，他的神祇，甚至較諸高級宗教的任何神祇尤為古老。世界歷史，其實只是城市的歷史。當然，有的時候，鄉野地域也會蒙受到高級文化的某一程度的影響，而不再只是一堆不具歷史的素材。

城市代表了**心智**與**金錢**；相形之下，鄉村是質樸野曠的所在。可是最後，城市的本身，無論其為大城或小城，若與「世界都會」比較之下，也都只變成了鄉野區域而已。」

城市那種以石頭砌成的景貌，已在光線世界中，與市民本身的人性結成一體。像市民的本性一樣，這些石砌市景，表現出全然的冷酷和理智——它們表達的形式語言，何其明顯特出？與風景泥土的質樸鄉音，何其背道而馳？我們且看那大都市的掠影：它的天花板與大煙囪，與那遠及地平線的高塔與穹頂！在一瞥之下，奈恩堡或佛羅倫斯、大馬士革或莫斯科、北京或班奈瑞斯（Benares）[1]，這些城市給予我們的衝擊，是何等強烈！我們若不知道古典的城市，在南歐的正午之下、在早晨的雲朵之中、在午夜的星光之下，所呈現的壯觀景象，我們對這些城市，又所知幾何？

1 班奈瑞斯，印度古城名。

此外，街道的通衢，有直有曲、有寬有狹；城中的房屋，有低有高，有亮有暗，而在所有的西方都市中，房屋都以正面轉向街道，在所有東方都市中，則以房屋的背部、空白的圍牆和欄柵，面對街道。還有，方場與街角、死巷與城景、噴泉與山巒、教堂或廟宇或寺院、古代的競技場與現代的火車站、百貨商店與市民大廳，這一切的景物，所透示的精神，又是何等刺目！另外，市郊有整潔的花園別墅，也有雜亂的平房小屋；有垃圾堆，也有分配站；有時髦的社區，也有貧民的聚所，真是五色雜呈，形形色色。

我們不妨設想一下：古代羅馬的郊區與今日巴黎的「福堡區」（Faubourg），古代的拜爾（Baiae）城與現代的尼斯（Nice）城，像布路爵斯（Bruges）及羅森堡（Rothenburg）那樣的小城風光；以及如巴比倫、提諾契特蘭、羅馬及倫敦那樣的房多似海！所有這一切，都**有**（has）歷史，也都**是**（is）歷史。只要一項重大的政治事件——城市的面貌，就會隨之改觀。拿破崙曾使波本王朝的巴黎、俾斯麥也使本無足觀的柏林，具有了前所未有的風采。

在最早的時候，只有「風景」的形象，統治著人類的眼睛。風景賦予人的靈魂以大致的形式，並產生迴響。自然的感受與叢林的呼哨，互相交融，一起脈動；草原與沼澤，都適應著風景的形態、歷程、甚至外表而存在。村落之中寂靜的、山丘形的屋頂，黃昏的炊煙，井穽、籬笆、牲畜，都完全融合、並嵌入於風景之中。至於鄉村的小鎮，則鞏固了鄉村的本身，故而是鄉村圖像的一種強化表現。只有文化後期的城市，首次否定了土地，城市的剪影，在線條上與自然格格不入，否定了一切的自然。

城市，一直是想要成為一種不同於自然、並超乎自然之上的事物。那些高聳入雲的屋頂角牆、那些巴鏤克的圓頂建築、塔頂、尖塔，與**自然**毫不相干，也根本不想與**自然**發生關係。然後，出現的便是巨大的國際都會、世界都會，它不能容忍其他的事物，存在於自己近畔，故而著手滅絕了鄉村的圖像。

在從前某一段時間，城市曾一度謙遜地置身於風景的圖像之中，安分守己，如今卻堅持要自行其是，睥睨自如。於是，郊野、大道、森林、草原，變成了只是一個公園的景物，山嶺變成了旅遊者觀光的所在；而花園造成了一種仿製的自然，噴泉取代了泉源，花床、人造水塘和修剪齊整的籬笆，取代了草地、池澤、和叢林。在村落中，茅草蓋成的屋頂，仍然像小丘一樣的形狀，而街道也只是兩片地域之間的田埂；但是在大城市中，則高大、石砌的房屋之間，所呈現的圖像，猶如深邃而漫長的峽谷，彼此隔絕，房屋充瀰著彩色的塵埃、和奇異的喧囂，人們居住在這種屋子裏，簡直不可思議。人們的習俗，甚至面貌，都必須適應這種石頭的背景。白天，街道的交通，充滿了奇怪的色彩和音調，夜晚，新造的霓虹燈光，比月亮還要閃亮。鄉下的農夫，無助無告地站在路上，茫無所措，也無人瞭解，只是被當作滑稽劇中的一個常用的典型，以及這個世界的日常食糧的供應者而已。

然而，最重要的一點是：如果我們不能理解到，逐漸自鄉村的最終破產之中脫穎而出的城市，實在是高級歷史所普遍遵行的歷程和意義，我們便根本不可能瞭解人類的政治史和經濟史。故而，**世界歷史，其實即是城市的歷史**。

但是，與此大異其趣的是，我們又在每一文化中，很快發現到了「首邑城市」（capital city）的類型存在。在本質上，古典的公共會所，和西方的報紙刊物，即是此類主導城市的心智引擎。有了這類事物，故在這些時期內，任何能真正瞭解政治的意義的鄉村居民，都感到自己和城市中人已處在同一水平，從而，縱使他的身體，未曾移居於城市，可是在精神上，確已進入了城市之中。[2]農人所在的鄉野地區，一般的情緒和公眾的意見——如果還能存在的話——都被城市的報刊和言論所指引和領導。這些首邑大城，在埃及，是底比斯（Thebes）；在古典世界，是羅馬；在伊斯蘭，是巴格達；在法國，就是巴黎。

最後，便產生了巨大怪異的象徵、完全解放的心智之容器——「世界都會」，而世界歷史

2 這現象在今日已是司空見慣，不需多加解說。但不妨回憶一下：在十七或十八世紀時，一個朝臣或大員，被命令「解職回鄉」，是何等的羞恥之事，而一個學生被大學退學，也稱之為「放逐回鄉」（rusticated）——原註。

的過程，便以此為中心，而開始扭曲變形。一切世界都會中，最早的兩個，是巴比倫，和埃及新王國的底比斯。古典文化之前，克里特的米諾世界，雖然也極燦爛壯觀，可是相形之下，只能算是埃及的「鄉野」。古典文化的第一個世界都會，是亞歷山大城，它使得古老的希臘，一下子縮回到鄉野的水平，甚至羅馬、甚至重建的迦太基、甚至拜占庭，都不能壓倒亞歷山大城的地位。在印度，巨大的城市，如烏贊（Ujjain）、甘那基（Kanauj）、尤其是佩特里巴特（Pataliputra），即使在中國及爪哇，都很出名；至於阿拉伯，西方每個人都熟知巴格達和格拉那達（Granada）的神話傳奇，所帶來的聲譽。

我們不該忘卻，所謂「鄉野」一詞，最初是羅馬人給予西西里的一個基本指謂；而事實上，西西里的被征服，正是代表了：一度領先顯赫一時的文化風景，竟可以很快淪為純粹而簡單的征服目標，最先的一個例子。西那庫斯，是古典世界的第一個真正的大城，當羅馬仍只是一個毫不重要的鄉間小城時，西那庫斯即已輝煌不可一世，可是不旋踵間，與羅馬相比之下，它只成為一個鄉野之邦。與此相同，哈布斯王朝的馬德里，與教皇駐蹕的羅馬，本是十七世紀歐洲的領袖諸邦的大城，可是從十八世紀開始時起，已被巴黎和倫敦等國際都會，壓抑到了鄉野的水平。而美國在一八六一——一八六五年間南北內戰時，紐約的崛起至世界都會的地位，也許可證明是十九世紀中，最具深長意味的事件。[3]

「世界都會」，真如石砌的巨像，矗立在每一偉大**文化的生命歷程的終點**。世界都會的意象，出現於人眼的光線世界中，極盡宏偉壯麗之能事，它包含了已經確定的、已經生成的事物，所表現的整個莊嚴肅穆的死亡象徵。在西方，經過了千百年的風格演化，哥德式建築中，那種瀰漫無限精神的石頭，已經變成了鬼域似的石砌沙漠中，毫無靈魂的死物質，正反映出這一死亡的象徵。

如今，以哥德式的教堂、廳宅、高牆市街，以及古老的圍牆、尖塔、門柵為核心的西方成熟的古城，已被巴鏤克時代成長起來的，那些更為輝煌、更為龐巨的貴族庭宅、宮殿、教會廳堂所環繞，並開始泛溢於四方，成為一堆無形式可言的建築體裁，以不斷增殖的兵營式公寓、和只供實用的房舍，蠶食了日漸衰沒的鄉村；而且，經由清除和重建，而摧毀了古老時代的莊嚴高貴的景觀。我們若從一個古塔上，向下眺望那房屋的汪洋，我們便可從這歷史存有的僵化形象中，感受到這正是一個**終結**的時期，正標示了有機生長的結束、無機過程的開始，因而，才出現了這種漫無節制的凝聚沉滯的程序。另外，如今也出現了那種人工的、數學的，完全與

3 事實已證明紐約現在正成為世界的中心，史賓格勒對此確有先見之明。

土地隔離的產物，所謂「都市建築」規劃出來的城市，純粹只是一種心智的滿足。

在所有的**文明**之中，這些城市，都發展成棋盤似的整齊形式，這根本是靈魂消逝的象徵。巴比倫的規則的長方形建築，便曾令希羅多德大吃一驚，提諾契特蘭的同型建築，也使柯特茲（Cortez）[4]訝異不已。在古典世界中，一系列的此類「抽象」城市，是始自特瑞城（Thurii），這是米萊特斯的希波戴馬斯（Hippodamus），於西元前四四一年所「規劃」的。普瑞恩城（Priene）的棋盤型體制，完全忽略了地基的起伏，羅德島與亞歷山大城的建築繼此而來，並成為「帝國時代」無數的鄉野城邦的典範。阿拉伯世界中，伊斯蘭的建築師，自西元七六二年起，開始設計巴格達城，一世紀之後，另一巨城撒馬拉（Samarra）也按照計畫，建築成功[5]。

在西歐與美國世界內，一七九一年所設計的華盛頓，便是第一個此類的著例。毫無疑問地，中國的漢朝、和印度的摩里亞王朝的世界都會，也都具有這樣同型的幾何模式。當然，直至今天，西方文明的世界都會，距離到達其發展的頂點尚遠，我看，在西元二千年之後，設計的城市將有一兩千萬的居民，這些城市，散布在龐大的鄉野之間，這些城市中的建築物，將會

4 柯特茲即是首先發現馬雅文化，並加以摧毀的西班牙冒險家。

5 撒馬拉城所展現的，真可算是美國式的比例。城市伸延至三十三公里，沿底格里斯河而建，宮殿為一二五〇公尺見方的面積。有一巨大的回教寺廟，佔地二六〇×一八〇公尺——原註。

使今日最大的建築黯然失色。那時候，交通及傳播的景象，我們今天的人們，將會認為光怪陸離，不可思議，近乎瘋狂[6]。

在早期古典時代，曾把鄉土人口逐漸吸收到城市中去，以此而造成了波利斯衛城（Polis）型式的那種雜居狀態，到了最後，又以荒謬的形式再次出現：每一個人，都想住在城市的中央，住在最稠密的核心地區，否則，他就好似不像一個都市人物了。所有這一些城市，都只是密集的內城。新的雜居主義，不再形成市區的地段，而是造成了一種「高樓的世界」（the world of upper floors）。例如在西元七十四年的羅馬城，雖然擁有龐多的人口，可是其周界之小，實令人可笑，——只有十九又二分之一公里（十二哩）[7]。因此之故，這些城市一般的擴展，不是向寬度方面著手，而是越來越高，向上發展。羅馬的市區公寓，例如有名的「英蘇拉・福利古拉」（Insula Feliculae）區，街道寬度，僅及三至五公尺，可是其高度，卻是西歐絕難一見的，只有美國的一些城市差堪比擬。靠近主城處，屋頂天花板已經高達於山凹的水平處。

6 以加拿大為例，不但大的區域，甚至連整個鄉野，都畫定為相等的長方形，以備未來的發展——原註。

7 「阿拉伯土地上後期的古典城市，在這方面與其他地方一樣，是屬於非古典的型態。安提阿的花園郊區，在整個東方都極聞名」——原註。

促使**世界都會**中的人們，不能自由自在地生活，而只能以這種矯揉彆扭的狀態，生存下去，其原委所在，就是個人生命中的**自然宇宙之脈動**，已**越來越**微弱，而**覺醒意識中的張力**，卻**越來越危險**。在此，必須能回憶到：在內在宇宙之中，是動物的、覺醒的一面，凌越了植物的、存有的一面，而不能反其道而行。**脈動**與**張力**、**血液**與**心智**、**命運**與**因果**，彼此之間的關係，就好似繁花遍開的鄉野，對石頭砌堆的城市一樣；就好似自由的存在，對拘束的存在一樣。是以，沒有宇宙悸動在推驅的張力，只合轉入於虛無之中，而**文明**無他，只是**張力**而已。

文明時代所有傑出的人們，其頭部都只被那種極端的張力所主導，所謂「理智」，只是在高度張力之下，所能瞭解的能力，在每一**文化**之中，這一類的頭腦，是只有在其最後世代的人們身上，才能發現的典型。我們只須在農人偶而出現於大都市的街道人叢的漩渦中時，把他們的頭部，和**文明人**的頭部比較一下，便可知道其中差異所在。

另外，農人的智慧，是「柔弱的」、母性的機智和直覺，這和其他動物的一樣，是基於生命的感覺脈動。由這種智慧，經過城市的精神，而進步至「大都會的理智」——這一詞眼，恰可尖銳地透露出古老的自然宇宙基礎之消逝——可以描述為命運感受的一種穩定持續的減弱，而隨因果運作而生的需要，則漫無節制地增長。理智是以思想的演練，取代了潛意識的生命，它是君臨一切的，但是，沒有血色，貧瘠無力。理智的面貌，在一切種族中都是一樣的，

——而在這些種族中，不斷退步的，正是血液本身。

原始民族的豐富生命力，是一種自然的現象，甚至沒有人去思索這一事實，更少去判斷到它的用途及其他了。當有關**生命**的問題，必須藉**理智**來為之解決時，生命的本身，就成了問題。到了此際，便開始了對生育的謹慎節制。原始的婦女，天生就是母親，從孩提時代起，她所渴切盼望的整個天職，都包括在「母親」一詞之中。但是現在，出現了易卜生筆下的女人，出現了從北歐戲劇到巴黎小說，所呈現的整個大都市文學中的女志士、女英雄。她沒有孩子，她有的是靈魂的衝突；婚姻只是她為了獲得「相互瞭解」，所啟用的工藝。這種反對孩子的情形，無論如美國婦女那樣，是為了不願錯失遊樂的光陰；如巴黎女人那樣，是為了恐怕她的情人離她而去；抑如易卜生筆下的女英雄那樣，只為了她「屬於她自己」，其實本質都一樣——**她們全都只屬於自己**，也全都**沒有豐沃的生命力**。

與此相同的事實，配合上與此相同的理由，可以在亞歷山大城、在羅馬，事實上，在每一個其他文明社會中發現到——尤其明顯地，是在佛教發展的地方，更是如此。在希臘主義時代、在十九世紀、以及在中國的老子時代、在印度的耆那教時代，都存在有一種反對生育、只重理智的倫理，也都擁有一些有關易卜生筆下的「娜拉」、及左拉筆下的「娜娜」之類內在衝突的文學。

到達此一水平之時，所有的**文明**，都進入一個歷時數世紀之久的、驚人的人口減少的階段。文化人類所堆成的整個金字塔，乃告消失。它自其頂點開始崩陷，首先是世界都會，然後是鄉野城市，最後，是土地的本身。土地的最佳血液，已經毫無節度地傾注入城市之中，然而只能支撐一會兒的時間。終於，只剩下原始的血液，尚留存著，但也已被剝奪了它最強壯、最有希望的元素。這一剩餘的殘基，便是洪濛混沌的土著農夫（Fellah）的型式。

在被西班牙人征服之後，一段極短的時間內，馬雅的人口離奇地消失了，他們那些巨大的空城，被原始叢林重行吞沒。這個事實，並不只是證明了征服者的殘暴獸性——因為，若是面對一個年輕而豐沃的文化人類，其自我再生的力量，會使這種獸行，完全無能為力——而且更證明了一種起自**文明內部**的滅絕過程，無疑久已在進行之中。如果我們轉而注意我們自己的西方**文明**，我們會發現：在絕大多數的情形中，法國貴族階級的古老家族，並不是滅亡於法國大革命期間，而是自一八一五年以來，就已漸漸消滅，他們這種生命荒瘠不孕的情形，也傳播於中產階級之間，而自一八七〇年後，且已傳至那個大革命時代，幾乎重建起來的農人階級之中。

於是，我們可以在這些**文明**的每一處，發現那些早期階段的鄉野城市，然後，便是代表演進終點的巨大都會，空洞地矗立著，在它們的石堆中，藏匿著少量的農人。他們庇託在廢墟中，一如石器時代的人們，庇託在洞穴和土堆中那般。例如：撒馬拉城，在第十世紀被人放棄；印度阿蘇卡王朝的首都——佩特里巴特，當中國的高僧玄奘，於西元六三五年尋訪到時，已只剩下一片龐大而完全無人居住的廢屋；在柯特基的時代，甚多偉大的馬雅城市，必定也已處於同樣的狀態。從波里比亞斯以降，一長系列的古典著作家筆下，我們讀到那些古老而有名的城邦，街道已成為空盪的行列、散碎的破片，牛群在公共會所和體育館內大吃嫩草，而競技場已成為一片農田，偶而點綴著一些雕像和殘書。在十五世紀時，羅馬的人口只有一個村落這麼多，而它帝國時代的宮殿，仍舊空留在那裏。

而這，便是**城市歷史**的結論：從最初的交易中心發展起，到了文化城市，而最後，直到世界都會；為了它那巍峨莊嚴的演進歷程的需要，它首先犧牲了它創造者的血液和靈魂，然後，為了適應**文明**的精神，它也犧牲了該一發展的最終花朵——於是，命定的，它趨向於最後的自我毀滅。

「文明」的形式語言

現在居於主導地位的，不是**命運**，而是**因果**，不是活生生的**導向**，而是**廣延**。職是之故，以往**文化**的每一形式語言，以及它的演進歷史，都黏附在其**始源的地點**；而如今的**文明**化的形式，卻能在**任何地方**隨遇而安，並且，只要它們一出現，就能夠作無限制的擴張。毫無疑問，北俄羅斯的漢沙諸城（Hansa Towns），材料雖出自本土，卻具哥德式的風貌，南美的西班牙式建築，也表現巴鏤克的風格。但是，在**文明**時期之前，即使是哥德式風格歷史中，最微小的部分，也不可能發展至超離西歐的範圍之外，正如阿提克或英國的戲劇、或複句音樂的藝術、或西方路德的與古典奧斐爾的宗教，也絕不可能蕃衍至於其他文化的人們之中，甚至也不可能被其他文化的人們，內在地加以吸納。

但古典的亞歷山大城主義、及我們的浪漫主義的本質，卻是屬於**一切的都城人們**的，並不因文化而異。浪漫主義標示了：歌德以其廣擴的視野，所揭出的「世界文學」的開端。——「世界文學」，就是居於領導地位的世界都會中的文學，與之相反的，便是鄉野的文學，淳樸天真，屬於土地，但卻易被忽視。這種鄉野文學，只能艱困地四處掙扎，以求維持自己的存在。而另外，就政體而言，威尼斯的體制、腓特烈大帝的體制、或是英國議會的體系，都不能在其他文化中複製，但是所謂「現代憲政」，卻可以被「介紹」到任何的非洲或亞洲的國家，這和古典的城邦（Poleis），也可以在奴米提人（Numidians）及古代布立頓人（Britons）之中設立，情形是一樣的。

從而，在一切的**文明**之中，其「現代」都市的型式，越來越具有**統一**的樣態。我們無論走到那裏，都可以看到柏林、倫敦、及紐約之類的都會，正如羅馬的旅者，可以在帕邁耳（Palmyra）、或特瑞耳（Trier）、或迪姆加德（Timgad）、或一直延伸到印度河及鹹海的諸希臘式城市中，發現到他自己城中那種的圓柱建築、列有雕像的公共議壇、以及神廟一樣。但是，如此散播出去的，已不再是一種「**風格**」，而只是一種「**風味**」，不是真正的「**習俗**」，而只是泛泛的「**格調**」，不是國家的服飾，而只是時髦的流行。當然，如此一來，遠方的民族，不但可以接受那**文明**所賦的「永久」賜予，而且還甚至可以以一種獨立的形式，來予以反射了。像這一類的「反射文明」（"moonlight" civilization），可見於中國南部，尤其是日本（它約在西元二二〇年，漢朝尾聲時，即已首度漢化）；另外，爪哇是婆羅門文明的接替者，而迦太基則自巴比倫文明中，獲得了自己的形式。

所有這一切的形式，都表示**覺醒意識**如今已極度過量，不受**自然宇宙**的脈動所緩和及限制，呈現出純粹的心智和擴張的現象。但也正因此故，它們能夠作有力的投出，它們最後鼓動的光芒，伸展並疊壓了幾乎整個的地球。**中國文明**中，一些形式的片斷，可能在斯坎地那維亞半島的木製建築中發現，巴比倫的度量術，可能在南海發現，古典的貨幣可以出現於南非，而埃及與印度的影響，也及於南美洲印加文化的土地上。

但是正當這一展延的過程，超越了一切界線時，**文明**的內在形式的進展，也已以深刻的統一密度，完成了自身的發展。有三個階段，可以明晰地分辨出來：——首先，**文明**自**文化**中解脫出來；然後，優雅精緻的**文明形式**的製造；最後，**文明**的僵化。對我們而言，這樣的發展已在進行之中。**風格**，在文化中，一直是**自我實現過程的韻律**，可是，**文明**的風格——如果我們尚可用「風格」一詞——卻呈示為**完成狀態的一種表達**。它達到——尤以埃及與中國為然——一種輝煌壯麗的完滿狀態，然後，將這一完滿情狀，驅入於生命的內在、不可移易的一切表現之中，驅入於儀禮和風采，以及藝術表現的精緻細微、深思熟慮的形式之中。而後，便是終結。

種族即風格

種族自有其根柢。種族與風景互相隸屬，一株樹生根的地方，也即是它死亡的處所。毫無疑義地，我們確實可以從一個種族身上，追溯到它的「老家」（home）。但是，尤其重要的是，我們要瞭解：種族的某些最最精粹的性格，無論屬於形體的或是屬於靈魂的，都永遠依附在這一「老家」之中。如果在這老家中，如今已找不到此一種族，這即表示，此一種族已不復存在。

種族本身，絕不遷移，遷移的只是「人」：這些移民的後代子孫，生長在不斷變化的風景之上，而風景對於他們身中的「植物天性」（plant—nature），施以一種神秘的力量，終於，使得種族表徵完全變形，舊的已告消絕，新的開始出現。英國人和德國人，作為**種族**來看，並未遷移至美國，所遷移的，只是作為人類一分子的英國人和德國人，而他們的後裔，在那裏便寖假而成為美國人。

長久以來，我們明顯地看到：印地安人的土地，已烙印在這些人身上，一代復一代，他們變得越來越肖似於被他們所滅絕的印地安人了。顧爾德（Gould）與巴克斯塔（Baxter）兩位學者，曾指出：所有種族的白人、印地安人、和黑人，在平均身材及成熟時間上，已完全一致，——而愛爾蘭的移民，抵達美國時尚很年輕，發展也甚緩慢，可是卻也快速地在同一世代內，受到了這一風景的力量的影響。

學者波埃斯（Boas）也指出：美國出生的孩童中，長頭的西西里種、與短頭的日耳曼猶太種，已很快地達成了同樣的頭型。這不是一個特例，而是普通的現象，故而我們在處理那些歷史上的移民之時，要格外小心，因為我們除了略諳一些流浪族群的名稱、及若干語言的遺跡之外﹝諸如：丹奈語（Danai）、依特拉斯坎人（Etruscans）、皮拉斯基語（Pelasgi）、亞該亞人（Achaeans）、多力安人（Dorians）等﹞，其餘便一無所知了。故而，對於這些「民族」之中的種族情貌，我們當然無從得出什麼結論。至於泛濫於南歐土地上的哥德人、倫巴人、汪達爾人等，名目固然紛歧散亂，但本身其實是一個種族，則略無疑義。然而在文藝復興時代，它自身實已完全融入於南歐的普拉汶斯、加斯提里、以及塔斯肯等地的泥土，所特有的基本性徵之中去了。

而**語言**則不然。語言的「老家」（home），只是語言形成的過程中，一處偶然的地方，這地方與它內在的形式無關。語言可藉舟車的傳承，由一個族群，傳播至另一族群，尤有甚者，語言可以互相交換——事實上，在研究早期種族的歷史時，我們可以、甚至必須毫不猶豫地，認定此等語言變換的現象之存在。我所要重複強調的是：當語言替換時，所涉及的乃是形式的內涵，而不只是語言的腔調。而初民一旦取用某一語言的形式內涵之後，便理所當然地將之用作其自身的形式語言中的要素了。在邃初時代，只要某一民族的力量比較強大、或是語言比較有效，便足以導致其他的民族，放棄自己的語言，而以真正宗教式的敬畏，來取用此一語言。

我們不妨研循一下諾曼人（Normans）的語言變遷：他們散處在諾曼地、英格蘭、西西里及君士坦丁堡諸處，而各地的語言皆自不同，不惟如此，這些語言之間還一再地互相遞換。其實，對「**母語**」（mother tongue）的虔敬，只是後期西方靈魂的特徵，而「母語」這一詞眼，固然深具倫理力量，可也正是我們那不斷重演的、不同語言之間的戰爭痛苦的根源。其他文化的人們，對此幾乎毫無所知，原始的初民，更完全不曾注意及此。

自然科學全然不曾意會到：**種族**與落地生根物固不相同，與活潑動彈的動物，也自迥然有別。種族所表現的，乃是出自生命的內在宇宙一面的，某些嶄新的特徵，而這些嶄新的特徵，對動物的世界而言，實頗具其決定性的意義。自然科學尤其不曾覺察到，當種族這個詞眼，指謂整個「人類」中的某一部分時，更具有一種完全與眾不同的重要意蘊。當自然科學處理到所謂「適應」（adaptation）、「承繼」（inheritance）等等之時，它只是在浮面的性徵上，設定了一套毫無靈魂的因果關聯，而抹去了事實真相：——在**種族**中，展現自我的，一方面是**血液**（blood），另方面則是覆蓋於血液之上的**土地**的力量。這等奧秘，是不能檢視，也無法度量的，只能經由活生生的經驗與感受，而以心傳心。那些自然科學家本身，對於他們的這些浮面性徵的相對屬次，即頗不能一致。

顯而易見的，人類形體的整體展示中，那複雜混沌的情形，一直絕少為人認知。例如：對中國人而言，嗅覺是一最具特性的種族標誌。而語言、歌唱、尤其是發笑的聲調，也能使我們正確地感覺出，科學方法所無能為力的深刻差異。除此之外，展現在人們眼前的意象之繁複豐富，委實令人目不暇接，有些是實際可見的，有些則訴諸內在的視野。若想把這一切全勾勒於少數的觀點之下，簡直是不可思議的企圖。而所有這一切，全是整個圖像的一面，這一切的特徵，構成了整個的圖像，而彼此又互相獨立，各有自身的歷史。例如，在有些情形中，人的骨骼結構（尤其是腦殼形式）完全改變，而肉體部分——臉部——卻毫無改觀。學者布魯曼巴哈（Blumenbach）、彌勒（Müller）及赫胥黎（Huxley）皆曾斷言：同一家庭中的兄弟姊妹，也許會表現出各種的差異，可是他們活生生的種族表徵之一致，卻是任何看到他們的人，都會一目瞭然的。

除了**血液**的力量，世代以來一再印鑄出相同的生命形象，成為「家族」（family）的特徵；以及**泥土**的力量，明顯彰著地烙印在人的身上之外，在相近的人們之間，尚有著一種神秘的原始力量之共振。懷孕的婦女，有所謂的「胎教」（Versehen），這邊只是種族與生俱來的，一種非常深刻而有力的「定形原則」（formative—principle）運作的一特例，還不算十分重要的例子。此一生命脈動的定形力量，此等對個人自我型式之長成，所具的強烈而內在的感受，實在是無待贅言的。就是此等**族類精神**，**滋衍了種族**（Comradeship breeds races）。法蘭西的貴族世家（noblesse）及普魯士的閥閱士紳（Landadel），便是真正的種族典型。而歐洲的猶太人典型、及其數千年的聚落生活，也是由此等碩大無朋的族類精神滋生而成的。

當一群人已以共同的精神，屹立於天壤間甚久，並在其共同的命運之前，結合起來，則此一族類精神，便將這些人熔冶為一種族。於是，一個**種族理念**（rece—ideal）出現了，至高無上，戛戛獨絕，出現在**文化的早期**——如吠陀時代、荷馬時代、荷享斯多芬的騎士時代——其時，統治階級對此一理念的熱切期望，其意志的專注執著，皆朝向於實現此一理念而進行，以迄終致達成了此一理念。

事實上，人類頭部的種族表徵，實與任何一種可感知的腦殼形式無關，具有決定性的要素，並不是骨頭，而是肉體、是外觀、是形體的表現。自從浪漫主義時代以來，我們總在說什麼「印歐」種族（Indogermanic）。但是，是否有所謂的阿利安種（Aryan）的腦殼、或閃米族型（Semitic）的腦殼存在？我們是否能夠區別出賽爾特族（Celtic）的及法蘭克族（Frankish）的腦殼？或是波爾族（Boer）的及卡富爾族（Kaffir）的腦殼？在考古上，對史前時代的頭骨，著名的發現，從尼安德塔人（Neanderthal）到奧理格奈新人（Aurignacian），對於種族的特徵，及原始人們的種族漂移實況，都不能證明什麼。除了從其顎骨的形式，能對他們所吃的食物作出某些的結論之外，這些考古發現，只能顯示發現地點的基本土地形式而已。

再進而言之，只要我們能擺脫達爾文時代的重大陰影的影響，而自行發現出一套基準，則泥土的神秘力量，自會立即展現於每一件活生生的事物之上。羅馬人曾把葡萄樹從南義大利移植至萊因河，而葡萄確實並不曾有什麼可見的——即：植物學上的——改變，可是，在此例中，「**種族**」可以用其他的方式來決定。生長泥土的不同，不但使南歐與北歐的酒，使萊因河與莫索河的酒判然有別，而且即連每一不同的山際、每一片不同的位置，所產生的產品，滋味皆自有差異。這在其他的高級植物「種族」，如茶葉和煙草上，也一樣可以感覺出來。

與此相類的，也只有感覺最敏銳的人，才能覺察到：自有一種相似的元素，一種幽邈闇暗的特殊風味，以高級文化的各種各樣的形式，聯繫了伊特拉斯坎人和塔斯肯地方的文藝復興人們；聯繫了蘇美人（Sumerians）、西元前五世紀的波斯人和底格里斯河上伊斯蘭教的波斯人，因為，他們分別屬於同一的種族。

真正能洞透語言的精髓的人，會摒開了所有語言學家的儀器，而直接去觀察一個獵人，如何對他的狗說話：且看，狗遵循著他伸出的手指指示。牠緊張地傾聽主人的語音，然後牠搖頭——表示無法了解這一種人語。然後，牠弄出一兩個句子，來表達牠的觀念：牠立定，並吠叫，這在牠的語言中，包含了一個問句：「這是不是主人您的意思呢？」然後，若牠發現牠對了，牠仍以狗的「語言」，來表達牠的高興。

若是兩個人確實沒有一句共通的話可以溝通，則他們必也是以與此相同的方式，來瞭解對方的意思。當一個鄉村牧師，要對一個農婦表達某一意思時，他會銳利而不自覺地凝視著她，把她無法從一個教區牧師的方式，所瞭解到的事物，注入在他的眼中。今日的語言，毫無例外，還是只能與其他的達意方式聯接起來，才能完全使人理解，——語言的本身，從來不能獨立勝任達意的作用。

例如，若狗需要什麼東西時，牠便搖牠的尾巴，等牠無法忍耐牠主人的蠢笨，竟不瞭解牠如此清楚明白的「語言」時，牠再加上聲音的表示——牠吠叫一番，而最後，牠還加上姿態的表示：扮怪相或作手勢，至此，在狗的眼中，人實是個蠢物，不懂語言之道。

最後，非常值得注意的事是在於：當狗已用盡了其他一切方法，來瞭解牠主人的各種語言之後，牠突然人立而起，牠的眼睛直注入人的眼睛中。這時，便發生了深奧神秘的現象

——「**自我**」（Ego）與「**對方**」（Tu）的直接接觸。目光脫離了覺醒意識的限刻，生命存有（Being）瞭解了自己本身，不需任何的符記。在此，狗變成了人的「裁判者」，以眼睛直視牠的對方，並超越了語言，掌握了說話者的真意。

雖然並不自覺到這一事實，可是，我們習慣上常使用此等「語言」。嬰孩早在學會第一個字之前很久，便已能說話了；而成人在談話時，也常使用一些自己根本不曾考慮其正常意義的字語——在此等情形中，是聲音形式（sound—form）在表達語言，而不是字句在綴成語言，此等「語言」，也自有其語群和對話，也可以被人學習、駕御、或誤解。對於我們那字句綴成的語言而言，這些是不可或缺的要素。如果我們想要以字句語言來獨撐一切，而全不借助於「音調語言」（tone—language）和「姿態語言」（gesture—language），則字句語言必定造反。甚至我們的文字，本是訴諸眼睛的「字句語言」，可是若無以標點符號的形式，所表現的「姿態語言」之助，也幾乎無法為人理解。

在把要待傳達的意思置入句子之時，先天地，便涉及到**種族的特徵**了。塔西陀的句子與拿破崙的迥不相同，西塞羅的句子和尼采的判然有別，而英國人驅遣字句的方式，與德國人的方式，也自有其差異。無論在原始的、古典的、中國的、及西方的語言社群中，決定句子單元的型式，以及單字對句子的機械關係的，都不是「觀念」或「思想」，而是思考的過程，生命的類型，而是**血液**。

文法（grammar）與造句法（syntax）的界限，應該置於機械的語言終止，而有機的語言開始的那一點上——有機的語言，是指一個人所用以表達他自己的方式、習慣，以及**觀相**。另一界限，則在於單字的機械結構，轉入為聲音形成及表達時的有機要素之際。英國的移民，即使是小孩，也常可以由英文「th」的發音，而辨認出來——這便是土地的種族特徵。我們對於很熟悉的人，可以不必看到他，而僅由他的發音，便認識出來。不惟如此，即使一個人能操完全正確的德語，若他是一個外國人，我們仍是可以辨認出來。

單字是句子中最小的機械單元。而各個人種所設想出來的，獲致此等單元的方式，皆自有自己的特色。例如，對班圖族黑人（Bantu Negro）而言，他所看到的任何事物，首先，是屬於一大堆的理解範疇之中。故而，與此相應地，他們的單字是包含了一個核心或根柢，然後帶上一大堆的單音節的字首。當他說及一個田野中的女人，他用的字是這樣的：「活的——一個——大的——老的——女的——外面的——人」，這便有了七個音節。諸如此類的理解作用，對我們固嫌陌生疏離，其本身倒也明晰可喻[8]。這一些語言中，單字所涵蓋範圍的廣闊，幾乎不

8 見約翰生爵士（Sir H.H. Johnson）的論文「班圖語言」（Bantu Language）——原註。

下於句子。

而以文法的結構，逐漸取代實體或聲調上的姿態，實是句子形成過程中，決定性的因素。但此一過程，是永遠不會完全完成的。世上沒有純粹的音符語言，當以單字來說話的動作，越來越趨精細時，透過單字的字音，便會喚起了我們的「**認知感受**」（significance—feelings），這再轉而透過字句連繫的聲音，而喚起了更深的「**關聯感受**」（relation—feelings）。故而我們在語言方面的學習，使我們能以簡潔而象徵的方式，不但瞭解到物理事象（light—things）與物理關係（light—relations），而且瞭解到思想事象（thought—things）與思想關係（thought—relations），單字原先只是用以命名，並不絕對確定，故聽者必須感受到說者的意思。由於語言有此一特性，故而姿勢和音調在語言中所佔的角色，遠較研究語言者所承認者為大。而在很多的動物界，也可以發現存有若干的名詞音符，只是絕未有過動詞音符而已。

由於人類此種自我與對方溝通的工具，甚為圓熟，故而在動物性的感覺瞭解之外，塑出了一套文字思想系統，來取代了感覺。於是精巧的思想，得以保存於文字意涉之中，寖假而遂致別的語言，皆告淘汰，只剩下了文字的語言。又由於語言本身之完美自足，乃使得語言終與人類整個的生命習慣，截然有異，語言與口語嚴格而不幸地分了家，致使以口語來統涵整個的真相，成為不可能，這在文字的符號系統中，尤其造成了影響深鉅的結果。

抽象的思考之得以存在，是靠一套有限的文字網絡的應用，人們企圖在這文字網絡之中，由抽象思想，來掌握生命那完整而無限的內涵。於是，**抽象概念**殺死了**生命存有**（Being），並欺騙了**覺醒存有**（Waking—Being）。很久以前，在語言史的春天時節，理解必須掙扎努力，以求與感覺共存，那時，抽象思考的機械化作用，對生命全無重要性可言。可是現在，人已從很少思想的生物，一變而為思想的生物，而自古以來，每一思想系統的最高理想，便是要迫使生命屈服於心智（intellect）的統轄之下。在理論上，這已由下列方法達成：認定只有「已知事物」才是真實，並把實際事象硬指為虛幻和悠謬。在事實上，這一理想的達成，乃是強迫血液的聲音，在「普遍的倫理原則」之前沉默[9]。

邏輯和倫理，都只對**心智**而言，才是絕對而永恆的真理，故而對歷史而言，並非真理。無論在思想的領域中，內在之眼如何壓服了外在，在現實的領域中，對永恆真理的信仰，只是一齣卑瑣而荒謬的戲劇，只能存在於個人的大腦之中。真正的思想系統，實際上不可能存在，因為沒有任何的符號，可以取代真實。深思而誠懇的思想家：永遠都只能達到一個結論，即：**所**

9 只有技術是完全真實的，因為在技術中，字語只是通往「實際」（actuality）之鍵，而句子不斷修改，直到成為「實際」——不是「真實」——為止。技術上的假設，不是要求「公正」，而是要求「有用」——原註。

有的認知，先天地，都被它自己的形式所限制，而永不能夠達到文字所作的紙上談兵——只除了在技術的情形中。但在技術上，概念只是工具，其本身並不是目的。

像這種「神有所不足，智有所不明」（ignoabimus）的情形，也與每一位真正的聖哲的直觀智慧相一致，即是：生命的抽象原則，只能當作文字構成的圖像、日常使用的箴言來接受，在此之下，**生命仍在流動，永遠地流動**。終極而言，**血液**畢竟強於**語言**，故而事實上，有名的思想家和有名的思想系統，相形之下，對人生產生影響的，還是作為人格的思想家，而不是變動不居的系統。

文字語言的內在歷史，顯示了三個階段。第一階段，是在已快速發展，然而尚無文字的溝通語言（communication—language）之中，出現了最初的一些「名稱」（nouns）——一些新的瞭解事物的單元。此時，世界的秘密展現了，宗教的思想開始萌芽。

在第二階段，完整的溝通語言，逐漸轉形為文法的架構，姿態變成了句子；而句子將第一階段的「名稱」，轉形成為字語（words）。尤有甚者，句子培養了理解（understanding），用以對抗感覺（sensation）。而對句子機構內的關係，與時俱增的精妙感受，也開啟了無限豐富的句型曲折演變，這些抽象關係，尤與名詞及動詞——即空間文字（space—word）及時間文字（time word）——密切相關。這是文法的開花時節，這一段時期，我們也許可定為埃及文化及巴比倫文化誕生前的二千年。

第三階段，特徵是句型演變的快速消蝕，同時由造句法來取代了文法。人的覺醒意識，已進展至極度的理性化，不再需要句型演變之類的「感覺支柱」（sense—props），也拋棄了文字形式的舊日光輝，而只以慣用語法的細微的差異（前置詞、字的位置、節奏），來揮灑自如地溝通意見。藉著文字之助，理解已達臻了超越覺醒意識的目標，如今，更進一步，理解要從可感名詞的機構的限制中解脫出來，而向**純粹心智**的機構邁進。人與人之間的接觸，已只以心智，而不以感覺。

這種語言史上的第三階段，雖發生於生物層面，卻只屬於人類所有。高級文化的歷史，至此，乃介入了一種全新的語言，「距離的語言」（speech of distance）——此即文字的書寫（writing）。這確是一種內在必然的發明，促使文字語言的歷史，突然有了決定性的改變。

埃及筆之於書的文字，約在西元前三千年左右，已處於文法急劇解體的狀態，蘇美人的文字，亦與此相彷。中國的文字，即使在現存方古的典籍中，也已完全看不出演變的痕跡，直到晚近的漢學研究，才確定了中文曾有文法演變的事實（譯按：中文確有文法演變的軌跡，王力的「漢語史稿」論述甚詳）。印歐的系統，對我們而言，也已是有完全破解的狀態中。對於古梵文（西元前一五〇〇）文法中的「格」（case），一千年後的古典語言中，已只保留了一些殘片賸簡；而從亞歷山大大帝時代起，文字上性別的差界，已隨一般希臘文的衰微而消失，被動語態也已完全絕跡於文法結構之中。

西方的語言，雖然起源糅雜，簡直匪夷所思——從出自**原始**的日耳曼系，到出自高度**文明**的羅馬語系——可是也向同一方向修正。羅馬文中的「格」已減為一，而英文在宗教改革之後，減為零。日常用的德文，從十九世紀初葉起，已明確地消去了所有格，現在正進而要取消間接受格。只有在嘗試將一篇艱澀而繁複的文章——例如塔西陀或毛姆森（Mommsen）的東西——「譯回」於某一富於文法變化的遠古文字時，我們才能體認到：符號的技巧，當時是如何地蒸發而成思想的技巧。而這些簡潔明瞭，但含義豐富的符記，如今已有如遊戲中所用的籌碼一般，習焉而不察。事實上，也只有特定的語言社群中的肇始人，方會明白其含義。故而，中國的經典，對西歐人而言，必然永遠是根本「不可接觸」之書；其他文化的語言中的原始字語，也是如此——希臘文的「道」（λογ'ος）與「力」（α'ρχη'），梵文的「梵天」（Atman）和「婆羅門」（Brahman）——皆是各該文化的世界展望之指標，非生長於此等文化之人，絕不能夠了解其中精義。

語言的外在歷史中，最重要的部分，也一樣地失落湮沒了。語言發展史的速度，迅速無儔，僅只一個世紀，就已會有絕大的改觀。我可以提出美洲印地安人的姿態語言為例，因為部落中語言的快速改換，逐使得此等姿態語言，十分必要，不可或缺，否則部落之間的互相了解，便成為不可能。另外，不妨比較一下最近發現的羅馬廣場上的拉丁銘文（約西元前五〇〇年），與普勞特斯（Plautus）的拉丁文（約二〇〇年），以及西塞羅的拉丁文（約五〇年），三者之間的差別若干？如果我們假定最古的梵文典籍，保存了西元前一二〇〇年間的語言狀態，則西元前二千年的語言，與此等典籍所示間的差異，必遠非任何印歐考古學家，以後天的方法，所能推測者，可比擬於萬一。

但當能夠持續的語言——書寫——於不同的時代，介入、束縛、並固定了語言系統之後，語言變遷的速度已立即由快轉慢。因此，語言的演進遂顯得曖昧不明，難以究詰。而我們所持有的，又只是已筆之於書的語言遺跡。關於埃及與巴比倫的語言世界，我們固然擁有遠溯至西元前三千年的原始文記，可是最古的印歐語言遺跡，已只是抄本，而抄本上的語言狀態，遠較其內容為晚出。

文字記載之事，首與人的身分有關，尤其是古代僧侶的特權。**農夫沒有歷史，故而也無文字**。不惟如此，在人類種族的天性之中，還對文字書寫，天生有一種含糊不得的嫌惡之情。我想，筆跡學（graphology）中有一項極端重要的事實，即是：握筆者越具有**種族**（血液）的特性，則他寫出來的文字越是豪暢淋漓，而他也越是會想以個人的線條圖樣，來取代正規的文字寫法。只有僧侶之輩，才對文字的適當形式，端持一份敬謹之意，並不自覺地，不斷努力複製文字形式。這就是**行動人**（man of action）與**書齋學者**之間的差別所在：前者**創造歷史**，後者只是**把歷史筆之於紙**，使之「永恆化」而已。

在所有的文化中，文字記載皆由僧侶階層在予保管，當然，還要加上詩人與學者。貴族統治階層，則根本蔑視文字記載，它只要令人為它而寫即可。從邃古時代起，文字記載即與智識分子或僧侶階級息息相關。不受時間限制的所謂「真理」之所以成為真理，並非透過言談而來，而只有在筆之於書時，才告成立。於此，我們又一次遇到「**城堡對教堂**」（castle and cathedral）之對立：究竟誰能持久，**事實**或是**真理**？檔案的史料，保留了事實，而宗教的典籍，記載著真理。編年史記及文獻，對前者的意義，正和經籍詮釋及藏書，對後者的意義一樣。

而各大**文化**的春天時節的**藝術史**，應即是由**文字開始**的，草體的文字甚至還先於正式的著作。於這些文字中，我們可以看到早期純粹的哥德式風格、或馬日型風格的精華。沒有任何其他的裝飾藝術，能具有字跡形式或原稿尺頁所表現的內在精神。回教寺廟牆上的可蘭經文，即是最完美最純粹的阿拉伯式藝術，然後，才輪到早期的偉大藝術，如牆邊圖像的建築、寺廟頂端的雕塑等。以古代中東的古夫（Kufi）文字書下的可蘭經，每一頁都有一件阿拉伯風格的繡氈所具的藝術效果；而一本哥德式的福音書，也即是一座小小的教堂。至於古典藝術，則為一非常重要的例外，它不曾以筆法來美化它的文字及書卷——此一例外，是基於古典文化一貫憎恨一切持久之事，並輕視任何堅持不甘僅作為技巧的技巧。無論在希臘或是印度，我們都不能如在埃及那般，發現任何具有紀念性的文稿。古典文化的任何人，都不曾以為柏拉圖的一頁手稿，是什麼藝術遺跡，或以為索福克利斯劇本的精美版本，應珍藏於雅典的衛城。

民族與國家

在我看來，「**民族**」（people）是一個靈魂的單位。歷史上的偉大事件，事實上不是由民族完成的，而是這些**事件的本身，創造了民族**。每一項行動，都會改變了行動者的靈魂。即使這事件是由某一集團所執行的、或是在某一名字的涵蓋下進行的，但事實上，在這名字的聲望之下，所凸顯的，實在是一個民族，而不只是某一集團，這不是事件的條件，而毋寧乃是其結果。東哥德人和鄂斯曼人，其所以成為他們日後的樣子，本是他們遷移時的幸運所致。並非是「美國人」由歐洲遷往美國；這一由佛羅倫斯的地理學家亞美利哥（Amerigo Vespucci）所定的名稱「亞美利加」，今日不僅是一塊大陸，而且已是一個不折不扣的**民族**，它的民族特性，已在一七七五年的獨立運動，尤是一八六一至六五年的南北內戰，所昂現的精神提昇中，宣告誕生。

這才是「民族」這一字眼唯一的涵義。所謂統一的語言，或生理的家世，都不具決定性的意義。使一民族有別於一堆人口、使一民族高出於一堆人口，而後來有一天，又使一民族回復到一堆人口的層次，這一直是族類精神的**內在生命經驗**使然。這一族類感受越是深刻，則這一民族的生命力越是強盛。世上有強悍的、也有溫馴的、有早夭的、也有不滅的，各形各式的民族。這些民族可以改換語言、名稱、種族、及土地，但是，只要它們民族的靈魂尚在，它們仍可收集、並轉變任何地方、任何起源的人類素材。漢尼拔時代的羅馬人，即是一個**民族**，而圖拉真時代的羅馬人，不過是**一堆人口**罷了。

當然，經常可以把民族與種族相提並論，但此處的「種族」一詞，絕不可以用今日達爾文主義的意義來加以解釋。確實地，我們不能接受，一個民族是僅由生理起源之相同統一，而告結合，而能維持此一統一，達十世代之久的說法。我不憚反覆說明：此類生理起源之說，除了在科學中之外，絕不存在，絕不在「**集體潛意識**」中存在，也沒有任何民族，曾對此類血統純粹的理想，感到狂熱之情。在種族中，並沒有什麼實質物象存在，有的只是某一古樸自然而具方向性的事物，只是對同一**命運**的和諧之感，只是對著歷史存有（historical being）行進的單一節奏。

就是此一全然形上的脈動之指向，製造了所謂「種族仇恨」，有如日耳曼人與法蘭西人、及日耳曼人與猶太人之間那種的種族仇恨；但也就是對此一脈動之共鳴，造成了男人與妻子之間的真正愛情——如此接近於仇恨的愛情。沒有種族觀念的人，絕不會瞭解此種危險的愛情。如果如今說著印歐語言的人眾之中，有一部分尚懷抱某一種族理念，則其表現得凸顯的，並不是學者們津津樂道的民族原型之預，而正是此一理念的**形上力量**和**能耐**。

民族既不是語言單位，也不是政治單位，也不是動物學上的單元，而是**精神的單位**。而這隨即進而導致了**文化之前**、**文化之中**、及**文化之後**的民族，有所**不同**。在各個時代中，均可深刻地感受到一項事實，即是：**文化民族**（Culture—people）在特性上，遠較其他民族為特出卓絕。文化民族的先人，我稱之為原始民族，這是與時俱逝、雜湊駢形的人群組合，它們形成、解消，無一定之律則可循。直到最後，在即將誕生的**文化**之預兆時期（例如：先荷馬時代、先基督時代、及日耳曼時代），它們的樣態，逐漸變成更為明確的典型，它們集合了一堆人類素材，而成為族群，雖然在整個時間中，個人的形象並無、或絕少改變，但民族確在形成。就是此等樣態之疊合，使辛伯里人（Cimbri）及條頓人，經過了馬庫曼尼人（Marcomanni）及哥德人，而達到了法蘭克人、倫巴人及撒克遜人的形象。

在西曆紀元六世紀，浮士德靈魂突然覺醒，並以無可計數的形態，顯現了自己。在這些形態之中，與建築及裝飾並駕齊驅的，即是一性徵明晰的「民族」形式，於加羅林帝國的諸民族形態——撒克遜人、斯華比人（Swabians）、法蘭克人、西哥德人、倫巴人——之中，突地，崛起了日耳曼人、法蘭西人、西班牙人、義大利人。迄今為止，有意無意間，歷史研究一致認定：這些文化民族是主體、是始因，而認為文化本身，是其從屬，是其產物。

而我認為：此處的事實，導致了**完全相反**的結論，這是一項具有決定性重要意義的發現。事實儼然，不容置疑，**各大文化**才**是主體**、**是始因**、**是起源**，各大文化是由最深沉的精神基礎上崛起，而文化外殼涵蓋下的**民族**，無論就其內在形式或整體展現而論，皆是**文化的產物，而非文化的作者**。各個握持並塑造人性的民族形態，所具有的風格或風格史，皆無以異於藝術的種類或思想的模式。

雅典的民族，其為一象徵表記，實無異於多力克神廟，而英國人本身，也只如「現代物理學」一樣，是文化的產物及象徵。世上有阿波羅型、馬日型、及浮士德型的各個民族。阿拉伯文化不是由「阿拉伯人」創造的——恰恰相反，因為馬日文化起自於基督時代，而阿拉伯人只代表了其最後的偉大成就：一個由伊斯蘭教義結合而成的社會。正如在此之前，也是由教義結合的猶太社群及波斯社群一樣，同只是馬日文化的產物。**世界歷史，是各大文化的歷史**，而民族只是具有象徵性的形式和容器，在民族之中，各大文化的人們，完成了他們的**命運**。

代表各個**文化的風格**的民族，我們稱之為「國家」（Nations），這一字眼本身，便有別於在其之前，及在其之後的各民族形式。不但在國家之中，有一強烈的族類感受，鍛鑄了所有主要部分中，最關重要的內在統一；而且在國家之下，實有一**文化理念**潛存著。這一集體的生命之流，具有一種對**命運**、對**時間**、及對**歷史**的深刻關係，這一關係，各有不同，並由它決定了人類素材對種族、語言、土地、國邦、及宗教的關係。正因為古中國文化與古典文化的民族風格相異，故而它們的歷史風格，也便有所異趣。

由原始民族及農業土著民族所經歷的生命，只是動物性的起伏升沉，一種毫無計畫可言的得過且過，既無任何目標，也無在時間中行進的節奏，此類民族，其數孔多，但是，在最終的分析之中，沒有什麼意義可言。唯一的歷史民族，**其存在構成了世界歷史的民族**，乃是「**國家**」。

第十四章　阿拉伯文化的問題之一

——歷史的偽形

一般概念

在岩層中，本已嵌入了某一礦物的結晶體。當裂縫與罅隙出現時，水流了進來，而結晶體逐漸洗去，所以在一段時間之後，只剩下了晶體留下的空殼。然後發生了火山爆發，山層爆炸了，熔岩流了進來，然後以自己的方式僵化及結晶。但這些熔岩，並不能隨其自身的特殊形式，而自由地在此結晶，它們必須將就當地的地形，填入那些空間中。故而，出現了扭曲的形態，晶體的內在結構與外在形式互相牴觸，明明是某一種岩石，卻表現了另一種岩石的外觀。

礦物學家稱此現象為「偽形」或「假蛻變」（Pseudomorphosis）。我提出「歷史的偽形」一詞，用以指謂一種情形，即：某一**古老陌生的文化**，在一片土地上壓力奇大，以致一個**年輕的文化**，在該地不能呼吸，不但無法達成其純粹而獨特的表達形式，而且甚至無法充分發展其自我的意識。從此一年輕靈魂的深處，噴湧出來的一切，都要鑄入於該一古老的軀殼中，年輕的感受硬填入衰老的現實，以致不能發展它自己的創造力，它只能恨著那遙遠文化的力量，而這份恨意，日漸奇特。

這就是**阿拉伯文化的情形**。它的史前時代，完全處在**古巴比倫文明**的境域中，而該地在兩千年以來，一直是連續不斷諸征服者的掠奪之地。阿拉伯文化的「梅羅文加王朝時代」（Merovingian period），是由一小族波斯氏族的獨裁，來表現的。這一小族與東哥德人一般原始，它兩百年的統治，未受挑戰，只是由於這一農人世界本身已極度疲乏。但自西元前三百年起，在西奈半島及札格洛斯（Zagros）山區之間，年輕的阿拉姆系的民族之中[1]，開始出現、並散播一種偉大的意識覺醒。正如在古典文化的特洛戰爭（Trojan War）時代，及西方文化的撒

1 應注意到：巴比倫文化的老家，在未來的事件中，毫不具重要的地位。在阿拉伯文化中，只有巴比倫之北的區域，才與問題有關，以南的區域，根本不曾涉及——原註。

克遜諸帝時代一樣，一種新的人神關係、一種新的世界感受，貫穿了所有流行的宗教——無論這些宗教是以太陽神奧馬茲德（Ahuramazda）為名、以貝爾大神為名、抑或以耶和華為名——並在各處各地，掀發起一種，創造性的努力。但正在這時刻，馬其頓人到來了——來得恰逢其會，故而其中即有某種內在的關聯，也非絕不可能之事；因為波斯的力量，植基於精神的律則之上，而古典文化的精神法則，其時已告消失。

對巴比倫而言，這些馬其頓人的出現，也不過如同其他的征服者一樣，是另一群亡命之徒而已。他們散下了一層薄薄的**古典文明**遠伸至中亞及印度。狄阿多西（Diadochi）的王國[2]，在不知不覺間，本確實可以成為先期阿拉伯精神的國邦；而塞留息德帝國（Seleucid Empire）[3]，本就在地理上與阿拉姆語區域相重疊，在西元前二百年左右，也的確已成了如此一個先期阿拉伯的國家。但從羅馬人打敗馬其頓的庇迪奈之戰（battle of Pydna）開始，這一帝國的西部，越來越被古典文明的羅馬帝國所籠蓋，終至**屈服於羅馬精神**的龐大成就之下，而羅馬精神的重心，卻是在遙遠的他方。這就構成了「**偽形**」。

2 狄阿多西，見第三章註20，為亞歷山大大帝死後，所劃分成的三大王國之通稱。
3 塞留息德帝國，即亞歷山大死後分裂出來的三大王國之一，由塞留卡斯所建，領有西亞一帶地域。

由地理方面及歷史方面看來，馬日文化正是各大高級文化群的正中央，無論在空間或時間上，它都是唯一與所有的文化，實際接觸的一個文化。故而，在我們的世界圖像中，它的整體歷史結構，完全要依我們能認清，那已被外在軀殼所扭曲了的內在形式而定。在此一情形中，「偽形」特殊化的後果，也許遠重於任何其他的例子。一般的歷史學家，抱殘守缺於古典文化的語言領域之內，以古典語言的邊界，為其東方的地平線盡頭；所以他們完全不能察知，那邊界兩方的深刻而統一的發展。在他們的精神中，這一切根本不存在。結果，便是用希臘和拉丁語文，整理及界定出來的所謂「古代」、「中古」、「近代」的歷史觀。

對古代語言的專家、及他們的「經典」而言，阿克薩（Axum）、希巴（Saba）、甚至薩散匿王朝（Sassanids）的領域，都是不可接近的異域，於是在所謂「歷史」之中，根本沒有這一切的存在。文科的學生，也把語言的精神與工作的精神弄混了，如果偶然有阿拉姆地區的作品，被寫入於希臘文、或僅僅保存於希臘文中，他便將之列入他的「後期希臘文學」之中，並進而將之歸類為後期希臘文學中的一個特殊時期。

再說神學研究，其領域是按照西歐各不同教派，而劃分畛域的，故而西方與東方的「語言學上的界限」，仍然一仍舊貫，基督教神學亦是如此。波斯的世界，歸伊朗語言學的學生去研究，而「阿凡士塔」經典，雖非以印歐阿利安文編著，卻是以阿利安語散播的，故而經典中豐碩的課題，只被當作是「印度學」中的小小旁枝，而根本不見於基督神學的視野之內。最後，「泰默」猶太教（Talmudic Judaism）的歷史，又因希伯來語言學，被限定為舊約研究中的一門專科，不但得不到個別的處理，而且被我所知道的所有主要的宗教史，所完全遺忘。而這些宗教史，卻有篇幅記載每一個印度教派（因民俗學，也列為一門專科），與每一個原始的黑人宗教。

阿拉伯的「偽形」，始於安東尼與屋大維的艾克西海戰（Actium）；此戰本應是安東尼勝利的。該次戰役，不是羅馬與希臘之鬥——羅馬與希臘之鬥，早在加奈與查瑪兩役，而在這兩戰中，漢尼拔的悲劇命運，乃是他並非為了自己的國土而戰，而其實是為了**希臘文化**而戰。在艾克西，是尚未誕生的**阿拉伯文化**，被已呈灰鐵的**古典文明所壓制**；是羅馬的元首，壓服了回教的先王。[4] 如果其時安東尼獲勝，馬日靈魂已被解放；可是他的失敗，招致了羅馬帝國的嚴酷鐵石般的統治。

4 回教代表阿拉伯文化的武力巔峰，故所謂羅馬的元首，壓服了回教的先王，即是隱喻古典文明的武力，壓服了尚未誕生的馬日文化。

俄羅斯的偽形

今日，展示在我們眼前的第二個「偽形」，是在俄國。俄羅斯的英雄傳奇，在基輔大公烏拉底米爾（Vladimir，西元一千年左右）周圍的史詩圈子，和他的「圓桌武士」時代；以及那聲名赫赫的英雄伊拉亞・穆若美茨（Ilya Muromyets）時代，達到巔峰。俄羅斯靈魂，與浮士德靈魂之間的巨大差異，已在這些傳奇人物，與「相應的」西方亞瑟王、厄瑪那瑞奇（Ermanarich）[5]、及尼布龍的傳奇，彼此之間的對比中，顯露無遺。

俄羅斯的「梅羅文加王朝」時代，始於一四八〇年，由伊凡三世推翻了韃靼人的統治，經過初期蠻族領袖路列克（Rurik）的後世王族，以及最初的羅曼諾夫王朝（Romanov），直到彼得大帝（Peter the Great，一六八九—一七二五）。這恰可對應於西方從法蘭克名王克洛維（Clovis，四八一—五一一），至臺斯催之戰（Testry，六八七）間的那段時期，在此期間，加

5 厄瑪那瑞奇，為日耳曼名主，許多英雄傳奇中的主角。

羅林王朝曾凌越四方，獨霸一時。俄羅斯這一段由貴族世家、和基督主教所代表的「莫斯科維」時代中，有一恆定的因素，即古老的俄國集團，對西方文化的友人之反抗。隨後，從一七〇三年彼得堡建造之時起，俄羅斯進入了「偽形」。「偽形」迫使原始的俄羅斯靈魂，進入陌生疏離的軀殼之中，這軀殼，首先是已呈完滿的巴鏤克，然後是「啟蒙運動」，然後是十九世紀的西方。

俄羅斯歷史中的致命人物是彼得大帝，因為，本來莫斯科的原始沙皇制度，甚至在今天，還是適合於俄羅斯世界的唯一形式，但是，在彼得堡，它被扭曲成了西歐那樣的動態形式。東正教南方的聖地——拜占庭及耶路撒冷——的吸引力，在每一正教靈魂中都很強大，如今已被面向西方的全球性外交政策所扭轉。俄羅斯人民火焚了莫斯科，這是原始人民強烈的象徵性行為，這是有如猶太狂熱的麥卡比族（Maccabaean），對外地人及異教徒的憎恨之表示[6]。但隨之而來的，卻是俄皇亞歷山大一世訪問巴黎、神聖同盟、以及與西方強權的協議。於是這一國家，它的命運本應繼續行進，不需某幾代的歷史的，卻被強驅入於一段**虛假而浮泛**的歷史之中，而古老俄羅斯的靈魂，根本不能了解這一段的歷史。

---

6 麥卡比為西元前二世紀，著名的猶太狂熱種族，曾屠殺大批外地人與異教徒。

俄羅斯的歷史，明明本應是處在**先文化**時期，宗教本應是其人們瞭解自己與世界的唯一語言，可是，卻引入了後期西方的藝術與科學、啟蒙運動、社會倫理、世界都會的唯物主義。在這漫無城鎮的大地上，在這原始樸實的農人中，型式陌生的城市，儼然矗立，有如罪惡的淵藪——虛偽，不自然，不動人。「彼得堡，」托斯妥也夫斯基說：「是這世上最抽象、最虛浮的都市。」雖然托氏誕生於斯，他總感覺到：這城市將有一天，隨晨霧而消失。散布在阿拉姆農人的土地上的希臘式石砌城市，也即是如此的形同鬼魅，如此的不可信賴。耶穌在加利利時，即已知道這一點，當聖彼得注目於羅馬帝國時，必也已感受到這一點。

在此之後，一切隨此而來的事物，在真正的俄羅斯人看來，都是謊言和毒藥。一種真正啟示錄式的恨意，指向於歐洲，「歐洲」即意味非俄羅斯原有的一切，包括雅典與羅馬；正如對「偽形」時代的馬日世界而言，連古代埃及與巴比倫，也都是古老的、異教的。俄國與西方之間、猶太——基督教義，與後期古典虛無主義之間的對比，是很極端的——一方面是憎恨那陌生疏離的外來文化，在泥土的胚胎之中，即要毒殺自己尚未誕生的文化；另一方面，卻是過分嫌惡自己獨具的文化之過度成長。

宗教感念之深刻、天才火花之閃現、對偉大覺醒的戰慄與恐懼、對形上思考的畏懼與渴望，是屬於歷史的開端；而精神明淨清晰的痛苦，卻屬於歷史的終結。在「偽形」之中，兩者交織，混於一起。托斯妥也夫斯基曾說：「街上和市場的每一個人，如今都沉思著信仰的本質。」此言也必可移用於馬日文化中的埃得薩城、或耶路撒冷。

一九一四年以前的那些年輕俄羅斯人——骯髒、蒼白、驕傲：抑鬱於角隅間，沉迷於形上學，從信仰的角度，來看一切事物，即使當前的題目是選舉權問題、是化學、或是婦女教育，也仍舊如此——這正是希臘各城市中，猶太人及早期基督徒的情形，當時的羅馬人，對這些人的看法，混合著確實可笑和秘密恐懼兩種情緒。沙皇時代的俄國，沒有中產階級，一般而言，也沒有真正的階級系統，只有地主和農奴，如同西方法蘭克王國時那般的情形。俄國沒有屬於自己風格的城鎮。

莫斯科有一座加意建造的宮邸「克里姆林宮」，但環繞於它的，只是一片巨大的市集。就像任何一座俄羅斯母土上的城市一樣，這座模仿而成的城市，其成長、其蘊蓄，乃是為了宮廷及統治的便利。城中的人們，在上層的，是知識分子階層，以文學為生命，深浸於知識的問題中；在下層的，是流離失所的農人，個個如他們自己的代表托斯妥也夫斯基一樣，帶著滿副形上的悒鬱、渴盼、與憐憫：永遠對那片大地懷有鄉愁，並酸澀地恨著那個冷酷蒼灰的世界，那個反基督者曾經誘惑他們的世界。

莫斯科沒有自己獨具的靈魂。高層階級的精神，是西方的，而下層階級所擁有的，是鄉野的靈魂，這兩個世界之間，沒有相互的瞭解，沒有溝通，也沒有同情。要了解這一「偽形」的代表人與犧牲者，只舉兩人即已足夠：**托斯妥也夫斯基**象徵著農人社會，而**托爾斯泰**代表了西方社會。前者永不能在靈魂中脫離那塊大地；而後者無論如何地掙扎努力，也永不能接近這塊大地。

托爾斯泰是先前的俄羅斯，托斯妥也夫斯基卻是未來的俄羅斯。在內心深處，托爾斯泰離不開西方。故而即使是他正反對彼得大帝的政策主義時，他仍是該主義的偉大代言人。雖然他曾狂烈地反對西方，托爾斯泰其實永不可能擺脫西方，他恨西方，其實即是恨自己，所以他才是布爾雪維克之父。這種精神，及隨之而來的一九一七年俄國大革命，其明顯的虛軟無力，已在他死後出版的《黑暗之光》（*A Light Shines in the Darkness*）中，表露無遺。

而托斯妥也夫斯基卻毫無恨念，他熱情的生命力，同情的諒解心，足以擁抱一切事物，包括西方在內——「我有兩個祖國，俄國和歐洲。」他超越了彼得主義，也超越了俄國革命，他從他的將來遠景，迴看這兩者，就如自遠方曠觀一樣。他的靈魂是啟示錄式的，渴盼、絕望，但仍對將來遠景有所確信。在他的《卡拉馬助夫弟兄們》書中，伊凡・卡拉馬助夫對他的弟弟艾利沙說：「我要去歐洲，雖然我明知我只是去到一所墓地，但我也知道這墓地於我，非常的親切。可愛的死者，葬在那裏，覆蓋在他們身上的石頭，每一塊都在告訴世人：這曾是無比熱情地生活過的生命；這曾是無比狂熱的一位信仰者——信仰於他自己的成就、自己的真理、自己的戰爭、自己的知識，故而我知道，我也確信，我會跪下來親吻這些石塊，為死者而哭泣。」

托爾斯泰正與此相反，他本質上代表一種偉大的**理解力**，是已經「啟蒙運動」後的，是屬於「社會心態」的。他所看到的一切，是**文化後期的**、**世界都會的**、及**西方形式的**問題。托爾斯泰仇恨私有財產，這是一種經濟學家的仇恨，他仇恨社會體制，這是一種社會改革者的仇恨，而他仇恨國家觀念，也無非是一種政治理論家的仇恨，並不是出自於真正的宗教精神。故而他對西方產生重大影響，——而他在各方面，也本都屬於西方，屬於馬克思、易卜生及左拉這一流派。

相反的，托斯妥也夫斯基不屬於任何宗教，只屬於原始基督教的使徒精神。像他這樣的靈魂，可以忽視一切我們所謂的社會性的事象。因為這一塵世對它而言，毫不重要，不值得去改進。靈魂上極大的痛苦痙攣，與社會主義何曾相干？一個宗教，若是著手於社會性的問題，也就不成其為宗教了。但托斯妥也夫斯基所生活於其中的「**真實**」，甚至在他此生的生命中，即已是一種直接展示於他的宗教性創造。他筆下的艾利沙，已否定了一切的文學批評，甚至俄羅斯的文學批評，也不例外。他的基督式的宗教生命，如果寫了下來——如他一直想寫的——將是如同原始基督教的「福音書」一般的真正福音，而「福音書」，完全已脫離了古典文學及猶太文學的形式之外。另一方面，托爾斯泰則是西方文學小說的巨擘——他的《安娜・卡列尼娜》遠超儕輩——而即使在他穿著農人裝束時，他仍是一位**文明社會**中的人物。

現在我們把首尾勾勒出來：托斯妥也夫斯基是一位聖人，而托爾斯泰只是一個革命家。托爾斯泰，是彼得大帝的真正繼承人，只有從他這裏，才會產生布爾雪維克主義。這主義不是彼得主義的反面，而毋寧是彼得主義的最終課目，也是自形上問題轉入社會問題的最後降墜。因此之故，也就是「偽形」的一種新形式。如果彼得堡的建築，是反基督的第一行動，則構成這彼得堡的社會，本身之自我毀滅，將即是次一行動。而俄羅斯的靈魂，必會感受到這一點。

俄國大革命的動力，其實不是知識分子的仇恨，而是來自民族的本身。民族本身，非關仇恨，只是急於要拋棄它的弊病痼疾，一舉摧毀古舊的西方主義，而帶來另一個新的文化，因為，這一沒有城鎮的民族，所渴盼的，是它**自己的生命形式**、是它**自己的宗教**，和它**自己的歷史**。托爾斯泰的基督教，只是一個誤解，他所謂的基督，其實卻是馬克斯。而未來的一千年，將是屬於托斯妥也夫斯基的基督教的時代[7]。

阿拉伯的封建時代

在「偽形」之外，在鄉野地區，古典文明的影響愈微弱，則表現的程度愈強烈的，躍起

7 浮士德靈魂與俄羅斯靈魂之間，深不可測的差異，可由一些字音之中透露出來：俄文中「天」字是nyebo，其n即含有負面的成分。西方人眼光向上，俄國人則水平地望向廣闊的平原。這兩靈魂的深度脈動，也是判然有別：西方的是趨向於無窮空間的狂熱之情，而俄國的則是一種自我的展現與擴伸，直到人之中的「祂」（it），與無垠的平板認同一致為止，這才是俄國人對「人」、「兄弟」等字眼的理解所在，他甚至把人類也視如一塊平板！故而俄國人根本不可能有天文家，他們根本不仰視星辰，他們所看的只是地平線。俄國人所見的天空，不是拱形的穹幕，而是下垂的平板，會在某一地方與平原結合，而形成地平線。對他而言，哥白尼的系統，儘管在數學上無懈可擊，在精神上卻不值一哂。

在這樣幾乎平板的天穹之下，矗立昂首的「我」（I）不可能存在。「一切為一切而負責」（All are responsible for all）——是托斯妥也夫斯基所有作品的形上基礎，這也是何以伊凡・卡拉馬助夫自承為謀殺者，雖然事實上，犯謀殺的另有其人。在俄國人看來，罪犯是「不幸者」、「可憐者」——這與浮士德式的個人負責恰恰相反。俄羅斯的神秘主義，絕無哥德式、林布蘭、貝多芬那種向上掙扎的內涵，也無那種翱翔天際狂歡慶祝的激情——因為其神祇不是那深邃高遠的碧空。俄羅斯神秘的愛，是對平原的愛，對在世上處於相同壓力下所有兄弟的愛，對漂泊地表的可憐野獸的愛，對植物的愛——但絕不是對飛鳥、雲朵與星辰的愛——原註。

了一個真正的阿拉伯封建時代，表現了封建時代的一切形式。在薩散匿帝國、在皓屋蘭地區（Hauran）、在南阿拉伯，出現了一段純粹的封建時期。希巴王國的一位國王，歇美爾・尤哈利奇（Shamir Juharish）的勳業，足與西方傳話中的羅蘭或亞瑟王等並垂不朽，阿拉伯的傳奇中，曾記述他遠越波斯，直至中國。統治希巴的，是漢達尼德人（Hamdanids），這些人後來成為基督教徒。

在他們之後，基督教王國阿克薩巍然屹立，它與羅馬成立同盟，約於西元三百年左右，從白尼羅河（White Nile）伸展勢力至索馬利海岸（Somali）及波斯灣，並於五二五年，推翻了猶太的希瑪耶特人（Jewish—Himaryites）。在西元五四二年，希巴首都馬利伯（Marib）有一王室會議，羅馬及薩散匿兩大帝國，均派使者參加。直到今天，這個區域，還是充滿了不可勝數的強大堡壘的遺骸，這些堡壘，在伊斯蘭時代，頗有助於一千不凡的開國英雄之事業。例如戈丹（Gomdan）大堡，便是一座二十層樓的建築。

統治薩散匿帝國的封建領主們，名為狄可汗（Dikhans），這些東方早期的「荷亨斯多芬」蠻族，其宮殿之燦爛輝煌，在各方面，皆足以為後來戴克里先治下的拜占庭之楷模。甚至更久以後，回教領袖阿貝息德們（Abbassids）的巴格達新都，都要大規模地在宮廷生活方面，亦步亦趨模仿薩散匿的構想。另外，在北阿拉伯，迦散匿（Ghassnids）[8]及萊克密（Lakhmids）[9]的宮廷中，還迸躍出了真正的吟遊詩人及成熟的情詩類型，還有一些騎士詩人，在那個時代裏，以「詩句，槍矛，寶劍」來互相決鬥，馳名一時。

對於西曆紀元初期數世紀內，這樣一個年輕世界的存在，我們西方的考古家及神學家，全不曾注意。雖然他們忙於研究後期的羅馬共和、及羅馬帝國的狀態，可是當時的中東，在他們眼中，卻是原始不堪，全無任何重要可言。但是，事實上，為波斯瑣羅亞斯德手創的拜火教，所鼓舞的安息軍團（Parthian bands），曾一再與羅馬軍團對抗，在這一軍隊之中，頗有一種十字軍的精神。

不惟如此，嚴格說來，在西元一一五年，羅馬皇帝圖拉真進入東方時，表現得有光有熱的，還不是安息之戰，而是那支真正的猶太十字軍。為了報復耶路撒冷之被毀，他們屠殺了塞普路斯所有的異教徒，人口約共二十四萬。而由猶太人防守的尼西比斯（Nisibis），

---

8 迦散匿的領域，展延於約旦的東部，平行於巴勒斯坦與敘利亞，約從帕地拉（Petra）直到中幼發拉底河之間——原註。

9 萊克密是紀元三至六世紀，統治希拉一帶的王朝，其地成一帶狀，一面是幼發拉底河與現在的內志海岸（Neji coast），另一面是阿拉伯大沙漠——原註。

也對羅馬人作了艱苦卓絕的抵抗。上底格里斯平原（upper Tigris plain）的嗜戰之邦阿底班（Adiabene），也是一個猶太城邦。在這一切的安息及波斯對羅馬之戰中，美索不達米亞區域的猶太士紳及農民，都曾至最前線去作戰。

在此同時，在東方的「羅馬大軍」，於短短兩百年間，從一支當世無敵的軍隊，轉而至於普通封建軍隊的層次。而羅馬軍團，也在西元二〇〇年左右，羅馬皇帝西弗拉斯重新整軍時，宣告煙消。正在西方軍隊退化為遊牧民族之時，在東方，於第四世紀崛起了一個真正的騎士時代。戴克里先設置的「禁軍」，不是用來代替為西弗拉斯所廢的軍事執政團，而是一支數目雖小、而訓練精良的騎士軍隊，將領的徵募，也成立了一套制度。他們的戰術，是文化早期的戰術，帶有個人勇氣式的驕傲。他們的攻擊，採取日耳曼式的所謂「野豬頭襲擊」（boar's head）——精兵集中，一次突破。

而也就在這幾百年內，出現了輝煌璀燦的馬日型的「經院哲學」與「神秘主義」，蘊蓄於一些著名的阿拉姆域內的學院之中——例如：台西芬（Ctesiphon）、雷賽那（Resaina）、崗迪沙坡拉（Gundispora）等地的波斯學院，及蘇拉（Sura）、尼哈底亞（Nehardea）、肯尼斯靈（Kinnesrin）等地的猶太學院，這些就是天文學、哲學、化學、藥學的濫觴之地。

但向西去，這些偉大瑰奇的學術表現，也被「偽形」所扭曲了。性徵上，這些本屬於馬日文化的知識要素；但在亞歷山大城中，卻披上了希臘哲學的外衣，而在巴魯特（Beyrout），也蒙襲了羅馬法學的形式；它們被人們用古典語言寫錄下來，被壓入於陌生疏離、久已僵化的文學形式之中，被完全是另一個文明的後期灰白的邏輯所扭曲。阿拉伯科學的開始，並不是在伊斯蘭時代，而正是在這個時候。真正說來，事實上此時一切事情，都正發生在，上面提過的語言學家的邊界「另一邊」，這些事物，雖然在西方人眼中，是所謂「後期古典」精神的遺裔，其實卻正是早期阿拉伯思想之反映。下面，我們進而思考：「偽形」對阿拉伯的宗教，有何等的影響。

宗教融合

古典文化的宗教，是一些數目繁多的不同祭禮或「崇拜」（cults）；其神祇永遠只侷限在一個固定的地點，這恰與古典靜態的歐幾里得世界感念相符合。與此相應，人對神的關係也採取一種地域崇拜的形態，其重點所在，乃是儀禮程序的形式，而不是它後面的教條信念。人們可以從事這些祭禮崇拜，而絕不屬於這些崇拜。也沒有什麼信徒的結社之類。

與此尖銳對比的，是馬日宗教那種可見的形式——教會的組織，信徒的情誼，無所不在，無孔不入，不受地理境界的限制，深信耶穌的話：「只要兩三人以我的名集合，我就在他們之中。」不言可喻，像這樣的信徒，必然相信只有**一個神**，**一個真神**，其他的神祇都是邪惡而虛偽的[10]。所以每一馬日的宗教，其重心都不在於祭禮崇拜，而在於「信條」，在於「教義」（creed）。

只要在古典精神仍然強盛之時，西方風格的「偽形」，不免一直籠罩在一切東方教會之上。這就是有關宗教「融合」（Syncretism），一個最重要的觀點。因為「偽形」之故，波斯的宗教，進入了密斯拉（Mithras）崇拜的形態之中，這即是加爾底亞——敘利亞的星神及太陽神崇拜（包括周比德、希巴澤、梭爾、阿特加提諸神的名字）；猶太的宗教，進入了耶和華崇拜的形態，因為托勒密時代的埃及社會，沒有其他的神祇名目可供應用；而原始東方的基督

10 但不是「不存在」。若以浮士德式動態意義的「真神」，來附會馬日的世界感受，會造成誤解。馬日的世界感受中，神祇與惡魔是同樣真實的。以色列的先知，絕不會夢想到否定貝爾太陽神的存在。早期基督徒，對於愛色斯與密斯拉；反對猶太舊教的基督徒馬辛（Marcion），對於耶和華；摩尼教徒對於耶穌，雖都視為邪魔，但仍承認其是完全真實的力量。對於其他神祇，根本不予相信，對馬日靈魂而言，是無意義的事，重要的是，人不該轉向於這些異教神祇而已。用現在久已流行的詞眼來表達，則這是「擇一神論」（Henotheism），而不是「一神論」（Monotheism）——原註。

徒，如保羅的「使徒行傳」及羅馬的「墓窖傳道」所明晰顯示的，是採取了耶穌崇拜的形式[11]。

從第二世紀以還，阿波羅靈魂逐漸凋萎，而馬日靈魂逐漸盛開，**這種關係遂告逆轉**。「偽形」的過程，仍在繼續進行，但如今是西方原來的「崇拜」，轉而成為一種新的東方的「教會」——即是：從各個不同崇拜的總和中，展開了一個信仰其神祇及儀禮的信徒社會。於是，就像早期波斯及早期猶太的情形一樣，興起了一種馬日型的希臘國度。就從犧牲祭祀、及神秘儀式，原來那種嚴格規定的形式之中，發展出一種有關此等行動的內在意義的「教義」。各種崇拜，如今可以互相替代，而人們不再如往日一樣，在形式上執行或從事此等崇拜，而是變成了這些神祇的「皈依者」（adherents）。而地方上的小神，也在不知不覺之中，變成了真正代表該地的大神。

雖然近些年來，歷史學家曾仔細檢視「宗教融合」的情形，可是先前**東方「教會」轉形為西方「崇拜」**，而後過程**逆轉**，**西方「崇拜」轉形為東方「教會」**，這一發展的線索。仍不

11 希臘的宗教是出之以神祇「崇拜」的形式，馬日的宗教本應表現為東方「教會」的形式，但因「偽形」覆蓋東方世界，故而此時的馬日宗教表達，也不免採取「崇拜」的型態，而形成一種宗教「融合」的現象。

曾被人發現[12]。事實上，在基督教已處在「偽形」的影響之下，而開始面對西方，從事精神上的發展時，它最艱苦的戰鬥，並不是對真正的古典神祇之戰。基督教與這些神祇，從未正面相對，因為這些流行的都市「崇拜」，早已內在死亡，對人的靈魂，不發生作用。真正可怕的敵人，是從那強而有力的新的西方「教會」中，產生的異教精神（Paganism），或希臘精神（Hellenism），而這本是生來即與基督教本身相同的精神。終至，在羅馬帝國的東面，不止存在一類教會，而是有了兩類。一類即是只包含基督的追隨者的教會，而另一類則是由名目繁多的各個社會共同組成，只是，後者根本也有意於崇拜同一的宗教原理。

古典的「崇拜」，曾經容忍耶穌崇拜為本身之一種。但是此類「教會」，卻注定要攻擊耶穌的教會。一切對基督徒的大迫害（正對應於後來對異教徒的迫害），其實不是來自羅馬帝國，而是出於此類「教會」。此類「教會」最重要的「聖禮」（sacrament），乃是為皇帝而獻身——正相應於基督徒的「洗禮」——故而，我們應很容易理解到，在那些迫害基督徒的日子裏，下令迫害與反對迫害之間，所代表的象徵意義。這實在是「宗教融合」過程中，一

12 結果竟認為「融合」只是每一可感知的宗教，所呈現的一種雜燴。再沒有比這更不合真相了。「融合」成型的過程，是先由東向西，而後又由西向東的——原註。

種調整期的痛苦，而「聖禮」本身，便是馬日宗教的產物。所有的宗教，皆各有其聖禮，例如聖餐方面，即有波斯人的「生命樹之飲」（Haoma—drinking）、猶太人的「踰越節」（the Passover）、基督徒的「聖體聖餐」（the Lord's Supper），以及阿提斯神和密斯拉神信徒的類似儀禮，還有曼丹教徒（Mandaeans）[13]、基督徒、和愛色斯神與栖貝拉神的崇拜者之間，盛行的「洗禮」。

「偽形」關係的逆轉，使基督教在羅馬的勝利，成為必然之事。例如新畢達哥拉斯學派，形成於西元前五十年間，本是一個古典的「哲學學派」，一個純粹的修道集會，可是已不免與猶太教的教義，密切相關，在宗教的「融合」運動之中，此類集會，參加到類似基督教士、及回教僧人的狂熱宗教理念中者，不在少數。

終於，在約西元三〇〇年，普拉提尼斯的追隨者中，最偉大的一個——拉柏利察士（Lamblichus），開展了一套堅強有力的正教神學系統，把教會制度及嚴格教禮，帶入了異教教會之中，他的弟子羅馬皇帝朱利安（Julian），為使此一教會能垂之久遠，而奉獻了一生的精力，並為此而犧牲了生命。朱利安甚至努力要創設專為沉思的人們，所用的寺院，並引

13 曼丹教亦為早期猶太及巴勒斯坦的純樸宗教之一，在耶穌之前傳道，代表人即是「施洗者約翰」。

入教會的修行儀禮。此一偉大工作，背後所支持的，乃是一種偉大的宗教熱情，熱情高處，即成殉道，並於皇帝死後，留存良久。

他的墓上銘文，除以宗教教條來解釋外，絕難理解：「世上只有一位真神，而朱利安是其先知。」如果他晚死十年，也許這一教會已成為一個歷史的、永遠的事實。到了最後，不但是它的力量，而且連它的形式和內涵中，一切重要的細節，都被基督敘吸納而去。常有人說：羅馬教會調整自己，以適應於羅馬國家的結構，這恰恰相反，後者的結構，本身根本是一「教會」。

有一段時間，兩種對立的教會，正面接觸了——因為君士坦丁大帝，既是尼西亞宗教會議（Council of Nicaea）的召集人，又是古羅馬最高僧院的院長。可是基督教終於獲勝，他的兒子們，是狂熱的基督教徒，逕以基督聖名及規定教儀，而埋葬他。馬日宗教精神，久已在「偽形」下暗滋潛長，故而後來聖奧古斯汀，敢於斷言：遠在基督教出現之前，真正的宗教，即已存在於古典的形式之中。

「先文化時期」的猶太人、加爾底亞人與波斯人

新起的馬日靈魂，最初的先驅者，是諸大「先知宗教」（Prophetic religions）。這些先知宗教，以驚人的精神深度，開始於西元前七百年崛起，並對當地民族及其統治者們的原始行為，提出挑戰。先知宗教，也是本質上專屬於阿拉伯文化的一個現象。我越是一方面深思「舊約」中阿摩司（Amos）、以賽亞（Isaiah）、及耶利米（Jeremiah）等先知；一方面細考波斯的查拉圖士特拉（即拜火教創始者瑣羅亞斯德），我越是感到**這兩方面的密切相關**。他們之間的分野，不是在於新的信仰，而是他們攻擊的目標。前者是對野蠻的古老以色列宗教作戰，而這古老宗教，其實是整個宗教要素的始源。後者則是向同樣粗陋的，古吠陀英雄信仰抗爭。我個人並且相信，在這一偉大的時代裏，還有第三種先知宗教——加爾底亞宗教（Chaldean）。

我膽敢猜想：這加爾底亞宗教，以及其驚人的天文成就、與迷人的精神面貌，就是在這個時候，從古代巴比倫宗教的遺骸中，由以賽亞式的創造性人格，而展現出來的[14]。約在西元前

14 一般的研究，將加爾底亞宗教，如泰默宗教一般，作為巴比倫文化的遺留品來處理。研究者全副的注意力，都集中在巴比倫文化的宗教上面，而加爾底亞宗教只視如前者的垂死迴聲罷了。似這樣的觀點，不可避免地，排除了任何真正瞭解加爾底亞宗教的機會——原註。

一千年，加爾底亞人，是一群如同以色列人一樣的阿拉姆的部落，居住於西奈之南——耶穌的母語，有時仍稱為「加爾底亞語」。在塞留息德王朝時代，加爾底亞這一名稱，被應用於一散布廣泛的宗教社會之中，尤其是指那些僧侶而言。加爾底亞宗教，是一種拜星的宗教，在漢摩拉比以前的巴比倫文化中，並不存在。它是一切對馬日宇宙、對「世界洞穴」、對「命運感受」（Kismet）的闡釋之中，最最深刻的一種，故而在非常後期時代，仍是以色列及猶太思想的基礎。

西元前七世紀以後的天文學，不是由巴比倫文化形成的，而正是由**加爾底亞宗教塑造的**，這種堪稱精確科學的天文學，本是僧侶仰視天象，所用的奇異敏銳的技巧。終於，在宗教感受的浸潤下，「擇一神教」（henotheism）的思想宣告誕生[15]，加爾底亞的名王尼布甲尼撒（Nebuchadnezzar），認定太陽神馬得克（Marduk）為唯一真神，為憐憫之神；而另一古神奈波（Nebo），是太陽神的兒子，及遣來人間的使者。尼布甲尼撒信奉馬得克的入教祈禱，與舊約的「耶利米書」同時，迄今尚存於世。在深度和純度上，這篇禱文絕不會弱於以色列先知，最精妙的傳世名文。

15 見本章註10。

先知教諭的核心精神，正是馬日文化的精神表現。因為這些教諭宣示：**世上只有一位真神**——無論稱之為耶和華、為奧馬茲德、抑為馬得克——這神是萬善之源，其他一切神祇，不是無能，即是邪惡。在這一教諭中，本身便緊繫著一種彌賽亞的希望[16]，這在「以賽亞書」中，已很彰明昭著，而在以後幾百年間，更以一種內在必然的壓力，而耀現於世間。

這就是馬日宗教的基本觀念，在其中，已隱含著「善」與「惡」之間，遍及世界歷史的鬥爭概念，「惡」的力量，將盛行於世界歷史的中期，而在最後，「善」終將於「最後審判」之日，獲得勝利。這一種將歷史道德化的思想，是波斯人、猶太人、及加爾底亞人所共有的。這一思想一旦出現，當地民族的原來觀念便告消失，而馬日國家那種不計塵世家園及國境的觀念，即將誕生。「上帝選民」（the Chosen People）的觀念，也出現了。但是，我你也很容易瞭解：那些血氣強盛的人們，尤其是大的家族，會覺得這些太過偏重精神的觀念，與他們的天性格格不入，寧肯回頭去聽信他們自己古老的部落信仰。

然而，巴比倫放逐猶太人，固然的確使猶太人與波斯人之間，有了重要的區別，可是這區

16 彌賽亞是猶太教中，萬眾仰望的先知，與神的使者。人們認為他將拯救、並復興整個的猶太民族與邦國，後來的耶穌，即被認為是彌賽亞的出現。

別所在，並不是那衷心虔信的終極真理，有何不同，而是他們實際遭遇的事實，以及兩者對這些事實，所持的內在態度，有了不同。**耶和華的信徒，被迫離鄉背井，而奧馬茲德的信徒，卻能雄霸一時**，後來猶太人獲准返回故土，便是由波斯居魯士所准許的。

以故，波斯的宗教，看來如此的威風，而猶太的宗教，顯得如此的**謙卑**。讀者不妨一閱大流士著名的「卑黑銘文」（Behistun inscription）[17]，持與「耶利米書」相對照，便可見大流士對他那勝利的神，如此何等的專崇而驕傲，相形之下，以色列的先知們，為了竭力保持上帝的意象完美無缺，所作的論辯，又是何等的顯得絕望！

在流浪中，每一個猶太人的眼睛，都為波斯人的查拉圖士特拉教義的勝利而側目，於是純粹的猶太先知預言——「阿摩司」、「何西阿」、「以賽亞」、「耶利米」等，乃一轉而為「啟示錄」——「申命記」、「以西結書」、「撒迦利亞」等。其中，所有下列新的視觀，如：「人子」、「撒旦」、「天使長」、「七重天」、「末日審判」，都是馬日共同的世界感受中，由波斯

17 卑黑銘文與雕刻，於一九〇四年為大英博物館的一個遠征隊重新調查。見一九〇七年倫敦出版的「大流士卑黑銘文」：「大流士王如是說：我所成就的事，皆得奧馬茲德聖寵之助。奧馬茲德與其他神祇，賜助予我。因為我不懷惡意，不說謊，不胡為，我與我的家族皆如此，我惟依正義來統理萬民，故而奧馬茲德與其他神祇，賜助予我。」——原註。

人展示出的一面。甚至在「以賽亞書」四十一節中，出現了居魯士本人，廣受猶太人歡呼，猶如彌賽亞。由此看來，舊約「申命記——以賽亞書」的偉大作者，其靈感是否由查拉圖士特拉的信徒啟示而來？

然而，我們也不可忘記，從巴比倫的觀點，來看猶太人自放逐的「禁制」中，返同故土的實況。大部分的猶太人，事實上已遠離了這些觀念，或只將之視作幻景或夢想；那些團結的農夫、工匠，以及初期的地主貴族，無疑仍在他們的「放逐之王」迦路撒（Galutha）的統治下，王都即在那哈地（Nehardea）。回到「故土」的猶太人，只是少數，是頑固和狂熱分子。他們連妻子帶小孩，共只四萬人，不足全數的二十分之一，故而，任何人若把這些回家定居者、及他們的命運，與整個的猶太民族混為一談，則必然不能看出一切後來的事件的內在意義。

這一猶太教的小世界，過著一種精神上與整體分離的生活，而整個的猶太民族，雖然尊敬這一生活，事實上卻不曾加入於此。在猶太的東方，啟示錄的文學，預言的後繼者，繁花盛開。這是猶太民族真正的自然詩篇，於此，我們仍擁有如《約伯記》這樣的傑作，「約伯記」——事實上是一篇表現伊斯蘭特性，而根本非猶太精神的作品。另外，此時大量的其他傳奇和史詩，如「朱蒂絲」（Judith）、「圖比特」（Tobit）、「阿奇卡」（Achikar）等，也播散出來，成為阿拉伯世界中一切文學的源頭。在猶太本土，只有摩西法諭盛行不替：「泰默」法典的精神，首先出現於「以西結書」，並以西元前四五〇年之後，在以斯拉（Ezra）撰下的銘文中，獲得充實。

從西元前三百年至西元後二百年間，猶太祭司們闡述了摩西五經，並發展了密西那神諭（Mishnah）。耶穌的出現及神廟的被毀，皆不曾打斷了這一抽象的學術進展。耶路撒冷，在死硬的信徒眼中，成了後來回教麥加一般的聖地。「律法」（Law）與「先知」（Prophets）這兩個名詞[18]，實際上劃出了猶太本土與美索不達米亞之間的區別所在。在後期的波斯、以及一切其他馬日的神學之中，「律法」與「先知」這兩大傾向，皆能結合而為一體，只有在此一情形下，兩者在空間上被分割了。此時，耶路撒冷的決定，被四方的猶太人所共同承認，可是他們服從的程度，卻是一個問題。

另有一個課題，須加以考慮。猶太民族，在放逐之後，如波斯一樣，人數大為增加，遠超過了舊時小小的氏族水準。這是由於民族的同化和分化——一個沒有國土的國家，征服他人的

18 「律法」與「先知」的對立，在猶太民族的宗教中，一直是一個死結。猶太守舊的祭司與所謂法利賽人，一逕頑守「律法」，而後來的耶穌，代表的卻是「先知」的精神，故而如水火之不相容，耶穌之受難，實淵源於此。

唯一形式，故而，自然、也顯然是馬日宗教征服他人的唯一形式。

但此一擴大運動，只發生於美索不達米亞，而其精神，是「啟示錄」的，而非「泰默法典」的。耶路撒冷此時不斷增加法律的限制，以阻礙非信徒的加入，非但不去同化異教，反而橫加障礙。這與後來原始基督教時代，猶太反對宣揚福音於異教徒的狹隘作風，是一樣的。但在東方，根本沒有任何人，有此類阻礙異教的心理，因這與馬日文化的整個觀念，完全抵觸。正因此故，廣大的東方，相對於耶路撒冷而言，實具有精神上的超越性。

耶路撒冷被羅馬人摧毀，其實只打擊了馬日文化的一個非常小的部分，也是在精神上與政治上，重要性極小的一部分。說猶太民族在耶路撒冷被毀後，「一片散亂」，是完全不確的，因為猶太民族（以及波斯和其他民族）早已有幾世紀之久，生活於與其國土無關的形式中。

羅馬皇帝維斯佩斯（Vesppsian）進軍猶太之戰，**是對猶太民族的一大解放**。第一，這結束了猶太本土卑瑣小地中的人民，自命為真正猶太國家的宣稱；並結束了對這地方人民赤裸無隱的精神，與整個猶太民族的靈魂生命，混為一談的要求。東方的學院中，學術研究、經院哲學、與神秘主義，開始獲得了他們應有的權力。第二，這也將基督教，從其時所陷入的「偽形」之中，拯救了出來。

啟示錄的觀念，本是那些沒有城鎮、並恐懼城鎮的人類，所具的一種表達形式，在猶太教的正式「會堂」（Synagogue）出現後，啟示錄思想，對此一鉅禍的刺激，作了最後動人的反抗後，便很快趨於終止了。後來，在耶穌的傳道，很明顯地不是導向於猶太教的改革，而是導向於新的宗教時；以及在西元後一百年左右，反對基督教徒的詛咒日趨活躍時，啟示錄觀念的殘餘，又曾一度短暫存在於基督教年輕的教堂之中。

耶穌

在這一豐盛的文化春天時節，把嬰孩似的基督教，提昇至超乎一切宗教，舉世無與倫比的，是**耶穌的形象**。這些年代中，所有的偉大創作裏，沒有任何事物，可以與耶穌的形象相提並論。一切密斯拉神、阿提斯神、歐西理斯神（Osiris）的神話傳奇與神聖歷險，在任何讀過、或聽過迄今流行的耶穌受難故事的人看來，都已顯得過於濫呑和空洞，耶穌受難的故事，歷久彌新——耶路撒冷最後的旅程、最後的憂慮的晚餐、客西馬尼花園絕望的時刻[19]、以及十字架上的死亡。

這與哲學完全無關。耶穌的話語，留存在眾多獻身傳道者的記憶中，甚至在古老的世代裏，已有如雛鳳清聲，嬰孩呢喃，迴揚於一個疏離、老大而有病的世界中。這些話語，不是甚麼社會的觀察、問題、辯論之類。而是有了耶穌，在當時羅馬皇帝提比留（Tiberius）統治的歲月中，加利利湖畔的漁夫和工匠們的生命，已有如恬靜的幸福之島，遠離了一切的世界歷史，也無涉於一切的實際作為，而環繞在他們的周圍，卻遍立著**希臘文明**的城鎮，展現出希臘文明的戲院和神廟、精美的西方式社會、喧囂的暴民騷動、羅馬的步兵團、希臘的哲學。

而當受難者耶穌的友人和門徒們年已老耄，而他的兄弟成了耶路撒冷集會的領袖之後，他們聚集起來，從普遍流行於他們那小小教團中的傳說和講述中，拼合出一部內在意味非常引人注目的耶穌傳記，這傳記開展了一個屬於它自己風格的表現形式——**福音**，這不僅在古典文化中沒有先例，即在阿拉伯文化中，也是戛戛獨絕的。在世界歷史中，基督教以耶穌一人的當世生命，來作為整個教義的象徵與中心，這是一個空前絕後的例外的宗教。

19 客西馬尼為耶路撒冷城外的一花園，耶穌於此被出賣而遭逮捕。

事實上，在耶穌行道之前，已有一種奇異的激動，就好像日耳曼世界後來在西元一千年時所經歷的那般，在當時的歲月裏，奔流於整個的阿拉伯土地上。那種文化誕生的要素，在先知宗教中表現為「宗教預感」（presentiment），在亞歷山大時代表現為「形上概念」（metaphysical outlines）的，如今已到了完美成熟的狀態。此一成熟，以無可描繪的強度，喚醒了「恐懼」的原始感受。

在此一馬日的世界感受誕生時，人們躊躇不安，憂懼驚惶、世界的末日似已接近。除了一些淺陋的人們外，所有的靈魂，都在啟示、奇蹟、以及對事物始源的最終透視之前，觳觫戰慄。人們只在「**天啟**」（Apocalyptic）的意象中生活與思考。實際事物只成了表面現象。奇異而恐怖的視景，一方面在互相之間，神秘地傳述著；一方面從奇幻掩抑的古籍中，尋讀出來，而立即以一種頃刻內在的確定，被人緊握著。

這一些的情景，就有如後來法國羅曼斯克時代，教堂門廊上的恐怖圖像，不是一種「藝術」，而是以石頭表現的恐懼一樣。每一個人都認識了那些天使與魔鬼、升天堂與降地獄、「第二亞當」（Second Adam）、「上帝使者」（Envoy of God）、末日的「救世主」（Redeemer）、「人子」（the Son of Man）、永恆之城、與末日審判等等觀念。就在這一極度緊張、日益緊張的日子裏，也就是在耶穌誕生的前後幾年間，於無數的教團和教派之外，崛起了另一個救贖宗教（redemption—religion）——**曼丹教**。

對於這一教團的創始者或起源情形，我們一無所知。我們只能曉得：雖然曼丹教憎恨耶路撒冷的猶太舊教，並無疑地接受了波斯的「救贖」概念，可是這教團仍似乎與敘利亞猶太人的流行信仰，相當接近。曼丹教驚人的文件，如今正一一尋出，這些文卷，不斷向我們顯示出一個「祂」，一個「人子」、一個「教世主」的降臨人間，祂本人必被救贖，且是人們期盼的目標。

在**《約翰書》**（*Book of John*）中曾記載，天父高臨於「完美之宮」，沐浴在光明中，對他的生身之子說：「我兒，做我的使者，走到那沒有光明的黑暗世界中去。」聖子要求他：「我父，我何處有罪，致你要派我進入黑暗？」而最後聖子回到天上：「我無罪而昇天，我一無惡和瑕疵。」

無疑這一新教的始源，已告失落，不可復見。但是有一個**曼丹教的歷史形象**，以驚人的清晰，矗立在世人之前，這就是施洗者約翰（John the Baptist）的悲劇——他的目標，以及他如耶穌本人一樣的殞沒的悲劇。施洗者約翰，幾乎已脫離了猶太教義，並對耶路撒冷的祭司精神，充滿了強烈的恨意，正如原始的俄羅斯憎恨彼得堡一樣。他講述世界的末日，以及天使「伯那夏」（Barnasha），「人子」，即將來臨，而這天使不再是猶太人盼望的復興國家的彌賽亞，而將是世界末日大火的攜帶者[20]。耶穌與他的門徒，曾聽他行道。

在耶穌三十歲時，覺醒的情操來到了，自此以後，天啟的、尤其是曼丹的思想世界，充滿了他整個的生命。那另一個在他周圍的，歷史事實的世界，對他已是一個虛偽、疏離、全無重要意義的世界。耶穌已堂堂地確定，「祂」將立即到來，並結束這一虛假不實的現實。於是，像他的老師約翰一樣，耶穌向前傳道，作為傳佈這一消息的使者。耶穌在他國內四處傳道，毫無保留地宣揚他的使命。

但這國度是巴勒斯坦。他生在**古典文明**的羅馬帝國之內，並處在耶路撒冷的猶太舊教監視之下，故而當他的靈魂，從這可敬的使命的啟示中，脫穎而出，縱目四顧時，他立即面對了羅馬帝國與法利賽教派的現實。他對法利賽教派，那種頑固與自私的觀念之厭惡，是他自始至終所有談話的標誌，這一感受，無疑是從曼丹教團、及東方荒野上猶太農人處得來的。耶穌對法利賽那種冷血野蠻的教條，竟被當作是唯一的救贖之道，而深感憤怒。終極而言，他的信念，

20 新約聖經最後的編定，完全是在西方—古典的思想氛圍中完成的，故而曼丹宗教及屬於此宗教的教派，已不復為人瞭解，事實上，一切東方的成分似已均被剔除於新約之外。然而，「使徒行傳」十八章，十九章，畢竟透露了當時傳播甚廣的約翰教團，與原始基督教徒之間感覺得出的敵對之意。曼丹教徒後來逕直拒斥了基督教，正如他們曾拒斥猶太教一樣。耶穌對他們而言，只是一個虛假的彌賽亞。在他們自己有關「大神」（Lord of Greatness）的啟示錄中，另外宣稱天使「以諾許」（Enosh）的降臨——原註。

所堅持的，是另一種虔信，用以對抗猶太祭司的教條。故而這也即是「律法」與「先知」的對抗。

但是，**當耶穌被帶到羅馬巡撫彼拉多之前，現實世界**（the world of facts）與**真理世界**（the world of truths），便立即仇深恨重地**面面相對**了。這是一幕象徵意義無比清晰而顯著的情景，這是世界歷史上空前絕後、爍古震今的一幕。深植於人類生命根柢中，與生俱來的傾軋；由於人之有身，由於人既有「存在」，又有「知覺」，而導致的傾軋，在此處，展現了吾人所能想像的人類悲劇的最高形式。在羅馬巡撫的著名問句：「**真理是什麼**?（What is truth？）」中，蘊含著整個的歷史意義、完全的事實真相、國家與戰爭的威嚴、成功的全能、家世的驕傲。而耶穌的沉默，卻是以另一個問題來回答它，一個在宗教的一切事物中，最具決定性的問題：——「現實是什麼?（What is actuality？）」，對彼拉多而言，現實就是一切；可是對耶穌而言，現實不值一哂。真的，如果宗教看重任何塵世的事實，則純粹的宗教，必不能夠對抗歷史與歷史的力量，也不可能對現實生命提出裁判；而如果宗教看重任何塵世的事實，而它也不成其為宗教，而是屈服於歷史的精神之前了。

「**我的王國不屬於這個世界**」。這是耶穌終極的話語，絕對不容曲解。在有導向性的「**時間**」與無時間性的「**永恆**」之間，在真實歷史的「**過程**」，與神性世界秩序的「**存在**」之間

——沒有橋樑可以溝通。因為後者結構中的「天佑」（providence）或「寬赦」（dispensation）字樣，乃是指謂因果的形式，而不是塵世的事實。這就是耶穌與彼拉多面面相對的那一刻的終極意義。在這一個世界中，代表歷史的羅馬人，把加利利人釘死在十字架上，這是耶穌的命運。在另一世界，羅馬被註定靈魂的沉淪，而十字架成為救贖的保證——這是「上帝的意志」[21]。

宗教是形而上的，不是其他任何事物，是「絕對的信仰」（Credo quia absurdum），而且，這形上學不是知識、論證、證明的形上學，而是**生命與體驗的形上學**。即是：不可想像的確信、超乎自然的事實，不是在現實世界中存在的生命，而是在真理世界中存在的生命。耶穌從沒有在任何其他世界中，生活過一剎那，只除了**真理世界**。耶穌不是道德說教者。而認為宗教的最終目標，是道德說教的人，對宗教可謂根本無知。道德說教是十九世紀啟蒙運動的事，是人文的腓力斯汀主義[22]的事。要說耶穌有何社會意圖，更是對耶穌的褻瀆。耶穌的傳道，只是

---

21 這本書的方法，是歷史的（historical）的方法。故而，承認反歷史的事實，與歷史的事實，同為「事實」。相反的，宗教的（religious）方法，則必然視自身為「真實」，而視對方為「虛妄」。這兩方法的差別，是無法超脫的——原註。

22 腓力斯汀人本是居住在腓力斯提（Philistia）的一民族，為以色列民族的世仇，後沿用為任何膚淺狹隘，沒有文化美術等風味的人之稱。腓力斯汀主義，即是膚淺狹隘、庸俗浮沉之見。

宣揚，只是宣揚他一逕充滿的，那些「最終事物」的意象：「新的世代」的到來，天上使者的降臨，最終的審判，新的天堂與新的塵世[23]。沒有任何其他的宗教概念，出現於耶穌身上，或出現於歷史上任何真正感受深刻的時代。宗教，自始至終，是形而上的，是另一個世界的，是對另一個世界的感知（awareness）。而肉體感覺的證據，在那一個世界裏，只是映出了前景而已。宗教是在**超感覺**（supersensible）**中的生命**，是**與超感覺一致的生命**。在此一感知的能力消失時，或只是對它的存在的信仰消失時，真正宗教，便走向了終結。

「想想那些野百合花」，意指：「不要注意財富及資產，因這兩者束縛靈魂，使靈魂只著意於這一塵世」。「人不能既信奉上帝，又侍奉曼奴（Mammon）」。此處財神曼奴，即是指全部的現實。若想含糊混過此一現實需求，所代表的重大意義，實是膚淺而且膽怯的。但在耶

23 「馬可福音」十三章，由於取材較早的文卷，故而也許是耶穌平時日常講道中最純粹的樣式。保羅在「帖撒羅尼迦前書」第四章第十五—十七節所引的話，也是如此，這在福音書中，已經湮失了。關於這些，彼帕亞斯（Papias）的貢獻，實在是無價之寶——他約在西元一〇〇年左右，仍著意搜集很多口傳的基督傳統。但是，由於新約的註釋者為福音的主調所導引，故而誤解了口傳傳統的意義。彼帕亞斯的作品，我們所餘無幾，但已足以使我們看出：耶穌日常講道中的「天啟」特徵。是馬可福音十三章，而不是「山頂寶訓」，真正復現了耶穌講道的語調。但由於耶穌的「傳道」後來被修改為耶穌的「教言」，故而這一素材也同遭變形，而耶穌言論的記錄，變成為他證言的敘述。由此一觀點看來，由福音書所顯示的耶穌圖像，不可避免地有其謬誤——原註。

穌，則於：為增加個人的財富而工作，與為減輕個人的社會負擔而工作，這兩者之間，根本不感到有什麼區別，因為這只是塵世的事。當財富使他驚嚇時，當耶路撒冷的原始基督教團——一個嚴格的宗教「秩序」，而非社會團體——否定個人所有權時，所表現的，恰是原來驅動他們的那種「社會」情緒，最最直接的反抗。他們的信念是：可見事象的狀態，不但不代表一切，而且什麼都不能代表；他們的信念，不是基於圖求在這塵世上的舒適，而恰是基於，反過來輕視這一塵世的舒適。

耶穌的教言，保羅

為耶路撒冷之行，最後的悲慘結果所震驚的耶穌友人和門徒之中，在短短幾天之後，便有人散播出耶穌復活和再現的消息。這一消息對當時這些靈魂、及當時這個時代的震撼之鉅、甚至直到後期人類的感覺之中，尚可以感受到其部分的迴響。這意味著馬日文化的春天時節，所呈現的「天啟」觀念之實際完成——那個救贖世人的「救世主」、「第二亞當」、「所善揚」（Saoshyant）、「以諾許」（Enosh）或任何其他用以指謂「祂」的名字的人，已昇入於天父的光明之殿——這顯然標示了**現前世代的結束**。故而，那個已預告的未來，那個全新的世代，「天上的王國」，已立即可見。於是，人們感覺到他們自己，正處在「救贖的歷史」的轉捩點上。

這一確定的感受，完全轉變了那個小小基督教團的世界展望。於是，耶穌的「佈道」，本是從他那溫柔而高貴的天性中，流瀉出來的——他對人神關係的內在感受，他對時代意義的內在感受，完全可包含在「愛」之一字中，完全可由「愛」字來界定的——如今，已退入到背景之中，而由所謂耶穌的「教言」，予以取代。由於他的昇天，他在門徒眼中，成為嶄新的形象，在「啟示錄」之中，並且代表「啟示錄」的形象，也是最重要而最終極的形象。自此以後，門徒們便以回憶的意象，來賦形予未來的意象。

〔耶穌最早的友人們，在耶路撒冷的最後時日裏，成立了一個教團，並常去猶太神廟集會，他們視耶穌為古老聖經中的彌賽亞，只為猶太人而來。他們結果仍保持為猶太教許多教派中的一派。可是所有其他的阿拉伯世界中的人們，卻只在等待那啟示錄中記載的「救贖主」、「救世主」、「人子」的到來，而無論其為猶太人、為波斯人、為加爾底亞人、為曼丹人，皆是一樣。

在耶穌後期的門徒中，有很多人，在感受上，純粹表現馬日文化的意味，完全脫離了法利賽精神，這些人，遠在保羅之前，便擔任著宣揚教義的使命。

而重要的問題——遠較猶太一地與馬日世界的爭執為重要——在於耶穌的福音，究應傳向東方、抑或西方？其時波斯的教會，與希臘世界的「融合」教會，均正在形成的過程中，耶穌的福音，究應與前者，抑或後者，發生密切的關係？」

這一問題，是由**保羅**（Paul）決定的——保羅是新的運動中，第一位偉大的人格，**但也是第一個不但感受「真理」，並且感知「現實」的人**。在承受了一種那些時日裏時常發生的覺醒啟悟之後，保羅轉向到西方，那些為數繁多的小型「融合」教團去，並將這些教團，以他自己的模式，鎔鑄成一個大教會。

保羅在心智上，是一個學者，在感受上，則是一個「天啟」信徒。他也認識猶太教的教義，但那只是初步發展的教義。故而，**因保羅的佈道，世上出現了兩類的馬日宗教**，雖用著同一的聖經（即：舊約），但卻有不同的重點：一類是服膺於西元前三〇〇年以來，即由耶路撒冷的主流祭司們發展出來的「泰默」法典；另一類即是由保羅奠基，向福音的方向發展，而由早期基督教眾主要教父（**Fathers**）完成的教義。但是，尤有甚者，保羅並把當時盛行不替、豐富繁褥的「天啟」理念，與即將降臨救世主的諾言，統一起來，成為一種「**救贖的確定感**」（Salvation—certainty）。這種「確定感」，是在大馬士革時，直接而臨即地啟示於保羅一個人的：「耶穌是救世主，而保羅即是他的先知。」——這便是保羅使命的全部內容。

透過保羅，城市中人及人的「理智」，開始出現。保羅是第一個把**「復活」的體驗**，視為一個「**問題**」的人；在他的腦中，年輕的鄉野人民狂烈的宗教敬畏，開始轉變為心智的衝突。那些舊時的同志們，根本不可能有絲毫的瞭解他——當然對他們演說的時候，他們看著他的眼光，必然是悲哀而且疑惑的。他們心目中，耶穌那活生生的意象（保羅從未看到的），在這些所謂的「概念」（concept）與「命題」（propositions）之中，在輝煌而冷硬的光線之下，變得蒼白了。於是，神聖的回憶，萎縮為教條的體系。而且，保羅對他的觀念的真正「老家」，有著完全正確的感受，他的行道旅程，完全指向於西方，而忽略了東方。他從未離開過**古典文明**城市的境域。他為何要到羅馬，去到柯林斯（Corinth），而不去向埃得薩，或台西芬？他為何只在城市中傳道，而從不逐鄉逐村地傳道？

事態如此發展，端在保羅一人。在他那指向**實際**的能力之前，所有其他的感受，已無足輕重。於是，年輕的教會竟決定性地採取了城市的、西方的走向，積重難返，以致到了後來，還把剩下來未城市化的教徒，指為異教徒、鄉下人。這便產生了一種絕大的危機，只有年輕而青春的力量，可以使成長中的教會，拒斥這一危機，而那個古典城市中的勞工世界，卻雙手緊握著這一危機，其緊握的情形，迄今斑斑可考。但是，——這已與耶穌的精義，相去何等遙遠？耶穌的整個生命，都執著於鄉野地區、及鄉下人民的身上——對於那個他生於其中的「偽形」，他根本不曾予以注意；他的靈魂，絲毫未受這一「偽形」的影響——而如今，僅在他以後的一世代，可能在他母親尚活著的時候，由他的死，所產生出來的宗教，卻已經成為該一「偽形」的定形中心。

然後，又從保羅當時的周圍，產生了第二樣創作。由此一創作，而實質上界定了這一新的宗教的形式。耶穌的人格與故事，在嗚咽哭泣中，被推入了詩篇形式之中，這全是由於**馬可**（Mark）的緣故。「馬可福音」的出現，造成了**四福音書**的開端。當然，無論如何，在耶穌死後，嚴格的文籍總會有一日問世的，但這些文籍自然的形式，應是那些曾與耶穌一起生活過的精神（也即是東方的精神）的產物；也應是耶穌言論的正式的集合，而由教會加以潤飾增強、最後確定，並賦予註釋，且以耶穌的第二次降臨，為其樞軸。但在這一方向的任何臆測，均為馬可福音完全打破。

馬可福音約寫定於西元六五年，與最後幾篇保羅的「書簡」（Epistles）同時，而兩者皆是以希臘文寫下的。這福音是保羅影響下，那個文人圈子的願望的成果，而這個圈子中人，從未聽到過任何耶穌的同件，對耶穌的討論。故而，這只是一幅從**遠處遙遠**的天啟式生命圖像；**活生生的經歷，被文字講述所取代**，而這文字講述，如此平泛與直截，使得天啟的傾向，簡直難以覺察。

當然，天啟仍是「馬可福音」的先決條件，但已不是由耶穌的言詞，而是以保羅的形式出發的耶穌的教義，構成了「馬可福音」的實質。如是，第一本基督教的書籍，以保羅影響下的創作出現。但是，很快之後，保羅的教義本身，若沒有這本福音及其後繼者，又已變成不可思議了。

這是因為，很短時期之內，興起了一項發展，這是保羅這位天生的學者，從不曾想像到的，但也是他的工作，所必然無可避免要導致的傾向，即是——基督教國度的禮拜堂（cult—church）中，**聖母崇拜的傾向**。

耶穌的誕生情形，門徒們一無所知，但是，環繞著耶穌的誕生，如今衍展出了一套他的童年故事。在「馬可福音」中，這套故事尚不存在，然而，早在古老的波斯教天啟觀念中，末日的救主「所善揚」，已傳說是童貞女所生。當然，此時所發生的新的西方神話，所蘊含的，是另外的意義，並有著無可數計的後果。因為，在「偽形」領域之內，耶穌之旁，很快崛起了一個形象，耶穌只是「聖子」，而這一形象，已超越了耶穌的形象——這即是「**聖母**」。她，與她的「聖子」一樣，代表著無比引人注目、且深具吸引力量的單純人類命運，她超越了宗教「融合」中，所有其他的「童貞」與「母神」——愛色斯、泰妮特、栖貝拉、底米特等女神——，也超越了一切生命與痛苦的神秘，並且在最後，將所有這一切，都吸入到她自己身上。

在早期基督教偉大作家依瑞奈斯（Irenaeus）筆下，她是新人類的夏娃。另一基督作家歐雷金（Origen），力言她代表永恆的童貞。由於她生了救世主，故而實際上，是**她救贖了這個世界**。古典文明境內，此一觀念風起雲湧。於是，瑪利亞成了古典文明境外，基督徒信仰的一大絆腳石，也由於此一觀念，在教義上的發展，使得一性論者（Monophysitcs）與景教教徒（Nestorians），脫離教會，而去重建純粹的基督教。

但是後來的浮士德文化，在永恆童稚中覺醒過來，需要有一個象徵，來及時表達它對「無限」的原始感受，並展示它對世代綿延的感覺時，它在哥德式時代的日耳曼天主教中，也是以「憂愁的聖母」（Mater Dolorasa）為其樞軸，而不是以「受難的救主」作為主體。在浮士德文化，整個璀璨豐富的創作世代中，這一女性形象，即正是浮士德世界感受，與一切藝術及詩歌、虔信的目標之綜合表現。

保羅與馬可，在另一項無比重要的事情上，也起了決定性的作用。由於保羅傳道使命的結果，與一切原來的可能性恰恰相反，**希臘文變成了教會通用的語文**，再經由第一福音書的導向，希臘文且成為聖經文學的語言。**與阿拉姆母土的鄉野精神，失卻了接觸**。故而自此以還，前述兩類教會，具有了同一的語言文學，同一的概念傳統，同一的書本文學，同一的學院園地。而遠較此為樸實清新的，東方阿拉姆的文學——真正馬日文化的，以耶穌及他的同志的語言，寫錄與思考的文學——被排出於教會的生命之外，消失於無蹤，而代之以柏拉圖與亞里斯多德。結果這兩者，遂被兩類教會中的學人，交相混織，交相夾纏，而共同誤解了。

約翰、馬辛

向這一方向走的最後一步，是由馬辛（Marcion）完成的。此人有與保羅相等的組織傳說的才能，並比保羅長於心智的創見，但在對「可能」與「事實」的感受上，弱於保羅，故而不曾完成，如保羅那般的偉大感知體系。馬辛把保羅的創構及其後果，僅視為創建新的救贖宗教的基礎。作為先知的保羅，宣稱「舊約」已經完成，並告結束——可是作為創建者的馬辛，卻聲言「舊約」已被擊敗，並且取消。他努力要斬斷任何猶太教的色彩，鉅細靡遺，一網打盡。自始至終，他只對猶太教作戰。像任何創建者一樣，在這宗教創造的時代裏，他把古老的舊神，轉形為失敗的力量。於是，作為「創世主」、「造物主」的耶和華，變成了「戰神」（Just），故而乃是「惡」的代表；而作為「救世主」的化身的耶穌，由於與這「惡」的創作相隔離，乃成為「善之原理」（the Good Principle）。

新的聖經，正是屬於此一新的教義。迄此為止，在整個基督教國度內代表正統的「律法與先知」，已只成為「猶太教神的聖經」（the Bible of the Jewish God），故而，他認為基督徒手中的聖經，乃是一本邪書。於是，馬辛現在以「救贖主神的聖經」（the Bible of the Redeemer—God）來與之對抗。這新的聖經，也即是對那時流行於基督教團中，作為簡單啟迪用、而非正式規定的諸作品，所作的集合與整理。他以「福音」——，唯一而真正的「福音」——來取代摩西五經，而這「福音」，便是他從紛繁不一，並且在他看來，陳腐而又虛假的諸福音書中，統一整次出來的。他又以耶穌的唯一先知——即保羅——的「書簡」，來取代了以色列的諸先知書。

如是，**馬辛**變成了**「新約」聖經的真正創造人**。但正因此故，我們不可能忽略那位，與他有密切關係的神秘人物，那位很久以前，即已寫下了「約翰福音」的人物。這位人物的意向，既不是要增強、也不是要替代原有的諸福音書；他所作的——與馬可不同，他是有意的——是要創造某一全新的東西、基督教的第一本聖經、新宗教的《可蘭經》。那個世界終結正在迫近的觀念，是耶穌徹頭徹尾充滿心靈的觀念，甚至是保羅與馬可也多少浸淫過的，如今遠退到「約翰」和馬辛之後了。

天啟觀念，走向了結束，而**神秘主義，開始滋長**。此時教義的內容，不是耶穌的教言，甚至也不是保羅所宣揚的耶穌的教義，而是宇宙之謎、是「世界洞穴」的思想。在此，所有現象的意義與方法，不是「福音」的問題，不是「救主」的形象，而是「邏各斯」（Logos）的原理。耶穌的童年故事，又被拋棄了，神不是「生下來」的，他本就存在，並以人的形式，漂遊在世界上。而且神是「**三位一體**」（Trinity）——即「**神的本體**」（God）、「**神的精神**」（the Spirit of God）、與「**神的道**」（the Word of God）。於是，第一次，這一早期基督教的聖經，含有了馬日文化中的「實體」（Substance）問題。

它主導了以後的世紀，排除了一切其他事物，而終於導致宗教分裂為三個教會。而且，尤其重要的是，對「**實體**」問題，約翰最接近的答案，卻正是景教的東方，所代表的真正答案。即是透過了「邏各斯」觀念（這字之為希臘字，在此只是偶然的），它成為四福音書中，最接近東方的一個，並且不強調耶穌是最終而全盤啟示的持有者，而強調耶穌是第二使者，將有第三使者隨之而來（約翰福音十四章：十六節，二十六節；十五章：二十六節，所謂的「賜福者」「聖靈」）。這是耶穌本人宣揚過的驚人教義，也是這本神秘書中決定性的觀念。

這就非常突然地，顯出了馬日式的東方信仰。例如「約翰福音」十六章第七節，所謂

「邏各斯」不去，則「聖靈」不會來；又十四章三十節說：在這兩者之間，尚有最後的世代，由黑暗之神阿力門（Ahriman）統治。但在「偽形」中，由保羅式心智所主導的西方教會，一直在與約翰福音作戰，只有在這一攻擊性的、黑暗深沉的教義，已被保羅教義的詮釋所覆蓋時，才予以承認。約在西元二四五年，摩尼（Mani），這位與東方基督徒的潮流，親密接觸的教士，拋去了保羅的、人形的耶穌，視之為惡魔；而認定約翰的邏各斯，才是真正的耶穌，但又宣稱他本人是第四福音的「聖靈」，這就是摩尼教。在迦太基，奧古斯汀即是一位摩尼教徒。而具有高度暗示意義的事實是，保羅教義與摩尼教義，最後都涵入馬辛的教義之中。與回到馬辛本人，是他，透過了「約翰」，帶入了這等概念，並創造了基督教的新聖經。與在他之前的保羅、及在他之後的雅瑟那賽斯（Athanasins）一樣，馬辛也是在基督教會瀕臨解體的時刻，基督教義的承傳者；他的概念之莊嚴偉大，也絕不因後來基督教的統一，不是經由他，而卻是反對他，這一事實，而告減色。

事實上，早期天主教會——即是「偽形」的教會——只是在西元一九〇年左右，盛極一時，然後，就處於對馬辛的教會自衛的狀態，並甚得馬辛教會中，某一個組織的助益。尤有甚者，天主教是以與馬辛的聖經，結構相同的東西——四「福音書」與「使徒行傳」，來取代馬辛的聖經，然後再進而結合「律法」與「先知」，使成一體。而最後，在這一結合新舊約兩聖經的行動中，本身已確定了天主教會對猶太舊教的態度，它雖進而反對馬辛的第三創造，馬辛的「救贖主」教義，可是它自己的神學，開端即是植基於馬辛對此問題的闡釋之上。

異教教會與基督教會

然而，以上這一發展，是發生於古典文明的土壤上。在這年輕的馬日文化的西部邊際上，**異教的教會**（Pagan Cult—Church），與被保羅移來的**耶穌的教會**，以及由希臘宗教家腓羅（Philo）衍發出來的，希臘語的**猶太教會**，它們的語言和文學，緊密互鎖，以致早在西元第一世紀，即已以「基督教」為其最終的名稱；而且基督教義，也與希臘文明結合起來，而形成了一種共同的早期哲學。但另一方面，在從俄倫提斯（Orontes）到底格里斯的阿拉姆語世界中，則是猶太教與波斯教，不斷而緊密地交互作用，各自在這一時期內，於「泰默」經典及「阿凡士塔」經典中，創作了各自嚴格的神學與經院哲學。而從第四世紀起，這兩種神學，都對抵抗「偽形」壓力的，阿拉姆語基督教國度，發生了最大的潛在影響。且在最後，脫穎而出，完成了**景教**教會的形式。

在另一邊，「偽形」是一貫而完整的，一方面表現於中古庇斯提派（Pistis）對馬日信仰的接受，一方面也表現於諾斯替派（Gnosis）在形上方面的內省。西方形態的馬日信仰，是由名宗教家依瑞奈斯，尤其是宗教家特爾吐林（Tertullian），為基督徒制定的，其著名的箴言，就是「絕對的信仰」，這箴言正是此一信仰的確定性之總結。

在異教徒方面，與此對應的，是普拉提尼斯在他的《九神集》（*Enneads*）、以及其門徒鮑菲里（Porphyry）在論著《靈魂歸神》（*On the Return of the Soul to God*）中的言論。但在這些異教教會著名的學人筆下，也有所謂「天父」（即理性 Nous）、「聖子」、及神人中間的「媒介」的存在，正如在腓羅的教義中，「邏各斯」已經成為第一「聖子」及第二「上帝」了。普拉斯尼斯及宗教家歐雷金，是源出一師的弟子，他們顯示了「偽形」的經院哲學，實是由將柏拉圖及亞里斯多德的典籍，作有系統的價值重估，以配合馬日概念與思想，發展而成的產品。

「偽形」的整個思想中，最具特色的中心觀念，是「邏各斯」觀念，在應用及發展「偽形」的信仰意象上，關係重大。這裏的「邏各斯」，沒有受任何「希臘」方面的——也即是古典文化的——影響；其實，在這個時候的人們，早已沒有一人的精神位向上，尚能容得下原來希臘赫拉克利特斯、以及斯多亞的「邏各斯」概念中，任何微小的痕跡了。然而，僅管如此，在亞歷山大城櫛比鱗次的諸家神學，還是一樣不能如它們所希望的，發展出完全純粹的「邏各斯」觀念，這自然是「偽形」的侷限。倒是在波斯教及加爾底亞宗教的想像中——如「神的精神」及「神的道」；以及猶太教的教義中——如「精神」（Ruach）及「神諭」（Memra）;「邏各斯」扮演了決定性的角色。

在西方，「邏各斯」教言所成就的，乃是經由腓羅及約翰福音，而發展出的一套古典的教義，這不但發展為基督教神秘主義的要素，而且終於發展而為一種「**教條**」。這是不可避免的事。這套「教條」，為西方兩類型的教會，在知識方面，共同持守；這正對應於，在信仰方面，這兩者共同表現的宗教「崇拜」：融合教會的神祇崇拜，以及基督教會的聖母與諸聖崇拜。而從第四世紀起，東方的感受，則起而反對了這一切事情，不論是「教條」，或是「崇拜」。

訴諸眼睛之前的，是所有這些思想和感受的歷史，已在馬日建築的歷史上，重複出現。

第十五章　阿拉伯文化的問題之二

——馬日的靈魂

世界洞穴的二元對立

這個世界的布列情形，對馬日靈魂的覺醒意識而言，具有一種可以稱之為「洞穴」似[1]的廣延（extension）。西方人很難從自己的字彙中，挑出一個字眼，來表達這一感受，至多只能對此一馬日「空間」的意義，作出一點捕風捉影的暗示而已。固然，很多文化中皆有二元對

1 馬日的世界感念，是一種「洞穴」的意象，為里奧・傅洛賓奈斯（Leo Frobenius）所提出——原註。

立，在古典文化中，普遍主導了覺醒意識的對立，是「實質」（matter）和「形式」（form）的對立，在西方文化中，則是「力」（force）與「質量」（mass）的對立。但這兩種對立，前者產生的張力，消失於瑣小而特定的事象上，而後者的張力，則投射在它特定的活動之中。惟有在馬日的「世界洞穴」中，持續而不變的二元鬥爭，成為閃族的原始對立意象，這種二元對立，以種種不同的形式，充滿了馬日的世界。

光明照耀著，透過了洞穴，而與黑暗鬥爭（約翰福音一章，五節），而光明、黑暗兩者，都是馬日靈魂中的「實體」。天上與地下，天堂與塵世，成為各具本體，而互相抗爭的力量。而這些最初的原始感覺中的對立，又分別與那些經過精神研析、具有批判意義的理解，例如「善」與「惡」、「上帝」與「撒旦」，分別混合在一起。於是，**死亡**，對於約翰福音的作者，以及對於嚴格的回教徒而言，**不是生命的終結**，而是另**一種事物**，是一種致死的力量（death—force），它與生命的力量（life—force）相抗爭，以爭取對人的掌握權。

但是，比這一切更為重要的，是「**精神**」（Spirit）與「**靈魂**」（Soul）的對立（在希伯來文中，是 **ruach** 與 **nephesh**，在波斯文中，是 **abu** 與 **urvan**，在曼丹語中，是 **monuhmed** 與

gyan，在希臘文中，是 pneuma 與 psyche 的對立)[2]，這一對立，最初出現於先知宗教的基本感受之中，然後瀰漫於整個的「天啟」觀念裏，最後形成、並引導了這一已覺醒的馬日文化的世界思考，例如：腓羅、保羅及普拉提尼斯、諾斯替派及曼丹教團、奧古斯汀及阿凡士塔經，伊斯蘭敬及猶太教的神秘哲學「卡巴拉」(kabbalah)等等思想，皆由二元對立而來。

「精神」(ruach)的原始意義是：「風」，而「靈魂」(nephesh)的原始意義是「呼吸」。「靈魂」永遠以此種、或彼種方式，與具體事物及塵世事物、與地下、與惡、與黑暗，發生關聯；它的努力，乃是要「向上」。而「精神」則是屬於神聖、屬於天上、屬於光明。當「精神」下降時，它對人的影響，表現為參孫(Samson)式的英雄行為、以利亞(Elijah)式的神聖憤怒、或是所羅門(Solomon)式的睿智裁判，以及一切神性而可喜的形式[3]。

「精神」是傾注出來的。從「彌賽亞書」十一章第二節，可看到彌賽亞成為「精神」的化身。在保羅看來，耶穌「復活」的意義，即在於靈魂體與精神體的對立，而這一對立，對保羅、腓羅，以及「巴魯」啟示錄(Baruch—apocalypse)的作者而言，都與天堂與塵世，光

2 此二對立詞眼，無適當中文可概括全義。

3 參孫、以利亞、所羅門均為舊約中為神所眷顧的名人。

明與黑暗的對立，相疊一致。於保羅眼中，「救贖主」即是天上的聖靈。在約翰福音中，救贖主即是「邏各斯」與「光明」的溶合，而在景教教義中，救贖主即是與「物性」（Physis）相對的「理性」（Nous），或者，以古典文化的術語來說，即是「太一」（All—One）。只是，保羅與腓羅，因有著「古典的」概念基準，故而把靈魂與肉體，分別等同於「善」及「惡」；而奧古斯汀，作為一個帶有明顯的波斯式東方基礎的景教教士，則把靈魂和肉體混合起來，作為自然的「惡」，以相對於上帝所代表的唯一的「善」。奧古斯汀的「聖寵」（Grace）教義，即是由此一對立中，發展出來的，而後來伊斯蘭教，也發展出同一的形式，只是與奧古斯汀的發展無關。

「靈魂」，歸根結柢，乃是分別的個體，而「精神」，卻是獨一無二，永遠相同的。人「擁有」（possesses）一個靈魂，但人只能「參加」（participates）於光明及上帝的精神之中去；神性降臨於他，如此，把地下所有的個人，都結合於天上唯一的真神。

故而，這恰與**浮士德文化**相反。浮士德文化的人，本身即是一「**我**」（I），從我出發，窮究深尋，以得出自己對「無限」所獲的結論；而**馬日文化**的人，其存有卻屬於精神性質的「**我們**」（We）中的一部分，而那個「我們」，乃是降自於天，對所有的信仰者，都代表同一的意義。一切西方知識論上的方法，都植基於「個人的」判斷，這在馬日文化的人看來，是一種瘋狂和蠱惑，故其科學的結果，也不外是那邪惡的產物，因為這已混淆、並欺罔了「精神」的真正地位和目標。

個人意志的觀念，對馬日文化的人，更根本毫無意義可言，因為人的「意志」和「思想」，並非自發的，而只是神祇對他所施的影響。這一根深蒂固的基本感受，在馬日文化的任何信仰改造中，只有重予強調，而從不曾實際改變過。由於在馬日世界，這一基本感受的光輝燦爛，精微深妙，委實深入人心，故而，必然地出現了所謂「**神人中間體**」（Divine—Mediator）的概念，認為有一位神人中間的媒介，能把此一塵世從痛苦中，轉為天國的幸福。**所有的馬日宗教，均可由這一概念而連接起來**，以有別於一切其他文化的宗教。

「邏各斯」觀念，最廣義來說，即是馬日「洞穴」中**光明**感覺的一種抽象表現，也正是光明感覺，在馬日思想中的投影。它意味著：從那不可企及的「神的本體」中，釋出了「神的精神」與「神的道」，作為光明的承載者，與「善」的攜帶者，進入人類之中，與人發生關係，以提撕、充盈、並救贖人類。「本體」、「精神」、與「道」這三大實體的區別，**在宗教思想之中，並不與**他們的**一致性相抵觸，三者合一，三位一體**，這早在先知宗教時代，即已為人熟知。由加爾底亞人所建立的，「神的本體」與「神的道」分離、「馬得克」神與「奈布」神對立的思想，曾在整個阿拉姆語的啟示錄中，發生強力作用，並永遠保持其活動性；

經由腓羅和保羅、馬辛和摩尼，這一思想，進入了猶太卡巴拉教派的經典「耶西拉」（Yesirah）及「梭爾」（Sohar）中，進入了早期基督教諸教父的著作之中，也進入了後期的阿凡士塔經中，最後，並進入了伊斯蘭教，在伊斯蘭教中，穆罕默德且逐漸成為「邏各斯」本身，並經由神秘的表現，而成了此教的「活的真神」，與基督的形象相溶合。[4]三位一體的「邏各斯」觀念，在馬日文化的人心中，實是自明之理，不待贅言，它甚至能夠打破原始伊斯蘭教的嚴格一神論結構，而出現了代表「神的諭言」的阿拉（Allah）、代表「神的精神」的神靈（Holy Spirit），及代表至高無上的「穆罕默德之光」（light of Mohammed）。

「世界時間」，聖寵觀念

馬日文化的人們，從貧苦的奴隸和苦力，直到先知與教主的本身，所感受的基始事象，所感受的上天「命運」，不是那永遠不復現的時光，在無邊無際的飛逝過去，而是「**這一時日**」

4 在回教十葉派（Shiites）中，此一「邏各斯」觀念又傳到阿里身上——原註。

（This Day）**的開始與終結**，這一人類生存於其間的「時日」，是命運注定、不可避免的，是創世以來即已訂定的。故而不但是世界空間、而且連世界時間，都是「洞穴似的」。由此，而出現了純粹馬日思想的確定感，確定任何事物，都自有「其」時間，從最初的救世主開始，其「時刻」即已寫定在古代經籍之中，直到日常生活微小的細節，所有的時間，均已注定，故而像浮士德式的匆忙追求，簡直毫無意義，不可想像。

這一觀念，也即是早期馬日宗教、尤期是加爾底亞宗教的「占星學」的基礎，「占星學」即是預設一切事物，均已寫定在星辰之上，故而對行星歷程作系統的計算，即可獲知塵世事物的最終結論。**古典文化**的奧菲爾神諭，是回答唯一困擾阿波羅人們的問題，即：——未來事物的形式，「**如何？**」（How？），但「**世界洞穴**」的問題，卻是「**何時？**」（When？）。如果我們不能掌握馬日文化的這一基本問題，及這問題背後的宗教預設，則整個的天啟思想、耶穌的精神生命、耶穌在客西馬尼的痛苦經歷、他死後勃然崛起的偉大運動，都將根本不可理解。

「洞穴」感受，認定了一部可以縱觀的歷史。這歷史即存在於世界的開始與終結之間，也就是人的開始與終結（這本是上帝無所不能的神力所致）之間。在這兩者之間，在「洞穴」的境內及註定的期限，光明與黑暗、代表光明的天使與眾神、與黑暗之神阿力門、撒旦、及伊巴力士（Eblis），一逕在作戰著，而人、人的靈魂和精神，也都涉入到這一戰鬥之中。上帝可以摧毀這一現存的洞穴，而以另一新的來取代它。波斯——加爾底亞的天啟思想，即**提供了「開始」與「終結」之間，一整幅世代的系列**，而耶穌及他的時代，正是處於對現存洞穴的「終結」，所抱的期望中。[5]

進而言之，對馬日文化的人而言，感受此等「時間」、及綜觀此種空間的方式，也是一種頗為獨特的虔信的典型，我們也可以將之置於「洞穴」的符號之下——這是一種毫無個人意志的「**忍順**」（resignation），根本不知有精神上的「我」，只感受到精神上的「我們」，進入到生命的形體之中，而這僅是代表神的光明之反射。這一**忍順的態度**，阿拉伯字即是「**伊斯蘭**」（Islam），而這也正是耶穌平常的感受模式，以及這一文化中，每一位其他的宗教天才的感受模式。

浮士德的基本聖禮「懺悔」（Contrition），本身即預設了**強烈而自由的意志**存在，而這意志可以克服自己。但構成「伊斯蘭」的，卻正是在神的面前，完全沒有「自我」（Ego），完全沒有自由力量的存在。任何想以個人的目標、甚或個人的意見，與神的運作相匹敵的企圖，

5 東方世界其時正處在一種天啟式的期待情狀中，已由一九四七年在昆蘭（Qumran）所發現的「死海書卷」，獲得證實。今日的神學家們，已承認耶穌的福音，所講的是一種「末日論」（eschatological），問題只在：耶穌究竟認為他的出現，表示世界末日已經發生，抑或認為將在不久的未來發生——原註。

都是「瘋迷」（masiga）——「瘋迷」不是個人邪惡的意志，而是黑暗與邪惡的力量，已佔領了一個人，並把神性驅出於他身上的一種證明。馬日的覺醒意識，只是兩大力量在作戰的舞臺，而不是某一力量的本身。尤有甚者，在這樣一種世界觀之中，絕容不下個別的因果關聯，更不消說任何普遍有效，放之四海的動態關係系統了，職是之故，在馬日的覺醒意識中，罪與罰之間，沒有必然的關係，沒有對報酬的要求，也沒有古代以色列人所謂的「正義」（righteousness）。

就從此一基本感受中，產生了馬日的**「聖寵」觀念**。而「聖寵」觀念，孕生了此一文化中所有的聖禮，尤其是馬日原始聖禮的「**洗禮**」，並與浮士德文化的「**懺悔**」觀念，形成**深刻而強烈的對比**。「懺悔」預設了自我意志的存在，但「聖寵」對自我意志，全無所知。奧古斯汀高度的成就，是他以森嚴的邏輯、與完整的透視，發展了這一本質上是伊斯蘭式的忍順思想——「聖寵」。他的影響所被，竟使得主張自由意志，反對人類原罪的西方教士派拉吉斯（Pelagius）以降，浮士德的靈魂，用盡了種種途徑，企圖克服此一忍順的確定感，以免由它構成導致浮士德人自我毀滅的無比危險。但是，以奧古斯汀的命題，來表達浮士德人自己獨具的「上帝」意識，卻一直是誤解，並錯估了這些命題。

事實上，奧古斯汀是早期阿拉伯經院哲學，最後一位偉大的思想家，而絕不是一位西方的學者。對奧古斯汀而言，「聖寵」是某一神聖的事物，實質上流入於人的精神，故而「聖寵」本身，也是實質上的存在，上帝發出了它，人類接受了它，但卻不能獲取它。在奧古斯汀，以及很多世紀以後的斯賓諾莎的觀念中，沒有「力」的概念存在，而「自由」的問題，也不是指「自我」，及其意志的自由，而是指：已注入於人的宇宙「精神」部分，與他其餘部分之間的關係問題。所謂「聖寵」的觀念，排除了任何的個人意志及任何的原因起源，只剩下唯一的「**太一**」，而甚至連詢問「人何以受苦」都是有罪的。

這一概念，在世界上最雄渾有力的詩篇之一——「約伯記」（the Book of Job）中，[6]有著深入的表達。「約伯記」是阿拉伯先期文化中葉的詩篇，其內在的嚴肅偉大，非馬日文化中任何其他作品，可以相提並論。但在「約伯記」中，不是約伯本人，而是他的朋友們，要追問致他於災難的原因，究竟起於何罪？這表示他們——與這個文化及其他文化中大部人類一樣——缺乏形上的深度，去接近這「世界洞穴」中，人的受苦的終極意義之所在。

6「約伯記」的撰寫時期，應對應於西方的加羅林時代。西方加羅林時代中，是否確曾產生如此境界的詩篇，我們無從知悉，但如愛達史詩中的「伏龍斯帕」（Voluspa）、「馬士坡里」（Muspilli）、「赫里亞德」（Heliand），以及如當時名家史各特斯（John Scotus）所感受到的宇宙所顯示的，也許確已產生如「約伯記」一般的作品，也未可知——原註。

政教合一

馬日宗教中所突顯的沉靜的默思，斯賓諾莎稱之為對上帝的「**理智的愛**」（intellectual love of God），這種默思，增加了馬日思想的狂熱（ecstasy），普拉提尼斯便有多次曾受到這種狂熱的震撼，而他的學生鮑菲里，在早時也曾有過一次類似的經驗。另一方面，馬日教義的辯證，在斯賓諾莎著作中，有如幾何的方法，而在阿拉伯——猶太教的「後期」哲學中，則一般表現為「加蘭」（kalaam）的經義[7]。然而，這兩者都基於一個事實，即：在馬日思想中，沒有個人的自我，而只有一種單一的「精神」，同時展現在一切教徒的身上，這一「精神」，其實也就是「真理」。不待強調的，由此產生的基本觀念：「**政教一致**」（ijma），已迥非一種概念或觀念可比，它已甚至成為驚天動地的力量，所經歷的活生生的事實，而一切的馬日宗教社會，均以此為基礎。試看：「伊斯蘭的神秘教會，自此處展伸，無遠弗屆；到達了墳墓，在墳墓中，它包容了較早世代已死的回教教主；不惟如此，甚至還包容了伊斯蘭建教以前的義人。

7 「加蘭經」，為伊斯蘭教的後期主要經典之一，似近於煩瑣哲學與神秘教義的綜合。

教主感到自己與眾人已統為一體。眾人幫助他，而他也可以用他自己的功勳，轉而增加眾人的至福。」奧古斯汀著名的《上帝之城》（*City of God*），既不是古典的「衛城」，也不是西方的「教會」，而是一個信徒、天使、及被賜福者結合的單元，正如同密斯拉教、伊斯蘭教、摩尼教、及波斯教教團一樣。因為此等宗教社會，是基於政教的合一，故而它在精神上，絕對可靠而無問題。

「我的人民，」穆罕默德說：「永不能同意錯誤。」而在奧古斯汀的「**上帝之城**」中，也預設了同樣的信念。對奧古斯汀而言，絕對至上的教皇本身，或是任何設定教條真理的權威，絕不可能有何問題；否則，這會徹底摧毀政教合一的馬日概念。同樣的想法，可推廣應用於整個的馬日文化中——不但可用於教條，而且可用於律法，用於國邦。

在伊斯蘭的宗教社會中，國邦只是形成可見一邊的微小單元，故而，它的運作，應由整個主體來予統轄。因此之故，**在馬日世界中，政治與宗教的分離，在理論上是絕不可能的、不可思議的**。但是，在浮士德文化中，教會與國邦的鬥爭，卻是與生俱來的，隨著邏輯的、必然的、無盡的概念發展，而演出不休。相形之下，馬日文化中，國家與教會的律法，乃是完全一致的，在君士坦丁堡的皇帝之旁，即是基督主教；在波斯國王之旁，即是查拉圖士特拉教主、在回教哈里發之旁，即是回教教主，同為至高無上，君臨萬民。這與哥德式時代，皇帝與教皇之間的關係，全無絲毫類似之處；同樣的，此等觀念，在古典世界中，也一樣聞所未聞。但在戴克里先的政體中，此種將「國邦嵌入於信徒社會」的馬日式作風，已經首次實踐，而至君士坦丁時，更已推行至完全發揮，淋漓盡致的地步，因為此時已是「偽形」逆轉，馬日文化反過來影響了古典的世界。

道與實體

但除了政教合一之外，尚有另一種「真理」的啟示，也同樣遠非古典思想與西方思想意料所及，並因而成為無可數計的誤解之源。這即是以完全確定而徹底純粹的馬日感覺，所表達的一個詞語——「**神的道**」（the words of God）。在馬日人們的聖書中，這一觀念，實已表現得清晰可見，實已被聖經的魔力所統攝，而這些聖書，也正構成每一馬日宗教產物的一部分[8]。

8 幾乎不必贅言：在所有的日耳曼蠻族的西方宗教中，聖經與信仰的關係，與此截然不同——即，聖經是嚴格的歷史觀下，一種宗教信仰的泉源，無論是否經過經籍批判的處理，皆是如此。中國思想對其經書的關係，也是一樣——原註。

在這一概念之中，三個馬日的觀念，交織一起，難解難分，對我們而言，即使其中任何一個觀念，即已覺得極端難以理解，至於它們同時既有分離性、又有一致性的事實，在我們的宗教思想看來，更是難以接受。雖然這一馬日思想，經常能夠推行到反對者那裡，使之信服，可是終難深入於其神髓之中。這三大觀念，便是：「神的本體」、「神的精神」、與「神的道」。

在「約翰福音」的序幕中，寫著：「太初有道（Word），道與神同在，道就是神」，其實，這等概念，在波斯宗教，對「斯賓塔．美奴」（Spenta Mainyu）[9]及「伏渥．曼諾」（Vohu Mano）[10]等神祇的觀念裏，久已成為一種純粹自然的表達，是一種自明之理，無待懷疑。在對應的猶太教和加爾底亞宗教的概念裡，也是如此。這一概念，也正是第四、第五世紀時，宗教上有關基督的「實體」問題，衝突爭執的核心所在。但所謂「實體」，在馬日的思想中，「真理」本身即是一個實體，而「謊言」則是第二實體——這又是光明與黑暗、生命與死亡、善與惡之間，同樣的二元對立。

---

9 「斯賓塔．美奴」是波斯宗教中的聖靈，與奧馬茲德不同，但卻又與之一致，對抗邪惡之神（Evil）——原註。

10 「伏渥．曼諾」亦是波斯神祇，摩尼將祂與約翰福音中的「邏各斯」認同為一。同時，祆教經典中，亦有：奧馬茲德光明之靈，即是「道」的記載——原註。

作為「實體」，「真理」自然即與「神的本體」認同（identical），也與「神的精神」認同，也與「神的道」認同。只有如此加以認識，我們才能理解：諸如「我就是真理和生命。」以及「我的道就是真理」之類的話語，因為這些話語所意指的，都是「實體」問題。也只有對此加以認識，我們才能體會到：馬日文化中的宗教人們，是以何種眼光，在看他們的聖經：——他們認為，在聖經中，那不可見到的真理，已進入了一種可以見到的狀態，或是，以約翰福音第一章十四節來說：「道成了肉身，住在我們中間。」

《可蘭經》的「可蘭」二字，即是意指「閱讀」（reading），穆罕默德雖然從不曾有閱讀的能力，可是在一次被神啟示的幻覺中，卻在天降的聖書中，發現他即是能「以至神的名」，闡明真理的人。可見「聖經」、「道」、「實體」，在馬日文化中，實已結合一體。《可蘭經》的第一個例子，即是「以西結書」（book of Ezekiel），這是此書的作者，在神遊化外的幻覺中，從上帝那裏接受、並「吞下」（swallowed）的聖書（見以西結書三章，一至三節）。在此，以最粗陋的想像形式，所表達的思想，即是後來一切啟示錄作品的觀念和形態，所植基於上的基礎。但是，後來，逐漸發展的結果，此一「接受」神道的實質形式，卻演變成想將任何書本都變成「法典」的要求。在後期猶太人放逐時代，摩西在西奈山上接受了「十誡律法」（Tables of the Law）的觀念興起了。而從西元前九〇年的約那（Jabna）宗教會議起，更認定所有的「道」，都是以最精微奧妙的意味，而傳承於世，來啟示世人的。於是，「法典」（canon）成為一個宗教對其所接受、而傳承的整個著作，所作的技術性的表達形式。

法典的重要，既經確定，故而從西元二〇〇年起，所出現的鍊金術冊集、以及加爾底亞的神諭全集，也被當為法典研讀。後者且成為新柏拉圖派的聖經之一，新柏拉圖派教會的「宗師」普羅克勞士（Proclus），且只承認此書，可以與柏拉圖的「提摩亞斯篇」（Timaeus），等量齊觀。

原來，年輕的耶穌宗教，如耶穌本人一樣，是承認猶太法典的。最初的福音書，很明顯地，並未要求成為「神的道」之一。直到「約翰福音」，才表現為目的顯然有如《可蘭經》一般的，第一本基督教的作品。

但如此的《可蘭經》[11]，其本質上是無條件地正確的，故而不容改變，也不能改進。職是之故，便出現了秘密闡釋經義的習慣，有意使經典本身、與時代信仰，取得和諧。這一方面的傑作，是《查士丁尼法典》（*Justinian's Digests*）。但同樣的情形，不但推行於「聖經」的每一篇集，並且也推行到阿凡士塔經的教義，推行到柏拉圖、亞里斯多德的流行著作，以及異教神

11 此非真指伊斯蘭的《可蘭經》，而是泛指馬日文化的聖經而言。

學的其他權威作品之中。不惟如此，尤其重要的是，每一馬日的宗教中，都明白可見到一種「確認」，認定有些秘密的啟示，或是聖經的秘密的意義，尚未保存在已寫下的法典經書中，而是保存在某些資深教士的記憶之中，並以口頭流傳的方式傳布。

按照猶太人的觀念，摩西在西奈山接受的，不僅是已寫下的法典，並且尚另有一種秘密口傳的「摩西五經」（Torah）[12]，這是禁止寫錄成文的。時常有人注意到，「馬可福音」中，談到聖母的「訪問」（visitation）及耶穌的「復活」時，只出之以暗示。而「約翰福音」，也只是觸及「聖靈」的原則，而整個忽略了「聖體聖餐」的制度。這是因為：原始的教徒，自能瞭解其意義，而非信徒，則根本不必知道這些。而我們西方人自己，因強調及直認，某些諸如「復活」、「聖餐」之類最重要的事項，實在已冒了誤解馬日教義的危險。因為我們把已經表達的部分，當作是當初存在的整個教義，又把經書中字面的意義，當作是其真正的義蘊所在。哥德式的基督教，沒有秘密教義，故而它加倍誤解了「泰默」經典，它直認泰默教義，只是猶太教義的前景。這是根本不理解「秘密啟示」在馬日宗教中的重要性。

12「摩西五經」其實即猶太教經典的總和，包括了舊約與泰默經典，此處所提秘密口傳之事，見「以拉斯書」十四章——原註。

猶太教神秘教義「卡巴拉」，也是純粹馬日的教義，它從數字、字形、點劃之中，展出了秘密的意義，故而，實與把降臨下來的「神的道」，當作「實體」的教義，同樣古老而源遠流長——世界的肇造，是出自於二十二個希伯來的字母；以西結在天啟的幻覺中，曾看到上帝的戰車，諸如此類的秘密教義，早在猶太教狂熱領袖麥卡比（Maccabaen）時代，已經宛然可見[13]。對聖經作寓言的註釋，這一現象，即與此等秘密教義，有密切的關係。

那些不可改變的《可蘭經》，唯一能夠容納的進步意見，即是以嚴格而「科學」的方法，所作的教義註解。由於久已假定，權威的「道」是不可能改進的，故而唯一的策略，便是重新解釋（reinterpretation）。在亞歷山大城的學者，沒有一人曾膽敢斷言：柏拉圖有了「錯誤」，相反地，柏拉圖只是被加以潤飾而已。在諾斯替教派之後，基督教的名家巨匠們，纂寫了「聖經」的各種註解；同樣的情形，在阿凡士塔經之旁，也出現了以波萊維（Pehlevi）語所作的經義註解「桑特」（Zend），在猶太法典之旁，也出現了經義註解「密拉喜」（Midrash）。而「密西那」經書（Mishnah），更是對摩西五經所作的，系統龐大的註解。而當原來的註釋家

13 麥卡比為猶太狂熱愛國的宗族之一，在麥卡比斯（Judas Maccabaens）領導下，曾成功地發動一次反對敘利亞人的叛變，其時約在西元前一七五—一六四年。舊約中曾提及此一反抗異族的行動。

本身，也變成了權威；他們的著作，也已成為《可蘭經》之後，又有別的註解，來對他們的註解再加註釋，例如，在西方，最後的柏拉圖派學者辛普力西士（Simplicius）；以及那些將羅馬法典，編纂為拜占庭法典的法律學家們，都是這類第二代的註釋者。

這一方法，很神奇地將每一句經典中的話語，歸結到臨即啟示的承傳統緒之中，其最敏點的表現，是發生在泰默神學，及伊斯蘭神學之中。在這兩系神學中，任何一本新的宗教典籍，只有在它能夠回溯到永不中斷的神統之鏈，而歸結於摩西或穆罕默德之時，才被認為真實[14]。這一種神統的形式，非常自然而然地，進入到早期基督教文學之中，甚至沒有人去注意它的究竟。這種追溯的情形，不但恆常表現於「律法」與「先知」的內容裏，而且也出現在四福音書的文字之中，每一福音，為使它所展示的上帝之「道」，具有權威性[15]，都必須提出它的神

14 在西方，柏拉圖、亞里斯多德，尤其是畢達哥拉斯，也被視如這樣的先知人物，只有能夠追溯到他們的知識，才是真確的。以此之故，學院中的學統源流，變得越來越見重要，經常，對他們的系統作整建或發現的工作，尚多於對思想史本身所下的工夫——原註。

15 我們今天將書本的「出處」（authorship）與「權威」（authority）兩字弄混淆了。阿拉伯思想對所謂「心智特徵」（intellectual property）之類觀念，一無所知，因為這是荒謬而有罪的念頭。對馬日思想而言，是由那唯一而神聖的「精神」，選擇了個人作為其容器與代言人，只有在此範圍內，個人才是經書的「作者」（author）、至於究竟是由他、抑亦由另一人，實際寫下經書的題材，根本無關宏旨。所謂「馬可福音」，其意是指：由馬可所「見證」的福音書中的真理——原註。

統保證（warrant）。而最後，這一現象，也成為基督教作家、猶太教祭司、「希臘」哲學家及「羅馬」法學家們，共同引用的教義「引證」（citation）的始源，並成為駕乎這些「引證」，所表現的風格及深意之上的，一種「形上預設」。——這也是一種基本的概念，使得不同的「實體」承傳，衍出了不同的文學記載。

馬日宗教群

由以上建立的研究，在將來，應可能寫出一部有關**馬日宗教群**（Magian group of religions）的歷史。這一宗教群，形成了各個分別的精神與演進的單元，但是，若想真正瞭解其中任何一個各別的宗教，而不同時研詰其他馬日宗教，卻是不可想像的事。這些宗教的誕生、茁長、以及內在定形，佔據了從西元〇—五〇〇年的期間。這恰對應與西方的宗教，從克路尼亞運動（Cluniac movement）[16]興起，至宗教改革為止，所發展的情形。

16 見第五章註3。

年輕的馬日諸民族，生活在古代巴比倫人遺下的廣大農人世界中，已經萬事俱備，一觸即發了。對於未來的最初預兆，約覺醒於西元前七百年，波斯人、猶太人、及加爾底亞人的**先知宗教**中。與後來的摩西經義的序聲，種類相同的創造意象，已以清晰彰明的輪廓，展示了自身的形象。隨著這一創造意象的出現。一種定位、一種方向、一種期盼的目標，也告確定成形。對於遙遠的未來，已描出了某些遠景，雖然仍是不甚具體，一片朦朧黝黑，但已有一種深刻的確定感，確定這一未來必會到臨。從此時起，人們的生活中，一逕有此一未來的幻影，一逕有一種使命的感受。

第二波覺醒，於西元前三〇〇年後的「天啟」思潮中，陡直上升，高漲不已。此時，馬日的覺醒意識已告崛起，並針對「**終極事象**」（Last Things），建立了自己的形上觀念，這些「終極事象」，是奠基於此一正在開始中的，文化的基本象徵——「洞穴」——之上。種種新的觀念，諸如：可怖的世界末日、最後的審判、復活、天堂與地獄，紛紛萌芽，隨著這些觀念，有關「救贖」過程的宏偉思想，以及在「救贖」過程中，塵世的命運，與個人的命運合而為一的思想，也到處出現，以種種奇異的景象、形象、及名稱，而噴湧閃耀，我們不能確知，到底是那一土地、或那一民族，創造了這些思想觀念。彌賽亞的形象，一舉而完全展現了出來，撒旦對救世主的誘惑，也流傳於傳說之中[17]。

但是，正在同時，也湧現了一種深刻而日增的「**恐懼**」，在此一難以解脫、而又日漸迫近的「世界極限」的確定感之前，在那一切都將會成為「過去」的時刻之前，人們恐懼無已。於是，在「洞穴」籠蓋下的馬日時間，「時刻」，對於人的生命，施以一種新的脈動，對於「命運」一詞，賦以一種新的意義。

第三波的昂揚，出現於凱撒時代，並誕生了有關「救贖」的諸個偉大的宗教。因此之故，馬日文化進入燦爛輝煌的時代，而隨此以來的整整一兩個世紀內，宗教的經驗不斷地加強，到了至高無上、無以復加，甚至最後不能忍受的地步。像這樣一種宗教的張力，已瀕近於哥德式、吠陀、及任何其他文化靈魂，在其早春黎明時代，只會產生一次的，那種宗教經驗的極限之點。

於是，在波斯教、曼丹教、猶太教、基督教、以及在西方「偽形」的宗教中，如同印度、古典，及西方的武士時代一樣，產生了大風格的神話。在這阿拉伯的文化中，宗教與國家的英雄事蹟，也與國家、教會與國邦，神的律法與社會律法一樣，交織在一起，不可分割明

17 在波斯經典《凡底達德》（Vendidad）十九章第一節中，查拉圖士特拉即曾受到誘惑。

白。光明與黑暗的力量、神話中雙方的人物、天使與惡魔、撒旦與聖靈，交相混戰；整個的自然界，即是從世界開始，直到世界絕滅為止的戰場。

在東方，波斯先知的生命，啟發了一種風格宏大的史詩作品，例如先知查拉圖士特拉誕生時，笑聲響徹九天，而萬物皆作迴聲。在西方，則由耶穌的受難故事不斷拓廣和發展，成為基督教國度的真實史詩，在此之旁，並產生了一連串耶穌童年的傳奇，這些傳奇到了最後，已整個的充實為詩篇類型。

在西元第二世紀之末，馬日宗教這一晉揚的聲音，已漸告消失。繁花盛開的史詩時節，成為過去，而對宗教材料的神話透視，與教條分析，開始登場。新興教會中的教條，被排比為神學的系統。英雄事蹟，屈服於經院哲學，詩歌屈服於思想，而證道者與追求者，也屈於僧侶階級之前。早期的經院哲學，約結束於西元一二〇〇年（相應於西方一二〇〇年時的情形），它包括了整個的諾斯替教派——廣義而言，即整個偉大的「冥思教派」（ontemplation）——包括了「約翰福音」的作者、也包括了宗教家凡倫狄奈斯（Valentinus）、巴得沙尼斯（Barbes anes）與馬辛、聖經辯解諸家（Apologists）及早期各大教父，一直到宗教家依瑞奈斯及特而吐林、猶太法典「密喜那」的作者、以及亞歷山大城的新畢達哥拉斯派和赫米提各派（Hermetics）。以上這一切，恰對應於西方宗教中的：查克斯教院（School of Chartres）經院、宗教家安西蘭

（Anselm）、佛洛勒斯的耶爾琴、克萊伏克的聖本篤（Bernard）、以及聖維陀（St. Victor）等教派。

完全的經院哲學，開始於新柏拉圖學派，其中佼佼者有著名宗教作者克里門特（Clement）與歐雷金、以及波斯國王阿得西（Ardeshir）及撒班一世（Sapor I）治下，那批新「阿凡士塔」經的創作者，尤其是拜火教最高僧侶泰凡薩（Tanvasar）等人。與經院哲學興盛的同時，高級的宗教思想，開始脫離了鄉野農人式的虔信範疇。鄉野的虔信，則仍然停留在「天啟」觀念上的位置上，雖有各種不同的名稱，卻能保持下去，幾乎完全不變，逕直進入於土耳其時代的農人世界之中。但在都市中，及較富心智的上層世界中，則波斯教、猶太教、及加爾底亞教的宗教社會，皆被伊斯蘭教吸收以去。

至此，各大教會開始緩慢而穩定地走向**完成狀態**。屬於第三世紀的，是各大**心智**上神學的結構。因為隨歷史事實以俱來的「生活模式」（modus vivendi），已經達成；故而原來所謂「世界終結」的觀念，退入遙遠之處，而新的教條系統發展出來，以解釋新的世界圖像。

在西元二四二年，波斯王撒班一世治下，出現了一位新的宗教創建者，他就是**摩尼**（moni）。摩尼拒斥了「沒有救贖性的」猶太舊教和希臘精神，而把馬日宗教的整個實質，結合為一種，所有時代中，最有力的神學創作，為此之故，他在二七六年，被拜火教的祭司，釘上了十字架。

摩尼的父親，於生命的晚年，放棄了家庭，進入曼丹教團，他由父親處，獲得此一時代所有的宗教知識，故而能把加爾底亞與波斯的基本觀念，與約翰福音、及東方基督教的基本觀念，統一起來。他認為約翰福音中，「邏各斯」的神秘形象（對他而言，這相等於波斯神祇「伏渥、曼諾」），阿凡士塔傳奇中，查拉圖士特拉的神秘形象，以及後期佛典中，佛陀的形象，皆是神的「顯現」（Emanations），而他本人，他宣稱即是約翰福音中的聖靈、及波斯教神祇中的「所善揚」。由於在土耳其發現的古籍中，包括了部分久已失落的摩尼的作品，使我們如今能夠知道：拜火教、摩尼教、及景教的教會語言，皆與其地通行的語言無關，而乃是用「波萊維」語文。

在西方，希臘境內的兩類社會，也發展出一套神學，不但與此同源，而且絕大部分與此相同。在摩尼的時代，阿拉姆——加爾底亞的**太陽教**，與阿拉姆——波斯的**密斯拉教**，已開始作神學上的溶合，成為一個系統，其第一位偉大的「教父」，即是西元三〇〇年時的安伯里契（Iamblichus），他恰與基督教的教父亞瑟奈西斯相應，也與戴克里先的行為相應。戴克里先在二九五年，定密斯拉神為其「擇一神教」的國教之神。但在精神上，這些宗教的僧侶，與基督教的僧侶，絕無區別。

希臘的普羅克勞士，其實也是一位真正的「教父」，他在夢中接受了一艱澀經籍的闡釋；在他看來，柏拉圖的「提摩亞斯篇」與加爾底亞的神諭，乃是正統的法典，而他願見任何其他哲學家的著作，都付之一炬。他的讚美歌，是一位真正隱士哀傷的標記，歌中懇求神祇赫利斯（Helios）及其他助人者，使他免於惡靈的偷襲。希羅克里斯（Hierocles）也為新畢達哥拉斯教會的信徒，撰寫了道德祈禱書，這書的內容，與基督教的作品，已很難加以區別。

我們擁有異教的「福音書」與「聖徒傳」，一如基督教的一樣。阿波羅尼斯寫了畢達哥拉斯的生命史，馬里奈斯（Mavinus）寫了普羅克勞士的生命史，大馬斯亞士（Damascius）也寫了依斯朵耳（Isivinus）的歷史，這些書的開頭與末尾，都是祈禱文，已與基督教的「殉道者行傳」，看不出任何的區別。而異教徒的鮑菲里，並描述信、望、愛、及真理，是四大神性要素。

在這些東方與西方的教會之間，從埃得薩向南看，我們還可以看到「泰默」教會，這是猶太教的會堂，以阿拉姆語為其語言。面對這一切根深蒂固、基礎雄厚的宗效，猶太—基督教徒、曼丹教徒、及加爾底亞教徒（除非我們認為摩尼教，便是此教的再建），已不能固持他們自己的宗教。於是，分裂為無數的教派，有些在各大教會的陰影下，萎謝無蹤，有些在結構上，為人吸收，例如：最後的馬辛信徒（Marcionites）及蒙坦信徒（Montanists），即被摩尼教所吸收。於是，約在西元三〇〇年時，除了異教、基督教、波斯教、猶太教、及摩尼教的教會之外，已沒有其他重要的馬日宗教，尚能存在。

馬日諸派基督教、神學的終結

基督教，甚至在西元第二世紀時，仍不過是一個稍形擴展的小型教會，它的普泛影響力，與它的信徒人數，完全不成比例。可是，約在二五〇年左右，突然發展龐大。這是一種劃時代的運動，在這基督教膨脹運動中，古典文化最後的幾項都市崇拜形式（city—cults），都告消失於無形。但事實上，這些崇拜，**實在是在新興的異教教會之前崩逝的**，而不是真正消散在**基督教會**之前，這已在前面論「偽形」時提及。羅馬的神祇記錄，於西元二四一年中斷，而奧林匹亞銘文，也於二六五年絕跡。另一方面，基督教只獨自散布於廣大的阿拉伯區域。正因此故，整個基督教界，內在的衝突，在此時已萌其端，而終成為不可避免之事。因此時的問題，不出在某些特定人們的精神取向上，而是出在**三大特定地區**的精神表現上，故而這些衝突，導致了基督教分裂成很多的宗教，而且永遠分裂。

這一衝突中，決定性的課題，乃是有關「基督」的性質的爭執。換句話說，在爭論中，關係重大的，正是那些有關「實體」的問題。這些問題，也以同樣的形式，同樣的傾向，充滿其他的馬日神學之中。

但事實上，在東方、西方、及南方，三大區域，所預定了的**三種基督教**的答案，一開始就已全部呈現，隱蓄在諾斯替教會的三個主要傾向之中，我們可以三大名家巴得沙尼斯、貝西里得斯（Basilides）、凡倫狄奈斯作為代表。這三大取向的交會點，是埃得薩城，這裏的街道，一會兒縈繞著景教教徒，為反對「以弗所斯」宗教會議勝利者的作戰吶喊，不久之後，又充斥著一性論教徒的吼聲，要求把依巴士主教（Bishop Ibas）投擲於曠野之中，膏於獸吻。

在諾斯替教會中，這一重大問題是由亞瑟奈西斯陳述出來的。亞瑟奈西斯的心智始源，出於「偽形」，而他也與他的異教「相應者」安伯里契，有很多密切的關係。他反對阿瑞亞士（Arius）認為基督是神人各半，僅「如同」天父的實體之類的主張。他認為天父與聖子是「同一」實體，只是這賞體在基督身上具有人形而已。「道成了肉身」，這一西方的定則，實是由古典「崇拜教會」注重可見事實而來的，而對「神的道」的理解，也是基於對可見圖像所作的經常思索。

承認了天父與聖子的本質之後，真正的問題便首次受到究詰，即是：——**馬日的二元對立，對聖子本人的歷史**現象，究竟持何態度？在「世界洞穴」的思想中，「實體」既有神性，又有人性，對人而言，一部分浸於神聖的「精神」，而個別靈魂又多少與「肉身」有關，但是，基督又是如何？

一項決定性的因素是：**這一論爭是以希臘語進行的**，也是在**「偽行」的領域內進行的**——即是說，處在西方教會的「教主」的完全影響下。西方的君士坦丁，在亞瑟奈西斯的教義推行的時候，甚至曾是「尼西亞」宗教會議的召集人和主持者。西方影響如此之大，教會分裂遂不可免。東方與西方的決裂，是四三一年的「以弗所斯」宗教會議的結果，這分離了兩類的基督教國度，即「波斯教會」的國度、與希臘教會的國度。但這只不過是精神不同的外表顯現，事實上，這一分裂，自始就存在於不同區域，所具的不同思想模式之中。

景教教會，與整個的東方，認為基督是「第二亞當」，是最後世代的「上帝使者」。而瑪利亞所生的，本是人的嬰兒，但在他的身上，有神的要素「停留」（dwelt）而已。相反地，在**西方**，則視瑪利亞為神的母親；而神性與人性的「實體」，在基督身上，形成一體[18]。故而，當

18 景教徒反對瑪利亞是「聖母」（由她生下了「神」），而認為基督本身並不是「神」。在此，兩種不同的宗教意識間深刻的差異，顯露得十分明白——原註。

以弗所斯會議上，承認她是「聖母」，承認她生下了「神」，以弗所斯，這個古代著名的「戴安娜之城」，曾爆發了場真正古典的慶祝狂歡會。

但遠在此以前，敘利亞的阿波里那雷士（Appolinaris），即已預告了這一問題的「**南方**」觀念的存在：——在活的基督身上，不僅是「實體」而且是唯一的「實體」。神性「實體」的本身，不是與人性「實體」相連接，而是已轉形成為人性「實體」，此種**一性論**觀念的最佳表達，要透過斯賓諾莎的概念，才能真正獲得理解「唯一」的實體，出以不同的形式。在「加爾西頓」宗教會議（舉行於四五一年，西方在此又一度佔盡優勢）上，一性論者稱基督為「雙面偶像」（**the idol with the two faces**）。會議失敗後，一性論者不但脫離了教會，而且在巴勒斯坦與埃及，爆發狂銳的運動。

而在查士丁尼時代，波斯的拜火教軍隊穿過了尼羅河，一性論教徒歡呼迎接，視為解放者。此一絕望的教內衝突，喧囂了一世紀之久，這不是學院觀念的衝突，而是一個地區的靈魂，想要為其人民追求安身立命的自由。其基本意義，乃是保羅的傳教工作的逆轉。如果我們能夠使自己進入兩種新興教會國度的靈魂深處，毫無保留，而忽略一切教條上的細節，則我們便可看出：基督教的方向，是何其趨向於希臘的西方，而其與異教教會的關係，又是何其親密。

這一趨向，在西方的教會統治者，終於變成為一切基督教的首領時，達到最高的地位。而當「偽形」的精神，已在三個決定性的宗教會議——「尼西亞」、「以弗所斯」、及「加爾西頓」上，烙下了本身的印記，永遠不容更改之時，真正的阿拉伯世界，便以自然的力量奮發崛起，並設定阻礙，以反對西方。於是，在阿拉伯文化春天的末尾，**基督教永遠分裂成三個宗教**。這三個宗教，可以用保羅、彼得、與約翰的名字，分別予以象徵化。這三個宗教，同時也即是三個國度，分別存在於希臘、猶太、波斯三處古老的種族地區，而它們所用的教會語言，也分別借自於這三處地區，即希臘語、阿拉姆，及波萊維語。

東方的教會，自從尼西亞會議後，便自己組織了正教制度，為首的領袖，是台西芬的「主教」，並有它自己的會議、儀式、與律法。在四八六年，景教教義，被取為集合教徒的紐帶，與君士坦丁堡的連繫，自此中斷。從此以後，拜火教徒、摩尼教徒、與景教教徒，有著相同的命運，而此事的種籽，實播自諾斯替時期的巴得沙尼斯。

在南方，一性論的教會中，原始宗教社會的精神，再度出現，並且散播更遠。由於一性論教會，那種堅決不移的一神思想、那種對意象的仇恨態度、那種與泰默猶太教的密切關係，以及那種古老的「只尊一神」的戰鬥呼聲，使得它自然地，與猶太教同時成為伊斯蘭教的起點（伊斯蘭教徒所謂的：「阿拉就是阿拉！」與一性論何其相似）。

而**西方**教會，繼續與羅馬帝國的命運，交織在一起。逐漸地，它把異教教會的信徒，吸收到自己這裏，因此之故，它的重要性，並不盡在它本身——因為伊斯蘭幾乎消滅了它——而毋寧是在於一項**偶然**：年輕的**西方文化**的各民族，是從它這裡，接受基督教系統，而作為一種新的創造的基礎[19]。尤有甚者，**西方文化**的各個民族，是以極端西方的拉丁外形（Latin quise），而接受基督教的。但這也是**偶然**，這在希臘教會本身，本是出於無意的。因為羅馬在當時，已是一個希臘城市，而拉丁語在非洲及高盧，卻是真正流行的語文。

馬日觀念之中，本質而基始的一項概念，即是在於「擴展」（extension），從一開始，擴展的行為，便十分活躍。所有的馬日教會，都是處心積慮的、強大有力的、十分成功的傳道教會。但是，直到馬日人們已不再把世界的終結，視作是迫在眉睫之事，而在此「世界洞穴」中，適合於長久生存的教條，已告建立；且馬日宗教已把「實體」的問題，當作自己的起點，這一時候，馬日文化的展延，才開始採取了一種迅捷而狂熱的速度，使它有別於一切其他文化的發展，並以伊斯蘭教為其最驚人、最後起的例子。但伊斯蘭教絕不是馬日宗教擴展中，唯一的例子。

19 俄羅斯也是由此接受基督教系統。雖然迄今為止，俄羅斯在文化上，尚是一埋於地下的寶藏——原註。

一件意義無限深重，但從未被人注意到、也從未被人正確地解釋為「傳教」活動的事實，即是：甚至在基督教之前，異教教徒已經為它的「融合崇拜」，贏得了北非、西班牙、高盧、不列顛、萊因河及多瑙河地區的大部分人口。例如凱撒便曾在高盧，發現過一種稱為「督伊德」（Druidism）的宗教，只是到了君士坦丁時代，這一宗教已經只有極少部分，尚能殘存未失了。

猶太人，如前面已顯示的，指向東方和南方，展開大規模的傳教活動。他們穿過南阿拉伯，而進入非洲的心臟地帶，為時可能尚在基督誕生之前。而在東方這一邊，甚至早在第二世紀，他們曾出現於中國境內，已是可證明的事實。向北去，哈薩人（Khazars）的王國，及其首都阿斯屈汗（Astrakhan），後來也入於猶太教的範圍之中。從這一區域內，且出現過猶太教的狂飆，猶太教的「蒙古人」，攻入到日耳曼的心臟地帶。直到西元九五五年，才在陸克非得（Lechfeld）一役中，與匈牙利人一起被擊敗。

拜火教徒及摩尼教徒，從底格里斯河起，穿過了東西兩大帝國——羅馬帝國與中華帝國——直發展到帝國的最遠邊境。而信仰密斯拉神的波斯人，也曾侵入不列顛；摩尼教更在四〇〇年代，成為希臘基督教的威脅，而在法國南部，直到十字軍時代，尚有不少摩尼教派存在[20]。這兩大宗教，也沿著長城向東進展，一直達到中國的山東。波斯的拜火廟曾興起於中國內部，而從西元七〇〇年起，中國占星學作品，還可以找到波斯人影響的痕跡。

三大基督教會，也四處隨著劫火餘燼進展不已。在西方教會，於四九六年，改變了法蘭克國王克洛維（Clovis）的信仰的同時，東方教會的使徒，已經到達了錫蘭，及中國長城最西的要塞。在南方教會的教士，也進入了阿克薩帝國之中。在日耳曼國王波尼費司（Boniface）以後，日耳曼人已改信基督教；與此同時，景教教徒，也幾乎要在中國境內大行其道。他們於六三八年，進入山東境內。有著高度重要意義的事是：中國的儒家，不能說是不精於宗教的事情，可是他們卻認為景教教徒，拜火教徒，及摩尼教徒，同是一個「波斯」宗教的信徒；正如西部羅馬各省的人民，不能區別密斯拉與基督的情形一樣。

伊斯蘭教，我們認為是早期馬日宗教全體中的，**一種「清教運動」**（Puritanism）。它只在形式上，是一個新的宗教，可是在實質上，卻脫離不了南方基督教會及泰默猶太教義的範圍；要瞭解伊斯蘭教那神話似的成功，其關鍵就在於此一意義深刻的事實，而不在於它那嗜戰好戰的攻擊精神。塞息西亞的主教約書亞伯三世（Jesujabh III）曾抱怨說：只要回教徒一出現，成

20 十二世紀時，摩尼教尚在此掀起了一次著名的宗教運動（Albigensian movement）——原註。

千成萬的基督徒，就跑去參加他們的行列。而在北非——奧古斯汀的老家——所有的人民，頃刻之間，都投入了伊斯蘭。

穆罕默德死於西元六三二年，到六四一年時，整個一性論教徒及景教教徒的區域，包括「泰默」與「阿凡士塔」的區域，都已為伊斯蘭所佔領。在七一七年，伊斯蘭教已兵臨君士坦丁堡，而希臘的教會幾瀕臨覆滅的境地。而早在六二八年，穆罕默德的一位親戚，便曾攜帶禮物，來謁中國的皇帝宋太宗，並蒙准予離去，設立傳道院，從七〇〇年起，回教寺院已出現於山東。而在七二〇年，大馬士革回教主，向久已定居在法國南部的阿拉伯人發出指令，征服法蘭克人的王國。兩個世紀以後，當西方一個新的宗教世界，於舊的西方教會殘骸之中，興起的時候，伊斯蘭已經發展到了蘇丹和爪哇。

儘管有這一切成就，伊斯蘭的重要性，實只在於外在的宗教史記錄之中。馬日宗教，內在的歷史，早已於查士丁尼時代宣告結束，正如浮士德宗教的內在歷史，終結於查理五世（Charles V）及「特倫特宗教會議」（Council of Trent）時代，一樣的千真萬確。任何宗教史方面的書，都敘述「基督教」有兩段偉大蓬勃的思想運動時期——一段在東方，是西元〇—五〇〇年；一段在西方，是西元一〇〇〇—一五〇〇年。但是，其實這兩個時期，分別是**兩個文化**的春天時節，而且，在這兩段時期中，也都還有屬於各自宗教發展的，非基督教的形式存在。

一般歷史書又一致認為：查士丁尼在西元五二九年，關閉雅典大學（University of Athens），是古典哲學的終結。其實不然，古典哲學到了此時，早已結束了數世紀之久。查士丁尼，在穆罕默德誕生前四十年真正所做的事，乃是經由關閉雅典大學，而**終結了異教教會的神學**，以及——歷史學家們忘了補上的，查士丁尼也不自知的——經由關閉當時羅馬帝國轄下的東方名城安提阿（Antioch），及亞歷山大城的大學，他也**同時終結了基督教會的神學**。到了此時，教條已告完成，已告結束，猶如在特倫特宗教會議（一五六四），及奧格斯堡告解大會（Confession of Augshurg）（一五四〇年）時，西方神學的情形一樣。因為城市與心智的興起，宗教的創造力，已走向了終點。

第十六章 阿拉伯文化的問題之三

——畢達哥拉斯、穆罕默德、克倫威爾

宗教的本質：犧牲的道德

在某些時刻，人類的「覺醒存有」，會征服、主宰、否定、甚至摧毀「生命存有」。宗教，便可以描述為：這樣的一種「覺醒存有」。在宗教氛圍中，屬於塵世的生命、及由生命驅發的脈動，因為人類的眼睛，已全神貫注於另一個展延的、緊張的、充滿光明的世界，而顯得黯然衰退。這時，**時間，屈服於空間之前**。

高級宗教，需要保持極度緊張的警覺，以壓制血液與生命的力量，這些力量，隱匿於深

處，隨時準備奪回對生命的年輕一面，所應有的原始權力，故而宗教中常有諸如：「注意與祈禱，免陷於誘惑」的話。然而，儘管如此，「解放」（liberation）仍是每一宗教的基本詞眼之一，也是每一覺醒存有的一種永恆願望。這是一種放之四海皆準，幾乎先於宗教（pre—religious）的感覺，它意指：人類想從覺醒意識的焦慮與苦痛中、從飽擔恐懼的思想的緊張中、從人在廣漠無垠而又嚴格侷限的自然界，自我的寂寞無依之感中、從人對衰老和死亡的恐怖預見中，解脫出來的一種渴望。

睡眠，也能使人解放，所謂：「死亡和它的兄弟『睡眠』」。還有美酒醇醪，打破精神張力的桎梏，帶來精神上的解脫，以及舞蹈——戴奧奈索斯的藝術，以及任何其他形式的恍惚和狂歡，莫不如此。這些都是經由「**生命存有**」、經由**自然宇宙**、經由外在力量之助，而脫出知覺的束縛，**也就是脫出空間，入於時間**。但是，高於這一切的，還有真正的宗教精神，能藉由「理解」（understanding）的本身，而克服恐懼。在宗教之中，內在宇宙和外在宇宙之間的張力，成為人們可以去愛、可以整個浸淫其中的事象[1]。我們稱此為「**信仰**」，這是一切人類心智生命的開端。

1「以其靈魂深處去愛神者，即使自己轉而為神」（聖本篤語）——原註。

宗教對世界的理解，是把整個的自然世界，與個別的人類意識之間的關係，視作是一種單一不變的「**因果性有序連繫**」（causally ordered concatenation），像這樣的觀點，若是我們的思維，一直固執於循序漸進的方式進行，則我們將完全不能體認到這樣的想法。這只有靠「信仰」，才能夠體會。而事實上，這也即是「信仰」的本身，因為這便是宗教賴以理解世界的基礎所在。而宗教思想的態度，即是在這一因果連續系統之中，評估出不同的價值和層次，並直探求到至高的「存有」或原理、直探求出「**第一因**」（first causes）或「**統攝因**」（governing causes）；而「**天命**」（dispensation）一詞，即是用以表明，一切基於價值評估而來的系統中，含意最為深奧的一種。與此相反，科學則是另外一種理解世界的模式，**科學**在基本上，反對於諸般原因之中，區別出不同的層次，而科學所發明的，不是「天命」，而是**定律**。故而在理解世界、克服恐懼方面，科學與宗教有異曲同工之妙，惟在所取的態度方面，則又背道而馳。

對於事物的諸般原因的**理解**，可以使人得到自由。對於經由理解而發現的，連繫關係的**信仰**，可以迫使人對世界的恐懼，退在一旁。上帝是人藉以逃離命運籠罩的避難所，人可以確實地感受到命運、可以活生生經歷到命運，可是，卻對命運無法想像，無可名狀。而這樣的命運，只有在人藉由「批判性」[2]（critical）的理解方式，而能設定出一套容易瞭解的「因果統緒」（**causes behind causes**）之時，也即是：設定出一套外在可見、或內在可見的秩序之時，才會沉寂下去，不再予人威脅。

如此，便於周遭世界之中，**設出**——也就是說：**固定**、**限住**——了某一系統。使其不再與時推移，應物變化。有理解力的人們，手中便得以握有秘密，以應付周遭世界。這秘密，或是古時某一有力的符咒，或是今日一套數學的公式，其作用皆是一樣。這是一種無機的、煩冗的、防禦性的意識，與人的生命經驗及生命知識，截然不同，而對此一意識的經歷，是以兩種模式著手進行，即是：「**理論**」與「**技術**」，或者，用宗教語言來說，即是「**神話**」（myth）與「**崇拜**」（cult）。至於採取前者抑或後者，則依信仰者的意向，是要**揭露**、抑或**驅退**周遭世界的諸般秘密而定。宗教如此，科學亦然，由此看來，理論家即是「**預言者**」（seer），技術家即是「**僧侶教士**」之類（priest），而發明家即是「**先知**」（prophet）。

然而，這是意味：**心智**的全部力量，全神貫注的所在，乃是事實的「**形式**」。「形式」是

2 此處用「批判性」（critical）一詞，實兼指科學的、與宗教的方面兩者而言。若細析之，則科學方法為「批判性」的，而宗教方法則為「判別性」的（distinguishing）。

經由語言，而從人的視景之中抽離出來的，但是，並非每一覺醒意識，都能悟認到「形式」的精髓——概念上的界限，溝通用的定律、名稱、數字等。故而神祇的全部魔力，都要基於信徒對它真正意義的了解，以及儀式和聖禮的應用。這些只有真正信徒，才能知悉，才會應用的事理。因此對真正信徒而言，神所啟示的形式，必定精確，透示的語言，也必定正確。而這，不但適用於原始的神道設教，並且也適用於今日我們的物理（尤其是醫藥）技術。

相信一種知識，本身不需假設即能成立。這只是理性主義時代，過於天真的幻覺。自然科學的知識，也無非是歷史久遠的教條，出以另一形態罷了。從自然科學知識中，生命所獲得的唯一實益，其實即是由科學理論所啟發的，一些成功的**技術**成就而已。前面已經說過，任一「假設」的價值，不在其「正確性」，而在其「有用性」。但是，另一種類的發明、內在透視的發現、樂觀意識的「真理」，卻不可能是純粹科學理解的產物，因為科學永遠需要預設一個「已存的觀點」（existing view），以展開其批判、解析的活動，例如巴鏤克的自然科學，即是對哥德式的宗教世界圖像，所作的不斷解析的結果。

信仰與科學，分別源於恐懼與好奇，其目標，皆不在體驗生命，而在**瞭解自然世界**。它們是**歷史世界的否定**表現，因為，只有非時間性的事物，才是「真理」。真理超乎歷史與生命之外，反之亦然，生命也超乎一切的原因、結果、與真理之外。故而，信仰與知識之間的差別、或是恐懼與好奇之間的差別、或是啟示與批判之間的差別，其實不是終極的區別。**知識**只是**信仰**的後來形式。我們不能依據人們思維的模式，是基於宗教的、抑或批判的，而區別人的本質；也不能依據人們思想的對象，來區別人的異同；真正要區別人的類型，端視此人為「**思想者**」、抑或「**行動者**」而定。

在「行動」的領域之內，覺醒意識只有在變成「技術」之後，才能發揮作用。而宗教的知識，也變成了一種力量，因為：──人不但確定因果關係，而且還操縱這些關係。能了解內在宇宙、與外在宇宙之間的秘密關係者，便能運用此等關係，於是，這了解是得自於宗教的啟示、抑是得自於縝密的觀察，便不復有若何區別了。

由這一起點出發，我們便可以瞭解宗教倫理的終極意義──「道德」，這是今日的歐美世界已近乎遺忘的東西。在真實和強烈時，道德是一種充分完整的儀禮行為與儀禮實踐；也是一種在神祇之前執行的「精神之力」（exercitium spirituale），神祇因而軟化，大發慈悲。「我需如何，方能得救？」這一「如何」，即是瞭解一切真正道德的關鍵。即是：在信徒的形上思想背景上，只有**因果的道德**──**倫理的技術**。

道德是一種有意識、有計畫的，規範行為的因果系統，與真實生命與性格的一切特點無關，是一種永恆而普遍真確的事象，不但超乎時間之外，而且頗與時間敵對，因此乃是「**真理」。**道德是時間之否定**，這表達在道德本身的諸項警語之中，——宗教道德，所含有的，乃是「禁令」，而非銘言。道德常表現為「禁忌」（Taboo）。禁忌，即使在表面上肯定什麼，其實仍是一串否定的表徵。人們需要極端的知覺上的張力。以免淪於罪惡。故從道德的觀點看來，一般世界，歷史世界，是低層次的，因為它要戰鬥，而非放棄，它不具有犧牲的觀念，它以事實來凌越於真理之上。於是，理智的人所能提供的最高犧牲，乃是將個人奉獻於自然的力量之前。

每一道德的行為，即是一項此等的犧牲，而倫理的生命歷程，即是此等犧牲所構成的，一條連續不斷的鎖鏈。至高的道德，是憐憫與同情的付出，在此等付出中，內在的強者，於無力者之前，放棄了自身的優越性。同情的人，殺死了自己身上某些屬於生命的事物。可是，我們不可將此一屬於偉大**宗教意義的憐憫**，與一般人常有的含糊的傷感**情緒**相混淆。此等濫情的常人，只是不能控制自己，尤其不能控制血氣之勇，這根本不是基於推理和規律而來的道德，而是與生俱來的、潛在脈動的一種正直而自然的「習慣」而已。但是，真正的憐憫，需要**靈魂內在的偉大性**，故而，只有在那些精神相通的**文化春天**，才能產生最具憐憫情操的聖哲，如愛西賽的聖法蘭西斯（Francis）、克萊弗克的聖本篤（Bernard）等。在這些聖哲看來，克己自制是一種瀰漫的芬芳，自我奉獻是一種上天的幸福，他們的「博愛」，是屬靈的，不具血液、不具時間、也不具歷史；宇宙的恐懼，已消散為純潔而完美的愛，這是因果性道德的巔峰，是後期的**文明**絕不再能達臻的巔峰。

要壓制人的**血液**，便必須有血液。故而，只有在武士爭戰時代，我們才會看到大風格的修道院制度（monasticism），而只有武士變成的修道者，才是**空間完全壓服時間**的最高象徵，——天生的夢囈者和柔弱者，本來就屬於修道院，而研究道德系統的學者，也僅僅止於研究而已，只有武士變成的修道者，才真正踐履了宗教的道德生涯。

宗教史的形態學

如果真理能獨立於生命潮流之外，便不可能有**真理的歷史**。如果能有一種單一而永恆的真正宗教存在，宗教史便成為一種不可思議的觀念。但是，個人生命的內在宇宙一面，無論如何地高度發展，無非仍是有如生命伸展出來的一層薄膜，遍灑著生命脈動的血液，只是它一直反叛著，那自然導向中隱藏著的驅迫力而已。畢竟，「種族」主導及形成一切個人的特性，而知覺的每一時刻，也命定是**時間**之網，投在**空間**之上的投影而已。

並非說「永恆真理」絕不存在。每一個人都具有不少的「永恆真理」，但這有其限界：——人是在「思想」的世界中，操持其理解力的，只有在「思想」的時刻，因果關連的體系，才能夠固定不變，故而也只有如此，由「前提」和「結論」繞接成環的因果連繫，才能堅如鐵石。人們相信，此一因果體系，無可替代。但事實上，這只是生命浪濤的一波，它推起了人的「覺醒自我」及其世界。由此而來的覺醒單元，固然是整合的，但卻只是一個單元、一個整體、一項事實，它本身應有其歷史。絕對與相對，彼此的關係，猶如世代連續中的橫剖面和縱剖面，後者忽略了空間，而前者忽略了時間。系統的思想家，執著於只能片刻成立的因果秩序之中，只有那詳審古今演變的觀相的思想家，才能夠體認到：所謂「真理」的永恆輪替現象。

「所有過去之事，無非盡皆相似。」一旦我們在歷史之流中，尋繹真理演展的歷程，並在世代生死的世界圖像中，注視真理如何地向前推進，我們便可發現，這句話也適用於所謂的「永恆真理」。

故而，宗教史的形態學，是只有極端注重時間的浮士德精神中，才可以展出的一項工作，也只有現在，浮士德精神發展的目前階段，最合適於處理這一工作。問題是提出了，但還須視我們是否能努力從自己的信念中，完全擺脫出來，並對我們眼前的一切事物，一視同仁，不涉主觀而定。而這是何其難臻的境界，能夠承擔這工作的人，不但須有強勁的魄力，自他個人的「世界理解」所知的真理中，高颺遠引，入於另一境界，而視所謂「真理」為一組概念或方法；並且須能實際以觀相的慧眼，透視自己的系統，纖毫畢露，不使遁形。而即使能做到這些，一種**文化**的語言，在結構上與精神上，本也只能承載其**自身文化**的全部形上內涵，則以單一的語言，而欲捕攝**其他文化**中人所傳的真理觀念，是否可能？尚在未定之天。

埃及與古代世界

原始的宗教，無固定的家鄉，如風雲一般，隨時變幻。原始民族的大眾靈魂，偶然地、暫時地，凝成了一個「存有」，也偶然地，停留於一處地方——其實是「任何地方」（anywhere）——而在此地，源自於恐懼與防禦心理的覺醒意識連鎖，散布於這些靈魂之上。而後這些靈魂，是否逗留其地，是否有所改變，與它們內在的意義相形之下，實在已是不足輕重了。

高級文化因有**深刻的泥土紐帶**相繫，故而與此等層次的生命，判然有別。在高級文化一切的表達形式後面，都有一片「母土」為其根柢，也一樣深繫於其世界意象誕生的土地上。聖禮的實踐與教條的推行，也許可以既遠且廣，無遠弗屆，但宗教內在的演變，必定仍停留於其誕生之處。想在高盧，發現絲毫古典都市崇拜的演進軌跡；或想在美洲，看到絲毫浮士德基督教的教條演化情形，都是絕不可能的事。任何脫離了土地的文化事象，皆已僵固而硬化，全非舊觀了。

宗教之肇始，猶如一聲霹靂巨吼。幽黯的憂愁，突然被一陣激情的覺醒所驅散。而這熱情的覺醒，如植物似的，從母土盛開出去，一瞬之間，進入世界的深處。正在這時，不遲不早，它倏然以一種形上的燦爛光輝，貫穿了其時某些特定的精神，猶似一道強光照射，以天賜之愛消融了一切恐懼，使不可想見的奇蹟出現於眼前。

每一文化於此實現它的基本象徵。每一文化各有自己獨具的「愛」——我們可以稱之為天國的、或形上的愛，皆無不可——它潛思此種愛、瞭解此種愛，並以此愛作為其神祇，而此對其他文化而言，則不可思議，毫無意義可言。無論認為世界有如穹形洞穴下的空間，光明只能自外透入，如耶穌及其同伴所深信的；抑或認為只有如星辰滿布的無限空間中，微不足道的一個小點，如布魯諾所感受的；無論如奧斐爾神道的信徒，取具體的神祇供其膜拜；抑或如普拉提尼斯的精神，翱翔於狂歡之中，與上帝的精神熔合於「神異」（henosis）觀念；抑或如聖本篤，於他的「神秘統一」（mystic union）觀念中，上帝直與代表「無限」的神性，合而為一——靈魂的深邃驅力，仍永遠是由各**特定文化**的**基本象徵**所統攝，而非其他事象，可以動其分毫。

約在西元前三〇〇〇年，在埃及與巴比倫，開始了兩大宗教的生命歷程。現單表埃及，在諸大建造金字塔的各王之後不久，埃及的第五王朝時代（二四五〇—二三二〇），本來久已盤踞埃及君主心中的「霍拉斯神」（Horus—falcon）崇拜，已告萎退。古老的各地地方崇拜，甚至深奧豐盛的「索色」（Thot）大神的宗教，也退入於背景之中。「雷」（Re）神的太陽宗教出現了。每一國王，都由他的宮殿向西，建構了「雷」神的聖殿，以座落於自己的「墓殿」之旁，這墓殿是生命的象徵，由誕生之地，直導向至於死者的石棺，而神殿則是偉大與永恆的象徵，巍然聳立。

在此，**時間**與**空間**，**生命存有**與**覺醒存有**、凡世的**命運**與神聖的**因果**，於此一龐大的並峙建築中，面面相對，這在世界其他的建築上，尚無類似情形可比。一條鋪好的路，通向兩者，在通往「雷」神的路上，飾以各色浮雕，刻畫太陽神對動植物世界、及季節的變換，所表現的威力。在破曉時，法老王自黑暗中步出，走上神壇，高臨大地之上，向升自東方的大神致敬[3]。這巨大的神壇上，沒有神像，沒有廟宇，只有一個石膏的祭壇，孤孤屹立。但是，埃及的農人，對此「雷」神一無所知，他們的信仰，保持「永恆」，一逕不變。他們也曾聽到「雷」神之名，但當一章偉大的宗教史，正在都市中從他們頭上翻過時，他們卻仍在一逕崇拜古老的「辛尼特」（Thinite）獸神，直到第廿六王朝時，城市又回復至農人的原始宗教，而獸神再度成為至高之神時，仍是如此。

一般而言，在鄉野的原始宗教之上，另有一種流行的宗教，即屬於城市及郊區的下層階級的宗教。但在城市中，由歷史的眼光看來，這宗教會一層一層向上剝落。文化的發展越高——如埃及的中王國時代、印度的婆羅門時代、古典的先蘇拉底時代（Pre—Socratics）、中國的先儒家時代（Pre—Confucians）、西方的巴鏤克時代——宗教的圈子越窄，真正握有他們那時代的終極真理，而不僅只擁有名字和聲音的人越少。生活於蘇格拉底、奧古斯汀、及巴斯卡時代的人們，究有幾人瞭解這些人物？在宗教中，與其他情形一樣，越向上層，人數越寡，這人堆的金字塔尖度遞增，直到**文化的末期**，文化完成了——也就一片一片地，潰散了。

3 此時法老已不再是神祇的化身，也不是如中王國的神學所示的那樣，為「雷」神之子。在神的面前，儘管法老在塵世上如何偉大，他仍只是渺小的僕人而已——原註。

在埃及，舊王國末期的「宗教改革」時代，把已根深蒂固的太陽一神教，視作是僧侶祭司與一般文士的宗教，而一切其他的神祇與女神，已只是此「雷神」的化身或僕役，只有農人與賤民，仍繼續以這些神祇與女神從前的意義，而加以崇拜。甚至赫摩波利斯城（Hermopolis）的特出的「索色」宗教，及此宗教的宇宙論，也被迫納入此一龐大的「雷神」系統之中，而神學上的理論爭執，也終於使孟斐斯都城的「柏塔」（Ptan）大神，與代表抽象創造原理的教條，取得了和諧。正如查士丁尼及查理五世時代，都市的精神壓倒了泥土的靈魂，文化春天的形式脈動走向了終點，教條實質上已經完成，其隨後由理性程序所加的處理，放棄多於改進。哲學開始出現。從教條的觀點來看，埃及的中王國，實與西方的巴鏤克一樣不具重要性。

從西元一五〇〇年起，另外三大宗教的歷史展開了：首先是吠陀宗教崛起於印度旁遮普，然後是早期中國宗教，出現於黃河流域，最後是古典宗教，興起於愛琴海的北方。雖然古典人們基於「統一實體」，而呈現於我們眼前的世界圖像及基本象徵，十分明確顯目，可是在宗教方面，甚至連「猜測」其偉大的早期宗教的細節，都覺十分困難。古典文化新的神祇觀念，是一特殊的理念，其重點是**人形的神**，是神人的中間體，如荷馬史詩「伊里亞德」中偶而顯示的。這神的形體可為阿波羅，幻美無儔，也可為戴奧奈索斯，散於風中，但無論如何，它是「存有」的基本形式。

如其他文化一樣，古典文化開始之時，也必有一次強勁的宗教意識的昂揚提昇，從愛琴海一直延伸至義大利西部的伊特里亞（Etruria）。但是，「伊里亞得」絕少顯示這一昂揚的徵狀；正如西方的史詩「尼布龍之歌」與「羅蘭之歌」，絕少透示佛洛勒斯的耶爾琴、聖法蘭西斯、以及十字軍所表現的宗教奉獻、與神秘主義的狂熱；也絕少顯出由湯瑪斯的「末日審判」觀念，所燃起的內在之火一樣。古典文化在此時，想必曾有一些偉大的人格，曾賦予其新的世界圖像，以神秘而形上的形式，但我們對此也一無所知。只有其愉悅、光亮、輕鬆的一面，透過歌頌武士的史詩，而流傳下來。「特洛之戰」究竟是宿仇決鬥，抑或是一種十字軍之戰？海倫的意義究竟是什麼？已因早期宗教意識與武士事蹟，糾纏不清，而難以究詰。要知道：即使是耶路撒冷之陷，除了有其精神一方的觀點之外，也仍有其世俗方面的觀點，很難劃分明白。

在荷馬的貴族史詩中，戴奧奈索斯及底米特，由於是僧侶祭司的神祇，所以不受尊崇，勢屬必然。但甚至到了後來，詩人赫希和（Hesiod）的詩篇中，由於赫希和出身於亞斯加（Ascra）地方的牧人，僅是其地大眾信仰所啟示的熱情追求者，故而，偉大早期時代的宗教理念，仍不能純然透露出來；有如出身補鞋匠的西方早期大神學家耶可波姆（Jakob Böhme），也不能完全表現早期西方宗教的理念一樣。故而這是第二個研究早期宗教的困難所在：——偉大的早期宗教，只為一個階層所擁有，既非整體所能接受、也非整體所能瞭解。

但無論如何，艾士奇勒斯與品達（Pindar）[4]，畢竟已處在一個強大僧侶傳統的影響之下。在他們之前，有畢達哥拉斯教派，以底米特神崇拜，為其中心，更早以前，西元前第七世紀時，還有伊留色斯人的「神秘教派」（Eleusinian Mysteries）、及奧非爾神道的改革；最後，更有法里西德士（Pherecydes）與伊比曼尼德士（Epimenids）[5]留下的斷簡殘篇，這兩人，事實上不是最早的神學教條主義者，而毋寧是古典神學最後的教條主義者。瀆神之罪，世代承襲，子子孫孫，不得解脫的觀念，以及「踰越犯神」（Hybris）的教義，本已為赫希和及梭倫所知。然而，柏拉圖更是代表奧菲爾神統，對荷馬式的生命概念之對抗。他在他的「斐陀篇」（Phaedo）中，設出了地獄及死者審判等遠古的教義。

奧菲爾神教，最晚當是崛起於西元前十一世紀，是一種代表「否定」（Nay）的神秘主義，與代表「肯定」（Yea）的古代競技運動相對立，維護覺醒意識，反抗生命存有——簡直是埋葬古典形體的一個壯美的墳墓！在奧非爾神教中，人不再「感受」其自身，是呼吸的、

4 品達（522—438 B.C.）希臘著名的抒情詩人與著作家

5 法里西德士，西元前五五〇年左右，希臘的神話創作者；伊比曼尼德士，克里特島的預言家與宗教詩人。

強壯的、活動的生命，而只求「**瞭解**」其自己，並感知到恐怖。於是，開始了古典世界中的祭禮行為，經由嚴格的儀禮和贖罪儀式，甚至經由自願的自殺行動，以求於此歐幾里得式的形式存有之中，解脫出來。從西元前五世紀，希臘名哲恩比多克利斯（Empedcles）的自我犧牲，向後直延續到羅馬斯多噶派的自殺傾向，向前便可回溯到此「奧菲爾」神教的教旨，一脈相承，沿襲未替。

從這些殘存的遺跡中，一副早期古典宗教的輪廓，便豁然明朗了。正如所有哥德式的宗教信仰，是集中於瑪利亞——「天國之后」，「童貞聖母」的瑪利亞；古典世界早期的信仰，其神話、意象、與形象，則是環繞於女神底米特——「大地之母」，環繞於「眾神之母」芝亞（Gaia）與冥后婆賽芬（Persephone），以及代表生育之神的戴奧奈索斯；還有：生殖器的崇拜、生之節慶與死之神秘。所有這一切，從其切近而具體的觀點來看，都符合古典意識的特徵。阿波羅宗教崇拜形體，奧菲爾宗教排拒形體，至於底米特的宗教，則慶祝豐沃與誕生的時刻，因為形體於此時刻，獲得了生命。古典的宗教，既有神秘主義，以教義、象徵、與笑劇（mime），來表達對生之秘密的恭敬尊仰；而與此並行不悖的，卻又有酒神的祭拜。形體的縱浪，與持戒的苦修，奉神的淫褻，與禁慾的德行，在此實有深刻而切近的相似之點——兩者，都是對**時間的否逆**。

若把武士的詩篇、與民眾的信仰全置之一旁，我們甚至可以對此古典宗教，再定出某些要點。但如此做時，尚有另一陷阱必須避免——希臘宗教與羅馬宗教的對立。因為事實上，**並無此一對立存在**。古典神話源起之時，希臘城邦及各城的節慶與聖典，均尚未誕生，其時不但沒有羅馬城，甚至還沒有雅典城的存在。故而它與城市的宗教行為及宗教觀念——明顯地屬於理性的觀念——毫無瓜葛。尤有甚者，古典神話，絕不是希臘文化地域整體的創作，而是如同後來耶穌童年故事、及基督聖環傳奇（the Grail legend）一樣，是起自於各個不同的集團，是在深刻內在的激動壓力之下，於各地分別興起的。例如，奧林帕斯的觀念，源起於泰西利地方（Thessaly），是當地所有知識分子的共同財產，然後才傳播至賽普路斯及伊特里亞，當然，便也包括了羅馬。到了後來，伊特拉斯坎人的繪畫中，使把此奧林帕斯的神話，預設為人所共知的常識了。

將這觀點列入考慮，古典宗教便可視為一個整體，具有內在的統一性，再無希臘與羅馬之分。西元前第八世紀的大風格神話傳奇，有文化春天的露水浸潤其上，其悲劇的神聖性，令人想到耶穌在客西馬尼的苦痛、北歐神話中波德大神（Balder）的死亡、以及西方宗教中法蘭西斯的悲劇。這些傳奇，是最純粹的「神道」（theoria）思想，是訴諸內在之眼的世界圖像，生自於武士世界中，一群特選的靈魂，共同的內在覺醒。至於遠為後起的城市宗教，則全然只是

「技術」，只是形式的崇拜，只能代表虔誠的另一面。

中國宗教中，偉大的「哥德式」時期，是發生在西元前一三〇〇至一一〇〇年間，籠蓋了周朝的早期。對中國宗教的處理，必須極端小心。因為有關此宗教最初的高度神秘主義、及風格巨大的傳奇神話，已被中國文化的城邦世界中，生於「文化後期」的那些孔子型及老子型的思想家們，貌似深奧實極賣弄的作風，弄得十分艱澀難解[6]，不易對此宗教的內容，研求出什麼事物來了。

然而，曾一度有此等神秘主渡、及此等偉大傳奇存在過則應沒有問題。只是這些宗教產物，不當多求之於孔子以後，在一些大城市中產生的，過分理性化的哲學學派之中——正如荷馬也不能給我們多少，有關古典宗教的事象，雖然理由不盡相同。同樣地，若是哥德式的宗教作品，都已經經過如洛克、盧格、及吳爾夫（Wolff）等清教徒及理性主義者的檢驗，則我們對哥德式的宗教虔信情形，又能知道幾何！故而，如今我們把其實已是中國宗教末期的孔子時代，反視作是其開端，甚至進而把漢朝的各派融合，逕當作是中國的宗教，根本已離題十萬八千里了。

6 此處所言，不知史賓格勒何所據而云然？

對中國的覺醒意識而言，天與地各是外在宇宙的一半，彼此並不對立，且互是對方的反映意象，相輔相成。這一圖像中，既無馬日型的二元對立，也無浮士德型的動力統一。生成變化的過程，表現為「陰」「陽」兩原理的互相作用、生生不息，這兩大原理，毋寧是**週期性**的，而非**偶極性**的。喻之於人，則為兩種靈魂，「坤」對應於「陰」，代表塵世、黑暗、寒冷；而「乾」對應於「陽」，代表高明、光亮、與永恆。但是，在人之外，也有無數這兩類型的靈魂，隨處存在。空氣、水、地表——到處都全被「乾」「坤」兩類靈魂所充斥、所推移。自然的生命及人的生命，事實上，即是與此兩大單元所導出者。

所有這一切，集中於一個基本字眼——「道」。於人而言，則他身上「陰」、「陽」的分合，即是他生命中的「道」，而在人之外，則「陰」、「陽」兩類精神的經緯牽引，即是自然界的「道」。這世界有「道」，一如有脈動、韻律、與週期。「道」包含「理」，理是人由「道」中認識、並抽取出來，以供未來應用的諸般固定關係。**時間**、**命運**、**導向**、**種族**、**歷史**，所有這一切，於早期周朝時代之前，以廣大無儔包天蓋地的視景，加以而沉思時，均納於入「道」之一字。也許埃及法老穿過黑暗甬道，而通往他的靈廟的道路，與此有關；浮士德第三空間進向的熱情，也與此有關，但「道」畢竟絕非任何征服自然的「技術」觀念，所能企及。

哥德式

當亞歷山大大帝攻抵印度河之時，中國、印度、古典三大文化的宗教虔敬，均已久告塑就，並已成為道教、佛教、及斯多噶主義，這三大不具歷史進展的形式。但在此之前不久，馬日宗教群，興起於古典文化及印度文化之間的區域，而大約於此同時，如今我們已無從尋覓的馬雅、與印加文化的宗教歷史，也正開始。一千年之後，馬日宗教也已內在完成，一去不返，而卻在看來全無希望的法蘭西土地上，突然而且迅捷地，冒出了日耳曼的天主教信仰。

浮士德文化的人們，所感受到的父神，乃是「力」的本身，是永恆、巨大而不斷顯現的「活動性」，是神聖不可侵犯的「因果律」，其形式本非人的肉眼可以瞭然。但是，當時此一「年輕的」種族的全部渴望、此一強烈奔行的血液的全部欲求，卻在童貞聖母瑪利亞的形象上，找到了它本身的表達焦點，聖母在天上的至高地位，成為哥德式藝術最早的原動力之一。她是光明的化身，透出白光、藍光，與金光，為眾天使所環繞。她倚護在初生的聖嬰之旁；她感覺到利劍猶如穿入她的心中；她站在十字架的腳下；她抱著死去的基督的屍體。這一切，都成為哥德式藝術的要素。

從第十世紀以降，主教戴米尼（Damiani）與聖本篤，發展了聖母的崇拜之後，對聖母的祈求與對天使的敬仰，便告興起。後來，在多明尼各教派（Dominicans）中，還出現了玫瑰的皇冠，以崇奉於聖母。無窮的傳奇，環繞於她的周圍。她是教會「聖寵」的保護人，是偉大的「代求者」（Intercessor）。而在法蘭西斯教派中，也產生了聖母「訪母節」（Visitation）的典禮，而英國的班奈迪克教團（Benedictines），更早在一一〇〇年以前，便提出了「聖靈懷胎」（Immaculate）的概念，把她完全提升到光明世界，超越任何的凡人。

但是，這一純潔、光明和無比美麗的靈魂世界，若無**另一**與它不可分離的**對立觀念**，相輔相成，便成為不可想像之事。這一與之對立的觀念，構成了哥德式思想的主體，是哥德式思想，深不可測的創造之一，只是如今已為人遺忘——深思熟慮後的遺忘。即是：在聖母端坐接受萬民崇仰，美麗而溫柔的微笑背後，另有一個瀰漫天上人間，疾病、殺戮、毀滅、誘惑，交織滋蔓的世界，即是——**魔鬼**（Devil）的世界。

魔鬼穿透了整個的天地，埋伏於每一個處所。到處都有一批批披著人皮的妖魔、夜叉、巫婆、狼人，出沒自如。沒有人知道，他的鄰人是否即是已被邪惡所崇之人；也沒有人敢說，一個初生的嬰兒，絕不會是魔鬼持以誘人的釣餌。這一種駭人聽聞的恐怖之感，也許只有埃及文化早春時節的怖懼，可堪比擬，如今，壓蓋在每個哥德式時代人的身上。在任何時刻，人都可能墜入深淵，萬劫不復。

世上有黑魔的魔術、有魔鬼的「彌撒」和巫婆的「安息日」、有山頂的群魔夜宴、有妖魔的譙飲和邪法的魅惑。地獄王子（Prince of Hell）的傳說，是所有宗教史中最可怕的創作之一。地獄王子與他的親戚——因為他的存在，本身即是對婚姻聖禮的否定和諷刺，故而他只有母親與祖母，不能有妻子和孩子——以及他手下墮落的天使、詭秘的部屬，構成了一頁恐怖的傳奇，與比相形之下，日耳曼神話中的「災難之神」洛基（Loki），不過只能算是這恐怖傳說的一點最初模糊的暗示而已。

這些妖魔的醜惡猙獰的形象，包括角、爪、馬蹄等異狀，在十一世紀的神秘劇中，即已完全塑造成形；藝術家們的幻想，集中於此，直到畫家杜勒和格倫伍德為止，哥德式的繪畫中，若無此等妖魔的形象，簡直不成其為繪畫。魔鬼是狡猾、獰惡、而怨毒的，但到了最後，他往往被代表光明的力量所騙。故而，魔鬼及其暴躁、醜陋、殘酷、獪詐的同類，實是出於一種龐巨怪異的想像力的產物，代表地獄獰笑的化身，以相對於天國聖后燦爛的微笑；也是浮士德式的世界幽默的化身，以相對於罪人懺悔的驚恐。

在當時，這一強大有力的圖像之嚴肅意義，以及人們接受這圖像的真誠深刻，都是無可置疑的。聖母的神話、與魔鬼的神話，相並形成，缺一不可。不相信兩者中的任一者，都是絕對有罪的。故而有祈禱求懇的「聖母崇拜」（Mary—cult），也有驅邪伏魔的「魔鬼崇拜」（Devil—cult）。人不斷行走在無底深淵前的薄殼之上，戰戰兢兢，如履薄冰。在世界上生活，即是與魔鬼作持續而絕望的鬥爭，每一個人都成為「**戰鬥教會**」（Church Militant）的一員，為自己而戰，表現出武士式的雄心壯舉。而滿被榮光的天使與聖徒們的「**凱旋教會**」（Church Triumphant），則高高在上俯視，使天上的「聖寵」，成為戰鬥中勇士的盾牌。聖母是保護者，人可以飛入她的胸中，求取慰藉，她尤其獎勵有勇氣的戰士。聖母與魔鬼，兩個世界，各有自己的傳奇、自己的藝術、自己的經院哲學與神秘主義——因為：魔鬼也能施行奇蹟。

在此一**宗教春天**中，最獨具特色的表現，是色彩所呈現的象徵意義——白色與藍色，屬於聖母，而黑色、黃綠色與紅色，屬於魔鬼。聖徒與天使，飛翔於空中，但魔鬼則跳躍或蹲伏於夜間，巫婆尤其是潛行於黑夜。是這種白晝與黑夜的對比——而不是藝術上的幻想——使得哥德式藝術，具有不可描述的吸引力。每個人都知道，世界住滿了天使與魔鬼的軍隊；每個人都認為：法拉・安基理珂及萊因河諸大師筆下光華環繞的天使，以及各大教堂門廊上獰惡扭曲的妖魔，皆是真正地充斥於空間。人們可以「看到」他們，到處感受到他們的存在。

今天，我們已不知道**神話**是什麼，因為神話實在不只是美學上娛人的想像，而是**震撼生命最內層結構**的活生生的事實。當時，這些神話的產物，如日中天，令人不敢正視。對這些神話人物，只有無條件地相信，甚至連想求證明，都是一種褻瀆的行為。我們如今所謂的神話，我們的文學家及鑑賞家們，對哥德式色彩的品評，只不過是市儈的「亞歷山大城主義」，完全不能想像這宗教春天的敬畏之情。在那古老的歲月裏，人們不是在「欣賞」神話——神話背後，矗立著**死亡**的本身。

因為認定魔鬼要佔有人的靈魂，誘之入於異端邪道、荒淫縱慾、及黑魔的藝術之中，故而地面上展開了對魔鬼的戰爭，並以「火」和「劍」來對付那些已入魔道的人。我們今天回看這些觀念，可以輕鬆自如，事不關己。可是我們若從哥德式時代中，除去了這一駭人聽聞的真實情形之後，所餘下的不過只有浪漫主義罷了。

當時高飄入雲的，不僅是讚美聖母的頌歌之聲，還有那無數火刑架上的凄聲厲嘶。教堂旁邊，便是絞架及車礫用的刑車。每一個生活於那些歲月中的人，意識中都充滿了無限的危懼，而他所恐懼的，卻不是劊子手，而是**地獄**。成千成萬的女人，真的認為自己是女巫，她們公開抨擊自己，以真誠的愛，祈求赦免她們夜間與邪惡魔鬼的妥協。宗教裁判官流著眼淚，帶著對這些墮落的可憐人的無限憐憫之情，把她們送上拷問臺，以求拯救她們的靈魂。這就是哥德式神話。而哥德式的教堂、十字軍、深刻而滿含精神意義的繪畫、以及哥德式的神秘主義，都是由此而來。在它的陰影中，茁開了含義深奧的哥德式「**天福**」（blissfulness）觀念，但我們如今，已不復對此存有若何印象。

在加羅林帝國時代，所有以上這一切，都還陌生而遙遠。查理曼於七八七年，在第一次撒克遜牧師會上，頒佈了一項禁命，禁止古日耳曼對狼人和夜梟的信仰。而直到一一二〇年，在窩姆斯宗教會議（Worms）的法令上，還判定此等信仰是一種錯誤。但二十年之後，宗教上對惡魔的咒祝（anathema），以一種沖淡的形式，重行出現於教會法令上，其時魔鬼的傳奇，在這文化春天的傳奇時代中，已與聖母的傳奇，同樣的真實而有力，不可忽視了。

於是，在一二三三年，當梅因斯教堂（Cathedral of Mainz）與西貝爾教堂（Cathedral of Speyer），已造成為哥德式的穹形建築時，羅馬教皇的敕令上，也判定相信魔鬼與女巫，是合乎教規之事。而當多明尼各教派，武裝自己，設立宗教裁判所，以與魔鬼作戰時，聖法蘭西斯的「太陽聖頌」（Hymn to the Sun）也已寫下很久。法蘭西斯教派正跪祈於聖母之前，並將聖母崇拜散播至於遠方，兩種信仰，相並成形。天國的愛，集中於聖母的意象上，與此相對，塵世的愛，卻變成與魔鬼有關。「女人即是罪惡」（Woman is Sin）——各大苦修教派，及各時代中的苦修僧侶，都如此認為。魔鬼只能統治女人，而女巫正是死罪的傳播者。於是湯瑪斯・阿奎那展開了煩瑣的「夢魘」（Incubus）與「淫亂」（Succuba）的理論，而虔誠的神秘論者，如波那凡都拉（Ponaventura）、馬戛奈士（Albertus Magnus）、斯各特士（Duns Scotus）等，也發展出一套完全屬於惡魔的形上學。

文藝復興時代的世界展望的背後，一直即是以強烈的哥德式信仰為支柱。文藝復興所標榜的古典神話，其實只是遊藝素材，透過古典寓言戲劇的薄幕，人們所看到的，不折不扣，正是那原來的哥德式景觀。在激烈的教皇薩伏納羅拉（Savonarola）的行徑，出現於文藝復興的臺前時，佛羅倫斯人生命中表面上的古典裝飾，便立刻消失無蹤了。佛羅倫斯人一切的工作，其實都是為教會而做的，滿懷信心，一往無前。每一個人，無論其為畫家、建築師、或是人文學者，無論其嘴上掛的是希臘的西塞羅與維吉爾（Virgil）[7]、或是維納斯與阿波羅，根本上，已全不具古典的精神。他們眼看當時火燒女巫的事實，認為理所當然，不足為奇：他們並身佩護身之符，以期抵抗魔鬼，這無疑是哥德式意念的延續。當文藝復興的高潮時刻，達芬奇正繪作其「聖母像」之時，《女巫之鎚》（*Witches Hammer*）一書，也於一四八七年，以精美的古典拉丁

7 維吉爾（60—19 B.C.）羅馬詩人，為著名史詩「伊尼亞得」（Aeneid）的作者。

文，寫成於羅馬。聖母與魔鬼的信仰，同時達到巔峰。

正是此一神話所佈下的巨大背景，喚醒了浮士德的靈魂，使這靈魂感受到自己的地位。那是：一個失落於「無限」之中的「自我」（Ego）。這「自我」充滿力量，但在代表更大力量的「無限」之前，卻微不足道；[8]這「自找」充滿意志，但卻對意志的自由，感到無比的恐懼。從來不曾有一靈魂，對自由意志的問題，如此深刻而痛苦地潛思焦慮過。其他的文化，對此可謂一無所知。但正因為馬日思想中的「忍順」觀念，在此全然不可能——西方思想不注重那個「它」，不注重那個整體靈魂中的一微粒，而純注重「個人」（individual），注重奮鬥的「自我」，以求確定自身的存在——故而對自由的每一項限制，都被西方人感受為必須終其生命，被迫拖曳的鎖鏈，於是，生命成了活生生的死亡。若是如此，那麼——誰實為之？孰令致之？

對此一問題內省的結論，便是一種龐巨的罪惡感，猶如一片漫長而絕望的哀慟之情，覆蓋了數世紀之久。教堂的形態，有如向天哀懇的模樣；哥德式的穹頂，變成了合掌祈禱的姿勢；

8 這樣一種相對的感覺，便導致了微積分的數學。微積分其實是嚴格地植基於略去第一「次」（order）及第三「次」的大小數量而來的——原註。

絕少的光線，能透過高窗，而照亮長長教殿的黑暗。教會的聖歌，拉丁的讚美詩，拖著滯塞的平行句調，似在訴說黑獄中的膝上瘀傷和背上鞭痕。對馬日文化的人而言，世界洞穴已將結束，而天國近在眼前；可是，對哥德式時代的人們而言，天國卻是無比的遙遠。沒有任何援手，要從天上降下來。

在孤獨的「自我」周遭，盡是充滿嘲弄的魔鬼世界。故而，神秘主義盛行，其重大渴望所在，是要失去天賦的型態、驅除自我及一切、放棄自我的本性。而由這些渴望之中，又產生了一種不止不休的頑強固執之情，堅持對種種宗教觀念，細加解析，務求獲知「何以致此」？最後，便發出了普遍共鳴的籲求「聖寵」的呼聲——不是由天而降，代表「實體」的馬日式「聖寵」，而是**浮士德式的「聖寵」**，其主要精神，乃在釋放人的「意志」。

要求能有自由意志，歸根結柢而言，仍是浮士德靈魂，向上天求取的恩賜。哥德式宗教上的七大聖禮，於一二一五年拉特蘭教堂會議（Lateran Council）」，升格為正式教條，並由基督教哲學家湯瑪斯．阿奎那奠定了神秘論上的基礎，其意義盡在於「意志」二字。七項聖禮，伴隨個人的靈魂，從生至死，並保護人的靈魂，以抵抗凶殘的外力，不使其侵入於靈魂的意志之中。而所謂將自己出賣給魔鬼，其意即是指：將意志交付於魔鬼。故而哥德式的人們，必須竭力保持意志之自由。塵世的「戰鬥教會」，即是那些已經由聖禮的享領，而獲致意志自由的教徒，所結成的具體團契。

此一自由意志的確定，必須經由祭壇聖禮的儀式才能得到保證。在僧侶的雙手之下，日常舉行的神聖儀禮——「聖餅」（Host）置於教堂的高壇之上，使信徒感覺到基督乃是犧牲自己，而為他求得意志之自由——所帶來的解脫之感，深刻真摯，淪肌浹髓，絕非我們現代人可以想像於萬一。一二六四年所訂定的天主教會主要節日——「聖體節」（Corpus Christi），即是出於信徒的感恩之念。

但是，遠較此為重要的，還有那在本質上，純屬浮士德文化所有的基本聖禮：「懺悔」。這與「洗禮」完全不同。馬日宗教的「洗禮」，意在將個人結合於偉大的整體之中，即是：使神聖的「精神」，降臨於受洗者，一如降臨於其他人一樣，故而，對將會發生的一切事物，加以忍順，乃是受洗者的責任。但是，在浮士德宗教的「懺悔」中，個人「人格」的觀念，卻是昭然若揭。**說文藝復興發明了「人格」，是不對的；文藝復興只是將「人格」帶到明亮的表面層次上，使其突然成為每一個人有目共睹的事實而已**。「人格」的誕生，正是在哥德式時代，正是哥德式最重要而獨特的產物，它與哥德式靈魂，是密不可分的。「懺悔」，是必須一個人獨自完成的。人必須獨自哀悔地立於「無限」之前，沒有他人可以替代，人必須獨自反省自己的過去、獨自訴說自己的過去，甚至連上天對他的赦免，也必須由他自己一人去承受。

「洗禮」是全然「非個人的」（impersonal）——人接受洗禮，只因為他是一個人，而並不拘限於他究是何等人；但「懺悔」的觀念，則本身已預設：任一行為的價值，端視其為「何人」所作而定。極端的強調個人，即是西方戲劇，與古典、中國、及印度的戲劇，差別所在。這也導使西方的法律，越來越趨向於將行為者的本人，置於所為之事的前面來考慮；更促使西方的倫理概念，植基於個人的良心、而非基於典型的行為之上。

浮士德宗教的聖禮與馬日宗教的聖禮，恰是一為**最主動者**，而一為**最被動者**。其區別在於：前者重**責任**，而後者重**忍順**；前者重**個人**，而後者重**整體**；前者要從重負下解脫出來，而後者寧可順服於重負之下，而在此等差異的背後，實在即存在著「**世界洞穴**」觀念，與「**無限動態**」精神之間的歧異。「洗禮」是自外施之於人，「懺悔」卻是個人在自身之內，自己施於自己。故而每一「懺悔」，即是一部自傳。經由「懺悔」，而獲得的意志解放，對西方人而言，極端必要，故而若其懺悔，未獲赦免，常會使人絕望、甚至毀滅。只有能夠體會到此等透過懺悔，而獲內在赦免之福的人，才會瞭解到哥德式「復活聖禮」（sacramentum resurgentium）的真諦。[9]

對靈魂的籲求，赦免與否，乃是最沉重的決定，其時，靈魂茫無所從，未決之事，懸於其上，獲如一片永恆的雲彩。故而，也許可以說：沒有任何宗教的制度，能如哥德式的「赦免制」一般，給世人帶來如此狂熱的快樂。哥德式整個內在的、神聖的愛，皆是基於「完全赦免」的確定感而生，而這種赦免，乃是透過教會賦予僧侶的權力為之。故而，當此一聖禮式微，使得人人自危之時，哥德式生命的歡樂，以及聖母的光明世界，也就消褪隱逝了。只剩下魔鬼的世界，仍舊冷酷而迫近。然後，便出現了新教徒、尤其是清教徒的英勇行徑，來填補這已告失落、不可挽回的「天福」（blissfulness）。他們在失落的地點上，作著無望的戰鬥，但事實上，在宗教熱情已經熄滅的土地上，重新散播同樣的熱情，明屬大勢已去了。歌德有一次便說道：「對牧師秘密懺悔的制度，永不應自人類中取消。」

9 故而，這一聖禮給予西方的僧侶，一種具有無比權力的地位。僧侶所受個人的懺悔，然後以「無限」的上帝之名，許諾個人的赦免，沒有這一套儀禮，生活將會無法忍受下去。懺悔是一種「責任」，這樣的概念，最後是於一二一五年奠立的。其初，則起自英國，第一批懺悔的書本也是出於英國。而且。「聖靈懷胎」（Immaculate）的觀念，乃至「教皇制度」（Papacy）的概念，也都出自英國——其時，羅馬本身還只認為教皇只是一個權力與聲望的問題。這就是浮士德基督教已脫離馬日基督教的證據，因為其決定性的觀念，乃是產生於其邊遠的地方，遠在法蘭克帝國的領域之外——原註。

所謂「每一個人，皆是自己的牧師」這一信念，人只能貫徹一半，即是可以負下牧師的責任，卻不可能擁有牧師的權力。故而，沒有人能對著自己懺悔，而內在地確信自己已獲赦免。由於靈魂想要自過去之中解脫出來，想要重獲指導的需求，仍然迫切如昔，故而一切的高級的文化形式，都因此而告變質。

在新教國家，音樂與繪畫、書信與傳記，從描述的型態，轉變為公開的抨擊、自我的懲罰、與無盡的懺悔。甚至在天主教區域——尤其是巴黎——也因對「懺悔」與「赦免」的聖禮，懷疑滋生，而使得藝術形式，轉向於心理分析。於是，對世界的展望，為個人自我的無盡無休的心理掙扎所取代；而充任此等自我懺悔的牧師與法官的，乃是當代人與後世人，而不再是「無限」。個人的藝術，成為「懺悔」聖禮的替代品——歌德的作品之異於但丁、林布蘭的作品之異於米蓋蘭基羅，即在於此——這也是此一文化，已處於後期狀態的一個信號。

宗教改革

在**所有的高級文化**中，**宗教改革都有著相同的意義**：——把宗教帶回到其原始觀念的純粹性，使宗教恢復起初諸偉大世紀時，所展示的情狀。故而，無論在馬日世界或浮士德世界中，促成宗教改革，而導致新宗教萌芽的，實是**命運**本身，而不是思想與心智的必然。

我們今天已知道，在查理五世治下，宗教改革實已箭在弦上，而馬丁路德，乃應運而生。因為馬丁路德，正如所有文化中的宗教改革家一樣，不是一個偉大傳統的最初人物，**而實是此傳統的最終代表**，而這一傳統，是由廣大鄉間的苦修教派，漸漸走向於城市僧侶的路途。宗教改革，因此成為哥德式精神的終結，也代表了哥德式宗教的遺囑。馬丁路德著名的頌聖歌：「強大的堡壘，即是我的神」（Ein'feste Burg），顯然絕不屬於巴鏤克的抒情式的精神，而仍然高標著「末日審判」的嚴肅之音。

路德，與西元一〇〇〇年以後崛起的，每一位宗教改革家一樣，其向教會作戰，不是因為教會對人的需求過多，而**反是因為教會對人的需求太少**。這與在以弗所斯、及加爾西頓的宗教會議上，竭力要淨化基督信仰，將基督教帶回其始源的馬辛、亞瑟奈西斯、一性論教徒、及景教的教徒，完全同一意味。準此而論，西元前第七世紀古典文化的奧菲爾神教，也只是一個宗教系列的最後表徵，此系列的最初表徵可遠溯於西元前一千年之前。而埃及古王國末期的「雷神」宗教，也相當於埃及的哥德式宗教改革。所有這一切，所表示的，都**只是宗教之終結**，而不是新的開始。再有，約在西元前第十世紀，印度的吠陀宗教，也曾完成一次宗教改革，繼之便有婆羅門教（Brahmanism）的設立。而在西元前第九世紀，一個與此對應的劃時代改革，亦必曾出現於中國的宗教史之上。

但最後的宗教改革者，馬丁路德之輩，與薩佛納羅拉之倫，皆是屬於「都市的」（urban）僧侶，這便與耶爾琴及聖本篤等派教士，大不相同。這些改革者所從事的，那種純屬心智與都市的儀式規程，乃是從幽靜山谷的隱廬，通往巴鏤克時代的學院式研究的踏腳石。造成路德的「釋罪教義」（doctrine of justification）的神秘經驗，不是聖本篤在叢林、山峰、雲彩、星光之前，自然獲致的那種體驗；而是一個人透過窄窗，而矚視街道、屋壁、頂牆，所能獲致的那種經驗。

馬丁路德的威猛行為，是一種純粹心智性的決定。他完全解放了浮士德文化的人格：——以前一直站在此人格與「無限」中間的僧侶，被移去了。從此，浮士德的人格，便完全孤獨無依、完全自我定向，必須自己作為自己的牧師、自己的法官。但是，一般民眾只能感受到這一解脫，而不能瞭解它的真義。人們狂熱激越地，歡迎對「可見的責任」之撕毀，但卻不能體認到，這些責任已被更為嚴苛的「心智的責任」所取代。相形之下，聖法蘭西斯所予者多，而所取者少；而都市的宗教改革，則所取者多，而所予者少。

路德以「只由信仰」（by faith alone）才可獲內在的赦免，這一神秘經驗，來取代「懺悔」聖禮的神聖因果律。這便與克萊弗克的聖本篤非常接近。兩人都瞭解，「赦免」是一種神性的奇蹟：所謂人改變自己，乃是神改變了他。兩者都如此佈道：「你必須相信，神已原諒你。」但是，對聖本篤而言，信仰須透過僧侶的權力，方能提升為知識，而在路德看來，僧侶的權力已沉淪於可疑和絕望之境。

在此，可以看出西方僧侶的終極意義：從一二一五年起，教士即由聖職的儀禮、及特賦的權力，而提升至超乎其他人類之上；教士是引渡之筏，有了它，即使最貧苦無告的人，也能夠握住上帝。至此，新教教義，遂摧毀了此一人類與「無限」之間的可見連繫。強大的靈魂，可以自行贏回此一連繫，可是弱者，便逐漸永遠失去了它。

聖本篤，雖然對他自己而言，內在奇蹟本身非常成功，可是他不剝奪其他人，以較溫柔的方式，而體認教義的機會，因為他的靈魂所獲的啟發，顯示於他的，乃是活潑自然的聖母世界，無所不在，十分接近，充滿希望。可是馬丁路德，卻只知有己，不知有人，他設定假想的英雄主義，以取代實際的軟弱人性。在他看來，生命即是對抗魔鬼的絕望的戰鬥，而他要求每一個人都參加此一戰鬥，而每一個作戰的人，都是孤獨地作戰。

科學，清教

文化後期時代的心智創造，不是隨宗教改革以俱來，而是始於宗教改革之後。其最典型的創造，便是自然科學。因為，即使對馬丁路德而言，學術在本質上仍是「神學之婢」（handmaid of theology），而另一宗教改革家加爾文，更曾燒死自由思想的神學家塞維塔斯（Servetus）。

而如今，**城市心智**的批判力量，已足夠強大，不再自甘守成，而亟欲及鋒而試。教條的體系，本是由大腦、而非由心靈加以接受的，至此，乃成為解析活動的第一個明顯目標。這便是**文化春天**的**經院哲學**、與**巴鏤克時代**的**實際哲學**——以及新柏拉圖思想與伊斯蘭思想、吠陀思想與婆羅門思想、奧非爾思想與先蘇格拉底思想——的分野所在。

在巴鏤克哲學之內，西方的自然科學，自身屹立，而不再攀喬附木。沒有任何其他的文化，擁有此等的事實。無疑，自然科學必然從其開端起，即不是「神學之婢」，而是技術性「權力意志」的僕人，從其最初的基礎——實用的「力學」——起，它即在數學上和經驗上，由「權力意志」所定向。自然科學，首先是技術，其次才有理論，並與浮士德人本身，同其久遠。正因此故，我們甚至在西元一〇〇〇年時，即可發現一項驚人的能量結合的技術成就。而早在十三世紀，著名主教格羅斯提（Robert Grosseteste），便已把空間當作「光」的函數，而加以處理[10]。彼里格雷奈斯（Petrus Peregrinus）早在一二八九年，便已寫下有關磁性理論，最佳的基於實驗而得的論文，遠早於一般所知的吉柏特（Gilbert）於一六〇〇年，對磁力問題的發現。

我們不可對此等探索的基本動機，作自欺欺人之談。這**不是純粹的沉思哲學**。純粹的沉思性哲學，可以永遠不需實驗而逕自進行，但是浮士德的象徵——「**機器**」（machine）則不然。對於「機器」的嚮往，促使西方人，甚至早在十二世紀，即已從事機械建構的工作，並使得「**永恆動態**」（perpetuum mobile）的概念，成為西方心智中的普羅米修斯觀念（Prometheus—idea）。對西方學術而言，首務之急端在建構「工作假設」（working hypothesis），而這一思想產物對其他文化，卻毫無意義可言。故而下述驚人的事實，我們必須視為必然，即：立即在實際上，開發利用任何所能得到的、有關自然關係的知識，實在是除了浮士德文化的人以外，所有其他的人類，皆感陌生隔膜的事情，（而今日的日本人、猶太人、俄國人在這方面的表現，其實是西方文明的心智影響下的結果）。

10 格羅斯提，為林肯郡的著名主教、學者、哲學家、科學家、與政治家——原註。

學術上「工作假設」的概念，本身即毫不隱諱地包蘊了一幅有關宇宙的動態設想。因此，由對此等「實際」作沉思的省察，而獲致的「理論」，對於西方中世紀末期那些敏於探索的僧侶而言，只是次等的產物，其本身乃是技術狂熱下的結果。從而，此等「理論」，便不知不覺間，將他們直接導入到典型的浮士德式「上帝」觀念：上帝是主宰「機器」的主神，是「機器」的化身，祂可以完成一切事項，這是僧侶們心嚮往之、但卻無能為力的事。不知不覺間，一世紀復一世紀，上帝的世界，越來越成為有如「永恆動態」的本身。也是不知不覺間，專注實驗與技術的學院，對自然的察審越來越趨銳利，而哥德式神話，也隨之越來越趨暗淡。

從伽利略以降，西方僧侶們「工作假設」的概念，已發展成為現代科學的批判性思考的基本表徵：力場、重力、光速，以及最後的「電」。在我們的電動力學的世界圖像中，已吸納了其他的能量形式，而達臻了一種物理的一元論。而在公式定律背後的，無非是「無限動態」的概念。這些概念，賦予公式定律，以一種神話式的清晰性，可供內在之眼的省視。

每一文化**後期**的哲學，都對文化春天那種非批判性的直觀，作一種批判性的反抗。但是這種在心智已確實佔盡優勢的情形下，發展出來的批判主義，也影響到信仰的本身，從而在宗教的領域內，喚起了一項偉大的創造活動，這是每一後期時代所特有的，即——**清教運動**

（Puritanism）。

密爾頓的《失樂園》（*Paraidise Lost*）、《可蘭經》的許多章節、我們所知的少許畢達哥拉斯的教義——都指向於同一事實。它們皆是由一種**清醒的精神**、**冷酷的強度**、**乾澀的神秘主義**、**炫耀的狂歡度典**，所擠發出來的**激情**表現。然而，儘管如此，一種狂野的虔誠，再次閃爍於它們之中。這是**城市**在無條件地凌蓋了**土地**的靈魂之後，所能產生的所有超越性的熱情；都已集中於此，並且深怕這熱情，會證明為虛幻而非真，故而表現得**不能容忍**、**毫無憐憫**、**絕不寬大**。

清教主義——不但是西方的清教，而且是**所有文化中的清教**——缺乏曾經照亮每一文化春天的宗教的，那種喜悅之笑，缺乏生命中深切歡樂的時刻，缺乏生命的幽默感。《可蘭經》中，絕無那種在馬日文化春天，經常閃爍於耶穌童年的故事中的恬靜幸福；密爾頓的《失樂園》中，也絕無聖法蘭西斯的讚美歌中，那種明確可觸的天佑之感。致命的熱情，深孕於葡萄牙神會的**詹生教徒**（Jansenist）心靈中[11]、也深孕於黑衣的英國新教教徒的會議中，而克

11 詹生（Jansen）為一五八五—一六三八年，荷蘭著名神學家，詹生教派為新教中極活躍的一派，在神學、科學、倫理、教育方面，皆有極大建樹。

倫威爾手下黑衣圓顱的清教徒，遂在短短幾年間，把莎士比亞筆下「快樂的英倫」（Merry England），斷送得無影無蹤。

第一次，人們感受到魔鬼的具體而接近，而對魔鬼的作戰，乃夾帶著一種黑暗而苦澀的憤怒。在十七世紀，有一百萬以上的女巫被燒死——新教的北歐、天主教的南歐、甚至於美洲及印度的教會，無不大肆燒殺女巫。伊斯蘭的「責任教義」（duty—doctrines），以及其硬酷的心智性，是酸苦而寡歡的，而西敏寺的教條、詹生派的倫理，也是一樣——至於西班牙羅耀拉（Loyola）的「耶穌會」，名義上雖是舊教，內在仍必然地，表現為一種**清教運動**。

宗教是一種需要活潑潑地體驗的形上思想，可是清教徒所組成的「神性團契」（company of the "godly"）、畢達哥拉斯的教派、以及穆罕默德的門徒，主要是**以概念**、而**不以感覺**，來體驗宗教。巴斯卡所苦苦格鬥的問題，便是概念，而不像稍早的神學家依卡特（Meister Eckart）那樣，沉浸於「形態」的問題中。女巫之被燒死，只因為她們被「證明」為女巫，而不是因為的確有人「看到」她們在午夜施邪術。早期哥德式的聖母像中，聖母會出現於求懇者面前，而柏尼尼雕刻中的聖母，卻非凡人可以看見。密爾頓，是克倫威爾的首席國務卿，在他的「失樂園」中，他尚能以形態來覆蓋概念，到了班揚的《天路歷程》（*Pilgrm's Process*），已把整個概念的神話，帶入於倫理—寓言的行為之中。自此而距康德，已只有一步之差。終於，在康德那概念統攝的倫理學中，魔鬼的最後形態，已成為「萬惡之源」（Radically Evil）。

在我們能看出**畢達哥拉斯、穆罕默德、與克倫威爾，實代表古典、馬日、西方三大文化中，同樣性質的清教運動**之前，我們必須先擊倒那些壟斷歷史、漫無定則的研究，所造成的種種藩籬。

畢達哥拉斯，不是哲學家。按照蘇格拉底之前，所有的記述看來，他實是一個聖徒、先知、與一個狂熱的宗教社會的創建者，而這一個宗教社會，以一切政治與軍事上的方法，強將它的真理，灌注於周遭人民的身上。希臘的歡樂之城西貝理斯（Sybaris），被畢達哥拉斯教派所毀——我們可以確定，這一事件之所以能殘存於歷史的記憶之中，乃是因為，它是一場狂烈的宗教戰爭之高潮所在——實是一種宗教性仇恨的爆發。

同樣的仇恨，也出現於克倫威爾及其清教徒心中。他們視英王查理一世及其歡愉的保皇黨徒，不僅有教義上的錯誤，而且世俗低鄙，必須趕盡殺絕，連根鏟除。一種概念上淨化而堅定的神話，伴隨著嚴格的倫理戒律，使得畢達哥拉斯教派的人們，確信他們自己，會在一切其他人們之前，獲得拯救。而《可蘭經》對於一切從事對非教徒的聖戰的信徒，所給予的，也正是同樣的確定感。當克倫威爾的軍隊，在馬斯頓摩（Marston Moor）與奈斯比（Naseby）兩役，大破他們心目中的「腓力斯汀」（Philistines）與「阿馬利克」（Amalekites）[12]異端時，充滿於這些清教徒心中的，也還是這同一的確定感。

伊斯蘭教不過是沙漠中的一個宗教，正如瑞士的玆文利新教（Zwingli's faith），不過是高山上的一個宗教，並無其他特異之處。而馬日世界成熟時，其「清教運動」是發端於一個來自麥加的人，不是發端於一個一性論徒、或一個猶太人，實在只是一件偶然之事。至多，伊斯蘭之成為一個新的宗教，其程度，也不過如路德新教那般而已[13]。事實上，它只是諸大早期宗教的延長。相同地，回教的擴張，不是如一般所想像的，發自阿拉伯半島的「民族遷移」，而只是狂熱信徒的猛攻疾進、長驅直入。像一個崩落的雪球一樣，愈滾愈大，捲入了基督徒、猶太人、祆教徒，並立即將之置於狂熱的回教徒的前線行列之中。故而，事實上，征服西班牙的，是來自聖奧古斯汀北非老家的拜波兒人（Berbers），而直驅到奧克薩斯（Oxus）的，是來自伊拉克的波斯人，而不是原來的阿拉伯人。

12 阿馬利克，本為舊約中以撒（Esau）之孫，此處指與腓力斯汀同樣的異端而言。

13 「穆罕默德教義須視作是東方基督教的一種奇特的異端形式。這事實上也即是早先認識穆罕默德的途徑。他不能視作一個新宗教的創始者，而毋寧是基督教會主要的旁門左道始祖之一。但丁的神曲中即將他與一些邪教人物同置於『煉獄』。」見狄恩史丹利（Dean Stanley）的《東方教會》一書第八講——原註。

穆罕默德周圍的偉大人物，諸如阿布・貝卡（Abu Bekr）及奧瑪（Omar），與英國清教革命時代的議會領袖品姆斯（Pyms）、及漢普丹斯（Hampdens），相當近似，如果我們能對先知穆罕默德之前的，另一派阿拉伯的清教徒——漢尼夫（Hanifs），所知較如今為多，則我們必可將他們的近似關係，看得更為深入一層。所有這些人物，都自認為獲得「神命」（Predestination）的保證，自認為是上帝的「選民」。舊約聖經曾在英國議會派及獨立軍中、甚至在直到十九世紀為止的，很多英國家庭中，揚升出一種信仰，即認為英國人是舊約以色列十大「失落部族」（Lost Tribes）的後裔，是命定要終治世界的聖徒之國。

這一信仰，也主導了一六二〇年以來，由清教徒所發端的移民美國的運動。它形成了今日所謂的美國宗教，也孕育了英國人所特有的，對政治所持的無憂無懼的信心，這種信心，本質上是宗教性的，其根柢即在於「神命」的自恃。而畢達哥拉斯教派的作為，在古典世界的宗教史上，雖然聞所未聞，卻也是與此處所述，十分契合，他們甚至僭取政治權力，以促進宗教目的；他們努力把他們的「清教主義」，從一城邦推向於另一城邦，心中所持的，是同樣狂熱的信心。

理性主義

但是在清教運動中，已隱藏了「理性主義」（rationalism）的種籽。這種籽在一些狂熱的世代過去之後，便開始在各處勃發出來，並使「理性主義」本身，成為至高無上的事實。這便是由克倫威爾邁向休姆（Hume）[14]的一步。

「理性主義」的意義，便是**只相信由批判的理解**（推理）所得的**基據**，其他一概不輕置信。在文化的**春天**，人們可以申言：「絕對的信仰」，因為他們確信，可以瞭解的事象、與不能瞭解的事象，同為構成世界所必需——這一事理，即是芝圖（Giotto）的繪畫所表現的、神秘主義者所浸淫的，而推理雖可透入其中，卻也只限於「神祇」所能容許的程度。但如今，一種秘密的嫉妒之感，滋生了一種概念，認為：凡不可瞭解的事物，即是「非理性的」，因而毫無價值，故此，或公開譏之為迷信，或秘密視之為玄學。只有經批判而設定的理解系統，才具有價值，而神秘只是無知的表現。

此等新興的、排斥秘密（secretless）的「宗教」，其最高境界，稱為「智慧」（wisdom），

14 休姆（1711—76），即著名的英國經驗派哲學家與史學家大衛・休姆（David Hume）。

其僧侶即是哲學家，而其信徒，便是「受過教育」（the educated）的人們。例如，按照亞里斯多德的說法，古老的宗教，只有未受過教育的人，才會需要。此一觀點，也為孔子、佛陀、萊辛、與服爾泰等所共有。理性主義時代的系統，都是由現象為出發點，所編織而成的，但其實終極看來，這也不過是以「力」來取代了「上帝」、以「能量守恆」之類，來取代了「永恆真理」，仍只是一個文化主題之展開與變形。在一切古典的理性主義下面，仍潛蘊著奧林帕斯的神話，在一切西方的理性主義下面，也仍抹拭不了聖禮教條的痕跡。

理性主義時代，受過教育的人，其偉大的理想無非是「哲人」（Sage）。哲人回歸於自然——回歸於阿提克的園林或印度的叢林，這是作為一個大都會中人，最聰明的方法。哲人是持「中庸之道」（Golden Mean）的人，他的貢獻，在於明智的貶抑世界，以享受沉思的樂趣。啟蒙時代的智慧，絕對不與享樂發生衝突。「道德」，及其背後的「神話」：永遠表現為一種犧牲、一種崇拜，推其極端，甚至是苦行、是死亡；可是「美德」（Virtue），及其所由來的「智慧」，卻是一種秘密的享受，一種精微的心智上的利己主義。故而，在真正宗教精神之外，所出現的倫理教師，便成了反宗教的腓力斯汀。佛陀、孔子、盧梭，由於他們那秩序井然的觀念，所表現的高貴性質，便無疑是最主要的腓力斯汀；而蘇格拉底式的、對生命智慧的炫弄，也便應運而生。

隨此一嚴格理性的經院哲學以俱來的，尚有一種出自內在必然的，受過教育的人所持的，**理性的神秘主義**（rationalistic mysticism）。在西方，「啟蒙運動」是由英國啟源，由清教徒導衍的，而歐陸理性主義，則完全來自於洛克。與此相對的，在德國便崛起了虔信教派（Pietists）、在英國也出現了美以美教派（Methodists），這些理性的神秘主義，無疑是路德及加爾文的再現，在英國，美以美教派立即組織成一個世界性的運動，而德國的虔信敘派，卻散失於中歐的秘密教會之中。在伊斯蘭，「虔信教派」是見於回教的「蘇非」（Sufism）神秘教義之中，這不是起自波斯，而是發生於阿拉姆區域共同的現象，在第八世紀，曾散播於整個的阿拉伯世界。

在印度，於佛陀之前不久，教人經由浸禮於「梵天」及「婆羅門」的觀念，而自拔於生命之輪迴的俗世僧侶，也即是印度的「虔信敘派」或「美以美教派」。在中國，老子及其信徒，雖有他們的理性主義，但也不失為「虔信教派」或「美以美教派」的一面。至於早期希臘文明中的犬儒派托缽僧、遊方僧侶，斯多噶派的家庭教師、私人牧師、神父等，也仍無非是「虔信敘派」或「美以美教派」之流派。「虔信教義」，也可能升進至理性主義的巔峰，如瑞典神學家斯維登堡（Swedenborg），即其著例。虔信教義，並為斯多噶派與蘇非教派，創造出整個的想像世界，而佛教也是經由虔信教義，才能重建而為大乘宗教。佛教及道教，在其原始意蘊方面的擴張，極其類似於美以美教義，在美洲的擴張。當然，佛教與道教，分別在撫育出這兩大文化的地域——恆河下游、與長江之南——之上，達到其完全成熟之境，也不是偶然之事。

第二度宗教狂熱

清教運動之後的兩個世紀，機械的世界觀，已到達其極巔，成為代表時代的有力「宗教」。即使仍有人自認有原來的宗教情操，自認為「上帝的信徒」，也只是他們對世界的一種誤解，只是他們自己覺醒意識的反映而已。**文化，與宗教的創造，終歸是同義的**。每一偉大的**文化**，都起自於一個強力的**主題**，這主題崛起於都市之前的鄉野地區，然後經過城市的藝術和心智，而以世界都會中的唯物主義，為其最後的歸宿。但即使末世絃音，仍是儼然不紊。故而，分別有中國、印度、古典、阿拉伯、西方等各文化的唯物主義，而究其實，無非都是其原初的神話形態的蓄積。只是除去了體驗與沉思的視景，而代之以機械性的觀點而已。這時的信仰，只是對「力」與「物質」的信仰，縱使所用的字眼是「上帝」與「世界」、「神」與

「人」等，仍掩蓋不了真相。

從狹義的「唯物主義」一詞而論，浮士德文化的唯物主義，是獨一無二且自給自足的。在浮士德唯物主義之中，技術的世界觀，已臻完滿的境地。整個世界，是一個動力的系統，精密而準確，充滿數學的性向，故而可以由實驗來探求、用數字來固定其最初的原委，以便由人來主導世界——這便是我們西方獨特的「回歸自然」，與其他文化的這一觀念迥異的所在。「知識便是美德」，是孔子、佛陀、蘇格拉底都相信的話語，但「知識便是力量。」一言，卻只有在歐美文明之中，才具有意義。命運的要素，被機械化而成為演進、發展、進步的觀念，並置於西方思想系統的中心；意志的因素，也被機械化而成為「進步的胚芽」；於是所有這一切一元論、達爾文主義、實證主義的教條，都被視為神聖不可侵犯的「適用道德」，成為美國商人、英國政客、德國民眾的燈塔。終極而言，這不過恰是對古老的信仰，作了心智上的諷刺而已。

若沒有不斷經由對神話心態的屈服，經由對某種儀式的執行，經由對非理性、不自然、極厭煩、甚至極愚蠢的魔力之欣賞，來減輕心智上的張力，則唯物主義，仍不能說是已告完成。這一趨向，在中國的孟子時代、及印度早期佛教諸高僧的時代，甚為明顯，在希臘文明中，更是一項主要的特徵。約在西元三一二年，亞歷山大城中一些詩人學者，曾發明了奇特的「西拉比斯崇拜」（Serapis—cult）[15]，並賦予它以精巧雕琢的傳奇。而羅馬共和時代的「愛色斯崇拜」（Isis—cult），與隨後出現的「皇帝崇拜」，也和深刻真摯的原始埃及愛色斯信仰，大為不同[16]。它只是高級社會的一種**宗教娛樂**，有時惹起公眾的訕笑，有時也導致公眾的醜行，並因而關閉了崇拜中心[17]。與此對應地，我們今日在歐美世界中，也有神秘論者及通神論者（theosophist）的騙局、有美國式的基督科學、有畫室中的假佛學、有宗教用的工藝行業，來迎合人們對哥德式、或後期古典、或中國道教的崇拜的情緒。但無論何處，這不過是對神話，作不關痛癢的耍玩，**沒有人會真正相信這類事物**。這只是對宗教崇拜，作事不關己的品評，以希望能填補自己內在的空虛而已。唯物主義是淺薄而誠實的，這類虛擬的宗教，則淺薄而且不實。但這類虛擬的宗教之能出現，無疑預示了一種，新起而真正的尋求的精神，即將出現。這精神起初是沉寂無聲的，但不久之後，便在已文明化的覺醒意識之中，公然而強調地喧嚷開來。

15 西拉比斯本是埃及下層社會崇拜的神祇，此時又重興於文明時期的古典社會中。

16 指此一崇拜已全無真正的宗教感受可言。

17 自西元前五八—四九年，至少下令關閉達四次之多——原註。

這次迴光返照的種宗教在文明一階段，我稱之為「**第二度宗教狂熱**」（Second Religiousness）。在**文明**已完全形成了自身的形式，並開始要緩慢而不知不覺地，進入到時間對其已不具意義的「非歷史狀態」（non—historical state）之時，「第二度宗教狂熱」便出現於文明之中（對西方文明而言，尚需經過很多世代，才會達到這一點）。「第二度**宗教狂熱**」，是「**凱撒主義**」的**必然拓影**。而「凱撒主義」，則是後期文明最終的政治體制。故而，在古典文明的奧古斯都時代，及中國文明的秦始皇時代，第二度宗教狂熱的現象，甚為明顯。

「凱撒主義」與「第二度宗教狂熱」之中，**早期文化**的創造性年輕活力，全告闕如，但卻也自有它們的偉大性在。「第二度宗教狂熱」的偉大性，在於一種充滿於覺醒意識之中的**虔信**——後期埃及人的虔信，曾予希羅多德極深的印象，回教及印度教的虔信，也予西歐人極深的印象；而「凱撒主義」的偉大性，則在於它無比強大的事實**力量**。

但是，無論在這一虔信所導致的創造，或是凱撒主義下羅馬帝國的創造中，都**絕無任何事物，是原創而自發的**。沒有東西被建立，沒有觀念在展開——只如同一陣迷霧自大地掃去，初時尚不確定，但不久即日益清晰地，顯現了原初的形式。第二度宗教狂熱的素材，仍然只是那最初的、真正的、年輕的宗教狂熱中的素材，只是體驗與表達的方式不同而已。這第二度的狂熱，開始於理性主義因無助而萎褪，然後，文化春天的形式重趨明顯，終於，整個的原始宗教的世界，本已後退至塵世信仰的巨大形式後面，如今又以流行的「融合」型宗教的姿態，強而有力地，重回到前景之上。故而，在此一階段時，各大文化都發現有其流行的「融合」型宗教。

每一個「啟蒙時代」，都是由對**理性**——以及一直與理性相關的**大都會文明**——持著無限制的樂觀看法出發，而走到同樣無限制的懷疑主義為止。主導思想的覺醒意識，由於種種人為的壁壘，被隔離於周圍活潑潑的**自然**、及下面活潑潑的土地，故而它對自身以外，一無所知。它只有將批判作用，施之於自己的想像世界，而又自這想像世界中，掃除了日常的感覺經驗，如此以往，終至發現其最終極而精微的結果，形式的形式——**覺醒意識本身，竟是：一無所有**（nothing）。

至此，作為以批判的方法，來理解世界的模式——物理學，其可能潛力已經耗盡，而對形上的飢渴，遂重新出現。但促成「第二度宗教狂熱」的，不是那些受過教育、自命文人者的宗教消遣，更不是心智的作用。「第二度宗教狂熱」的源頭，是沉默而自發地，起自於群眾之間的淳樸信仰（Naive belief），相信有某種神秘的事實結構之存在，（至其正式的證明，旋即被認為是無趣而乏味的文字遊戲）；以及一種同樣淳樸的**心靈需要**，需要以「崇拜」來表達其對神話的敬畏。這種淳樸的信仰與淳樸的需要兩者，皆是不可預知、更不可選擇的——它們自然出現，表現出第二度的宗教狂熱。至於我們西方，距此當然尚甚遙遠，但是，擾動十九世紀中最佳的心靈，使多少人為之激奮的，孔德與斯賓塞的學術意見，以及唯物主義、一元論、與達爾文主義，如今已成為老媼能解的普遍世界觀，這多少已透露一些有關「第二度宗教狂熱」的消息。

猶太的悲劇

從後期猶太教著名教士耶戶・賓哈勒維（Jehuda ben Halevi）的時代起，猶太教也已是一個農人宗教（fellah—religion）。耶戶與他的回教老師阿迦扎里（al—Ghazali）一樣，對於科學性的哲學，抱持絕大的懷疑態度，並在一一四〇年的「古薩里」（kuzari）經典中，否認此類哲學有任何作用，只視作是正統神學的婢女。無論是在這個時期，或在任何其他時期，猶太教在宗教史上，都並不特出，雖然，從西方文化取之作為自己的基礎，這一個觀點來看，猶太教可能顯得與眾不同，但那只是西方自我中心的看法。猶太教的名稱，其意義一直在不知不覺之中，變動不已，但這也不是猶太人特有的現象，同樣的情形，曾亦步亦趨地，發生於波斯人的歷史上。

在基督紀元的最初五個世紀，是猶太教的春天時節，這一沒有本土的教會，在地理上，從西班牙一直傳播至中國的山東。這是猶太的「騎士時代」，也是其宗教創造力如繁花盛開的「哥德式」時代。後來的「啟示錄」、泰默法典中的「密喜那」經（Mishnah）、以及原始基督教，都是這一民族的創作。而如所周知的，在這些歲月裏，猶太人只是農夫、工匠、小鎮中的居民，「大型商業」都握在埃及人、希臘人與羅馬人的手裏——也就是，握在古典世界中人的手裏。

約在西元五〇〇年，猶太的「巴鏤克」時代開始了，但西方研究者，已習慣於非常一廂情願地，將之視作是西班牙「光榮時代」的一部分。此時，猶太的政教體制，已如同波斯、伊斯蘭、及拜占庭一樣；發展為一種**都市**與**心智**的表現，自此以往，猶太人便進入到都市經濟、及都市科學的形式之中了。西班牙的大城達拉貢拿（Tarragona）、托利多（Toledo）及格拉那達（Granada），主要是猶太人的城市；猶太人也成為摩爾人高級社會中的主要成分。摩爾人那種優雅的態度、堅毅的精神、武士的氣概，在十字軍時代，曾驚眩了西方哥德式的貴族，他們紛紛試著去模仿摩爾人；但所有這一切，以及摩爾的外交策略、戰爭能力、及都市管理，若無猶太貴族從中推動，便成為不可思議之事。至於文學方面，正如過去一度在阿拉伯，曾出現過早期猶太的浪漫情詩，在此時，則出現了具有啟蒙科學精神的，高級猶太的文學作品。

但是，約從西元一〇〇〇年起，當馬日教會的西方部分，突然進入到年輕的西方文化領域之時，一個全新的情勢出現了。因為，在日耳曼—羅馬世界尚生活於沒有城鎮的土地之上，而修道院及市集周圍的居民，剛剛出現，尚需經好幾世代，才能擁有其自己的靈魂之時，猶太人已如祆教徒、拜占庭人、及伊斯蘭教教徒一樣，早已成為**文明化**和**都市化**的人。而當猶太人已是農人之時，西方民族根本尚幾乎在原始狀態。故而，西方民族與猶太民族之間，便有著一種互相的仇恨和蔑視，這仇恨和蔑視，不是由於種族的差異，而是由於文化發展中，**階段的差距**（difference of phase）。猶太教會，在所有的小村和鄉鎮之中，都建造了本質上可算是大都會的「猶太聚落」（ghetto）。而「猶太城市」（Judengasse）更比哥德式的城鎮，要領先一千年之久。這正如同，在耶穌的時代，羅馬城鎮矗立於加利利湖畔的村落之間一樣。

此外，西方的年輕國家，與其本地的泥土、及本鄉的觀念，牢牢相繫；可是這沒有本土的猶太「教會」，卻不是由縝密的組織來鞏固的，反而由一種全然潛意識、全然形上性的脈動，來加以凝聚——這是馬日世界感受所表現的，最簡單而直接的形式。這在西方民族看來，實在玄秘莫測，無法理解。故而在這時期內，西方產生了所謂「流浪猶太人」（Wandering Jew）的傳奇。

在西班牙的摩爾時代，西歐的猶太人尚能落地生根，但到了此時，猶太人已完全失去與大地的關係。他們不再是農人。連最小的猶太聚落，無論如何寒傖，都仍算是大都會的一個片斷，而其居民，分裂為不同的社會階級：——祭師（Rabbi）成為猶太聚落中的婆羅門階級，而貧苦的大眾，其特性表現為文明化、冷漠、高度理智、專心致力於商業。但這也不是猶太人特有的現象，若是我們的歷史感，能放到更寬廣的水準上，則我們便會看出：自從十字軍時期以來，所有的馬日國家，都已處在這樣的狀態中。

祆教徒在印度，及亞美尼亞人（Armenians）和希臘人在南歐，都具有如同猶太人在歐美世界，同樣的商業能力。每一其他文明，在驅入到一個年輕的環境中時，也都發生同樣的現象。例如中國人在加州、爪哇、及新加坡的表現；印度商人在東非的成就；以及羅馬人在早期阿拉伯世界的行為，都是明顯的例證。在最後一例中，情況與今日恰好倒轉，因為當時的「猶太人」恰是羅馬人，而當時的阿拉姆人對羅馬人所懷持的，一種天啟式的恨意，也十分近似於我們今日，西歐的反閃族、反猶太的情緒。在西元八八年，反羅馬情緒的爆發中，一聲令下，十萬羅馬商人被滿懷憤恨的小亞細亞民眾所謀殺，這是十足的「屠殺猶太運動」（pogrom）的先例。

除了前面所述的對立之外，西方人與猶太人，尚有**種族**的對立，當西方**文化**本身已行將進入**文明**，而兩者之間，表現於生活方式及理智程度方面的「**年齡差距**」（difference of age）日漸減小時，**種族的歧異**，則從蔑視而成為仇恨。但儘管如此，也不應發生從語言學上借來的，所謂「印歐族」、「閃族」之類的愚蠢口號。事實上，在我們眼中，「印歐族」的波斯人及亞美尼亞人，與猶太人根本完全沒有區別，而即使在南歐及巴爾幹半島，基督徒與猶太人之間，也看不出有什麼具體的差別。猶太民族，事實上，與阿拉伯文化的每一其他民族一樣，是一強大「使命感」的產物，而且，直到十字軍時代，猶太民族還不斷因人眾的加入及退出，而發生變化。一部分東方猶太人，形體上與高加索的基督徒居民無異，另一部分又與南俄的韃靼人相同，而大部分的西方猶太人體形，則與北非的摩爾人難以區別。

但在西方，遠較其他的差異為重要的，實是哥德式春天的「種族理念」，與當時西班牙、葡萄牙的猶太人「種族理念」之間的不同。此處的猶太「種族理念」，最初是在西方的猶太聚落之中形成，是在極度困難的外在條件下，以特殊的精神滋養和訓練而成，當然，還要加上其周圍土地和民族的魅力，以及其對這種魅力所作的，形上方面的防禦反應。故而與哥德式理念，實在格格不入。在哥德式時代，此一差別是極深刻而宗教性的，西方人憎恨的目標，乃是猶太的教會、猶太的宗教；只有到了**西方「文明」**開始時，這憎恨才變成物質方面的，開始就猶太人在心智和商業方面的表現，而攻擊猶太人。這是因為西方突然發現：自己面對的，是一個不下於己的挑戰者。

但分歧與痛苦中，最深刻的要點，卻在於整個的悲劇，根本絕少被人瞭解。當西方人，從撒克遜諸帝以迄今日，已「生活」於自己的歷史中，並具有其他文化所無的歷史意識時，猶太的教會，**卻已根本沒有歷史可言**。它的問題已經解決、內在形式已經完成，一切註定，無可改變，對猶太教而言，猶如伊斯蘭教、希臘教會、及祆教教會一樣，時間已不再有任何的意義，故而，沒有任何一個內在隸屬於猶太教會的人，能夠理解浮士德人的生命經驗，在短短幾世代中所表現出的激情。而在這段時間內，浮士德文化的歷史與命運，卻正在作決定性的轉變——十字軍的開始、宗教改革、法國革命、日耳曼獨立戰爭，以及若干西方民族中，每一項的轉捩點，都代表絕大的意義。但所有這一切，對猶太人而言，已是三十代以前的往事了。

一個猶太籍的騎兵將領，曾在西方的「三十年宗教戰爭」（Thirty Year's War）中作戰，但是——馬丁路德或羅耀拉的理念，對他有何意義可言？正如拜占庭人，何能瞭解十字軍戰爭的意義？高級文化的生命歷程，所造成的歷史中，常有這一類的必然悲劇性事故發生，而且經常重複出現。例如歐美世界，對土耳其（一九〇八）及中國（一九一一）的農民革命，便完全不能瞭解；因為這兩民族內在的生命與思想，甚至其對國家與主權的觀念，都與西方世界迥然不同，猶如一本密封的書，絕非西方所能啟視，故對這些事件的進展，我們既無法衡量，也不能估算。在這種不可能溝通的情形下，屬於馬日教會的猶太人，跟隨著目前浮士德文明的歷史行進，可是其基本的感受，還是馬日人們的感受，即使他的思想中，自以為是對西方的特徵，深具信心，可是歸根結柢，他仍不可能成為西方文化的一份子。

因為每一個馬日的教會，都沒有疆域的觀念，而且不受地性的限制，故而馬日教會的人，自然而然地，要從一切浮士德式概念的衝突，諸如：「本土」、「母語」、「君主政體」、「立憲政體」等紛爭中，找尋一條途徑，以便從對他完全陌生疏離的形式，回到與他本性契合的形式之中。故而「國際」（international）一詞，無論其是與社會主義、和平主義（Pacifism）、或是資本主義相連，都能激起他的熱情；但是，他從「國際」一詞中所聽取的，其實仍是他那**沒有本土**、**沒有疆界**的宗教本質。甚至當教會的力量已經破產，而他所寄居的民族，對他施以一種外在的吸引力，引起他的愛國心之時，他所支持的黨派，仍將是在目標方面，與他的馬日本質最相近者。故而在德國，猶太人是民主主義者，而在英國，卻又是帝國主義者。

單從愛好「國際」觀念來看猶太人，難免造成誤解，而西歐人視「少年土耳曼」與「少年中國」運動中的改革者，為與自己同樣精神的「立憲主義者」（institutionalists），也恰是同一類的誤解。如果一個人從事的事情，與他有內在的關係時，即使他在破壞，也代表一種肯定；如果是內在的疏離時，即使他有心建設，也仍代表一種否定。故而不同文化的人，互相的誤解，實在無法避免。而這種誤解，導致駭人聽聞的仇恨。這種仇恨，一方面深深沉入於**血液**之中，一方面又在**種族**、**生活方式**、**職業**、**語言**各方面，浮現出來，於是，當情況發生時，遂促成雙方互相蹂躪、毀害、與流血的暴行。

自拿破崙時代起，古老而文明化的猶太教會，已在不受歡迎的狀況下，與新近才文明化的西方城市社會，交混在」起，並以其經驗的優勢，冷漠地襲用了西方城市的經濟與科學的手段。再過一些世代，另一非常古老而理智的民族——日本人，也效而尤之，甚至表現得可能更為成功。另一個類似的例子，便是迦太基人。**迦太基**本是**巴比倫文明**的後衛，當古典文化尚在依特拉斯坎——多力克的童年時代時，迦太基已經高度發展，它到最後，雖因宗教及藝術等各方面，均已處在終結狀態，而告僵化，以致投降於後期的希臘文化，但迦太基人在經商方面，卻遠優於希臘人及羅馬人，因而，也被希臘人、羅馬人所仇恨。情形與今日的猶太人，如出一轍。

今天，猶太這個馬日的民族，連同其聚落及宗教，本身已處在消逝的危險中——其緣由並不是因為馬日與西方兩大文化的形上思想已互相接近（這是不可能的），而是因為兩邊的理性化的上層結構中，**均已根本不再具有形上的思想**。於是，猶太民族已失去了一切內在的凝聚力，剩下來的只是由現實問題所造成的凝聚力。而猶太民族因習於從事商業思考，所獲致的商業上的領導地位，也因美國人的崛起，而越來越形微弱，商業優勢一旦旁落，則維持四分五裂的猶太都會的最後有力方法，便也將告闕如。故而，當歐美的世界都會中，文明化的現實手段，達到完全成熟的那一時刻，猶太人——至少是西方文化中的猶太人——的命運，也便將趨於終結。

第十七章　國家——階級的問題

男人與女人

我們稱之為「**生命**」的洪濛之流中，深不可測的奧秘之一，即是「生命」有兩性的判分。即在繫定於地殼之上的植物世界中，花朵的意象已經告訴我們：生命在嘗試著劃分為兩種不同的類型：其一，是**存在的本身**，其二，是維持存在**進行的事物**。動物是自由的，動物在大世界中自成一個小世界，能表現出內在宇宙，以抗衡於外在宇宙，故而，當動物世界越來越明白地展開它的歷史之時，兩種不同存有，所代表的不同方向，即：陽性與陰性的對立，便也越來越顯著地展示了出來。

陰性較接近於**自然宇宙**。它的根柢深入於土，並直接涉入在巨大的自然韻律的循環之中。**陽性**則較為自由、較為動物化、較為活躍，在**感覺**與**理解**上，以及在其他方面，陽性都比較緊張。

男性活生生地**經驗**「命運」，並以理智來瞭解「因果」——「因果」，即是「已經生成的事物」（Become）的機械邏輯。相反地，女性本身即是「命運」、即是「時間」、即是「生成變化的過程」（Becoming）的有機邏輯，因此之故，因果的律則，對女性永遠是陌生而疏離的事。而每當男人嘗試去賦予「命運」概念，以任一具體形式的時候，他都會感受到，「命運」的形式即是女性的形式，故而他稱之為「**命運女神**」，如希臘的墨瑞（Moirai）、羅馬的帕絲（Parcae）、北歐的諾恩（Norns）等，都是命運女神的名稱。當然，最高的神祇，永遠不是「命運」本身，而是命運的代表與主宰——正如男人代表、或控制女人。還有，邃古之初，女人代表**先知**，這並不因為她預知未來，而是因為她本身「**就是**」未來。僧侶只能解釋神諭，而女人卻是神諭的本身，因為透過她而發言的，乃是「**時間**」。

男人「塑造」（makes）歷史，而女人就「是」（is）歷史。在此，我們看到，一切的生命流衍，都具有雙重的意義，既極端清晰，又奧秘難解：一方面，逝者如斯，不舍晝夜；另一方面，生命綿延，前後銜接，致使人類的**內在宇宙**，回過來成為**生命之流**的接納者、容留者、與保存者，而歷史遂呈現了陽性的特徵，表現出一切政治的、社會的活動，表現出比較自覺、自由、活動的陽性本色。

歷史深入到動物世界之中，並由各大文化的生命歷程，呈現為具有最高象徵意義的**世界歷史**。而相反地，陰性是原始、是永恆、是母性、是植物似的，故而她所代表的，乃是世代綿延的**自然歷史**，是不具文化（Cultureless）的歷史，亙古不變，始終如一，暗中於一切動物及人類的存有之中流過。

回溯起來，這一自然歷史，實與「生命」本身，同其意義，而且，這一歷史，也自有它的戰爭、它的悲劇。女人於嬰孩的搖籃中，已贏取了她的勝利。墨西哥文化中的阿茲特克人（Aztecs），甚且尊敬工作中的女人，一如作戰的武士，女人死時，猶如殞落的英雄一般，加以埋葬。女人的策略，永遠是征服男人，因為透過男人，她可以成為孩子的母親，成為「歷史」與「命運」與「未來」。女人深妙的差赧、奇巧的修飾，其目標所在：永遠是針對她兒子的父親。可是，男人的重心，本質上卻置於**另一類的歷史**之中，他要使兒子，成為「他的」兒子，成為「他的」血液及歷史傳統的繼承者與傳載者。

於此，在男人與女人之中，兩類的**歷史**，互相為爭奪權力而戰。而這戰爭中，女人比較有力，而且一貫。因為她只從她自己及她固定的角色方面，來發揮能力，對付男人。相反的，男性方面，則有著自身的衝突：——他一方面是自然世界的人，一方面又屬於歷史世界，這是女人既不瞭解，也不容許的，因為她感到，這對她所認為最神聖的使命，構成嚴重的威脅。

自有兩性以來，這一秘密而基本的兩性之戰，便一直在進行著，而且勢將繼續進行這一無聲的、痛苦的、不寬容而無憐憫的戰爭。在這戰爭裏，也有政策、戰役、同盟、條約、叛逆等種種之情事。**愛**與**恨**的基本感受，發端於世界渴望與原始直覺，瀰漫於兩性之間，要比另一個男人與男人間的**歷史**中，所表現的，更為強勁有力。兩性之間，有情詩（love—lyrics）、也有戰詩（war—lyrics），有戀愛之舞（Love—dances）、也有干戈之舞（weapon—dances），而且，還有兩性以嫉妒及野心為基調的悲劇——如莎士比亞筆下的「奧賽羅」與「馬克白」。政治世界的恩怨，若與女人深沉的復仇行徑，例如荷馬史詩中阿加曼農之妻克莉苔妮脫（Clytemnestra）、或「尼布龍之歌」中齊格飛之妻克里姆希德（Kriemhild）的作為[1]，相形之下，簡直是微不足道了。故而，女人藐視這另一型**歷史**，藐視男人的**政治**，她永不瞭解這歷史

1 克莉苔妮脫為希臘神話中，串通情夫謀殺親夫之女性，造成三代的流血悲劇；克里姆希德為北歐神話中，個性強毅意志堅定的女性，為愛情而設計害死齊格飛。

的意義，她對此所能看到的一切，就是這會把她的兒子，從她身邊帶走。

如此，歷史便含有雙重的意義，它一方面表現為自然的生息，一方面又表現為政治的捭闔。它既是生命存有，自在流行；又是困心衡慮，掙扎圖存。從而便有**兩類的命運**、**兩類的戰爭**、**兩類的悲劇**——一是公共的，一是私自的。這一雙重屬性，沒有辦法可以將之消除，因為它是一種根本的屬性，深植於動物的本性之中，只要動物既擁有**內在宇宙**，又介入**自然宇宙**，便免不了這樣的對立矛盾。在**高級文化**的歷程中，這一現象不但不能克服，反而還會加深，故而有公共的生活，也有私自的生活，有共同的法律，也有特異的法律，有公共的崇拜，也有隱密的崇拜，歷史的雙重屬性，出現在所有重要的事象上。

而「**階級**」（Estate），便是生命存有，在一個歷史之中，「**進入情況**」（in form）時的現象；「種族」，則是生命存有本身，在另一歷史之中的流動。古日耳曼有所謂「陽剛之面」（sword side）與「陰柔之面」（spindle side）的區分，在此頗為契合。至於有導向性的「**時間**」，則兼含這雙重意義，並分別在「**國家**」（the State）與「**家庭**」（the Family）這兩大觀念上，獲致了其最高的表達形式。

種族血液

另一方面，我們看到大群的個體生命，匯集成流，成長、消逝，而在其間，塑造了**歷史**。這些前仆後繼賡續不已的生命世代，其共同的脈動愈深刻、愈強烈、愈習以為常，則其所帶有的血液與種族的力量也愈突出。這些生命集團[2]，從無限的時空中，奮然崛起，各有自己的靈魂，而形成一個群體，並感受到自己溶在群體生命的共同波濤之中，形成一個整體——不是由共同真理所聯繫而成的心智集團，如學院中的教團、協會之類，而是在生命赤裸裸的混戰之中，凝結成的血族團體（blood—confederates）。

所謂生命之流「**進入情況**」，這「進入情況」四字，可由運動場上的情形，加以說明。一個賽馬場上，當馬腿紛紛飛躍圍欄，馬蹄踏實而有節奏地落在場地上時，便可謂已「進入情況」。在摔角手、鬥劍手、或球員「進入情況」時，最危險的動作與舉止，也變得輕鬆而自然。而一個藝術時期「進入情況」時，便是這藝術的傳統，已成為藝術家們的第二天性，猶如對位法之於巴哈那樣。一支軍隊之「進入情況」，便是有如在奧斯特里茲之役時：拿破崙

---

2 在其他地方，史賓格勒有時用「已啟蒙的群眾單元」（inspired mass—units）一詞——英譯者註。

麾下的法軍，或普法之戰色當戰役（Sedan）時、莫克（Moltke）將軍麾下的德軍那般。事實上，在**世界歷史**中，在戰爭及以心智手段所從事的戰爭之延續——即**政治**中，在一切成功的**外交**、**戰術**、**戰略**中，在不同國家之間、或社會階級之間、或政治黨派之間的**鬥爭**中，所能獲致的任何成就，都是能夠「**進入情況**」的**生命單元**，創造出來的成就。

德文中，用以表達種族或品種教育的字眼，是「**訓練**」（Zucht，züchtung），以與另一字眼「**琢磨**」（Bildung），有所區別。後者是基於一種統一的教訓或信仰，而造就具有類似覺醒意識的團體之謂。例如，書本就是「琢磨」用的工具。然而，一個人能活生生感受到其「境況」（milieu）中，恆定的衝擊及和諧，則必有賴於「訓練」之影響。一個特定社會中的「風範」及禮節，乃是一個特定人群的生命脈動之呈示，要想在這社會中領導風會，便必須先具有這人群的脈動。女人，由於比較直覺，且比較接近於自然的韻律，所以比男人較易適應於新的環境形式。女人可以在幾年之內，從社會底層直升到上流社會——而其沉淪也同樣快速。但是，男人由於比較富於知覺及判斷，所以改變比較緩慢，庶氓絕不可能完全成為貴族，貴族也絕不可能完全淪為庶氓——只有到了下一代時，新的境況之脈動，才能展其面貌。所以「訓練」成為種族教育的重點所在。

形式越是深奧，則必越為嚴格而專一。在外人看來，道像是一種束縛，可是，當事者卻對此形式，能作完全而輕易的掌握，猶如莫札特，乃是音響形式的主宰，而不是其奴僕。每一位天生的貴族、政治家及將領，也都是如此。

在一切高級文化中，一般土生土長的**農人**（peasantry），廣義而言，只是蓄積的素材；而文化社會（society），則是明徹而強烈地「進入情況」的單元。文化社會是一些階層或「階級」的組合，無疑是人工的、短暫的，但這些階層及階級的歷史，卻正是**最高可能的世界歷史**，故而相對於此而言，農人可視為是「無歷史的」。

文化與有機世界中的任何其他事物，截然不同。人在文化之中，提升自己，超乎自然的力量，而自己成為創造者。縱然在種族方面，人是**自然**的產物——人是被撫育的，但是，在「階級」這面，人撫育了自己，一如撫育他所感到興趣的種種動物和植物那般——而這一過程，就最深刻及最終極的意味而言，即是「文化」。**文化**和**階級**是可以互換的表述；因為兩者一起興起，也一起消逝。培養所選定型式的酒、或果實、或花卉，培養純種的良駒，這就「是」（is）**文化**，而**生命存有**已高度「進入情況」時的表現，即：由人類中精英分子所產生的文化，其意義正與此完全相同[3]。

3 此處史氏有偏見，意曰：文化為一定形式之開展。

真實的歷史，絕不是如文明開始時，那些哲學家和理論家所主張的，有所謂反政治的（anti—political）意味。正相反，歷史就是種族史、戰爭史、外交史，是生命之流以男女、家庭、民族、階級、國家的形式，在龐大的現實浪濤衝擊中，相互攻防的歷史。就其最高意義而言，**政治**就是**生命**，而生命也就是政治。每一個人，無論是否願意，皆是此一戰爭劇中的一份子，或為主體，或為客體——絕無第三種選擇。

精神的王國，不屬於這個世界。縱使精神世界，要先於現實世界，如生命存有，先於覺醒存有，然而對於事實，一逕說：「不」，何得於事實之確實存在？其實，在能被否認之前，事實必定早已存在。種族可以不需語言，而語言必賴種族為之表達，宗教、藝術、思想風格，以及精神的歷史中一切事物，莫不皆然——而現實歷史的面貌，即由血液的力量，越過感受與推理所示出者。一位英雄，對於此一第二次世界[4]，可以根本不需知道，因為他徹頭徹尾即是**生命的本身**；但一位聖人，必須經由嚴厲的苦修，才能擊倒他身上生命的力量，而獨與天地精神往來——而他之所以能成功，其所用的精力，還是自來生命的本身。英雄藐視死亡，而聖人藐視生命，但在偉大的苦修者、與殉道者的英勇行徑，與大多數凡俗的虔信心理對照之下，我們發

4 指思想、意識、宗教、真理的世界。

現：即使在宗教的偉大性中，也已預設了**種族**的力量，顯然，生命必須真正強壯，才經得起諸般的苦鬥。哲學，猶其餘事而已。

因此之故，從世界歷史的意義來看，**貴族階級**實在非常重要，遠非苟安逸樂的文化後期所能想像。原始的貴族，不是頭銜、特權、及宴慶的總和，而是一種**內在的能力**，很難獲取，很難保持——但在識者看來，卻值得為之犧牲整個的生命。一個古老的家族，所顯示的，不僅是一系列的祖先而已，而應是整個世代，都生活在歷史的高峰之上的祖先；這些先世人物，不僅曾有「命運」，而須曾是「命運」；在他們的血液中，事情的形式，經由數世紀的經歷，而被推向完美境地。如此方是值得自傲的古老家族。因為從大處著眼，歷史是從**文化**開始的，故而，一個中世紀的羅馬貴族（Colonna），追溯其先祖至後期羅馬時代，只是一種虛飾而已；但後期拜占庭大公，追溯先世至君士坦丁大帝；或今日的美國人，追溯先祖至一六二〇年的「五月花」移民，則不無意義，因為那確是蓽路藍褸，開創氣象。

事實上，古典貴族是始於特洛戰爭時代，而非始於梅錫尼時代；而西方貴族是始於哥德式時期，而非始於法蘭克人及哥德人——在英國，則是始於諾曼人，而非撒克遜人，理由也是一樣。只有從這些真正的起點出發，才有歷史之可言，也只有從這些時候起，才可能有原始的貴族，這遠非世襲的貴族與英雄可比。我前面所稱的自然宇宙的脈動或衝擊，便是在此等的貴族身上，達到了完成的境地。至於在稍後，較為成熟的時代中，所有我們稱之為外交及社會「才智」的東西，包括：戰略及商業上的才能、對精微事物有搜集的眼光、對人物判斷有敏銳的透視力；以及一切與生俱有，非可強求的本領，一切別人不克臻此，而感到嫉妒不已的才賦；能夠「進入情況」指導事件之進行的能力——都不過是這一自然宇宙，夢也似的確定脈動之一特殊情形，這在成環形飛翔的鳥群、及純種名駒控制自如的運動中，也能夠明顯地表現出來。

第十八章 國家與歷史

權威的產生

在歷史的世界裏，沒有所謂理想、沒有所謂真理，有的只是事實。也沒有什麼道理、誠實、平等、最終目標之類，有的只是事實。不能認清這一點的人，只適合去寫些政治方面的書——卻絕不能實際從事政治。真實的世界中，沒有按照理想建立起來的國家，只有掙扎成長出來的國家，而這些國家，**無非便是一些「進入情況」的活潑潑民族的單元**。無疑，「生命之展開，有賴於形式之塑定」，但這塑定，是源於生命「存有」中，**血液和脈動**的力量，全然是直覺而自然的，故其展開，如由政治的行家所引導，則必採取血液中與生俱來的方向；但若由理想家來引導，則因理想家本身只為為其信念所左右，故終久會走向虛無之路。

對於存在於真實世界，而非僅存在於心智體系中的**國家**而言，其命運的問題，不是它的理想工作或理想結構如何，而是它內在的權威（inner authority）問題。內在的權威，終久而言，不能僅以物質方式來維持，而必有賴於實際有效的信仰——一種明辨敵友的信仰。決定性的課題，不在於何種憲法體制之建立，而在於一個完美有效的政府之組成；不在於把政治權力依「公平」原則，分配於民眾，因為歸根究柢，所謂「公平」原則，只是某一階級，用以形成自身合法要求的「觀念」而已，而在於全體民眾，充分有效的脈動節奏，有如接近跑道終點時，奮揚的奔馬肌肉與腿腱之躍動那般，這一種生命的韻律，甚至可以吸引出強卓的天才，使其發生共振；最後，也不在於任何玄妙邈遙的道德，而在於政治領導的堅定、確實、與優秀。對這些事理越能有自知之明，便越少為此發生爭辯；一個國家越趨近完全成熟，其地位、其歷史能力、乃至其命運，便越是高昂。

國家權力，主權，是第一級的生命象徵，它區分了「**主體**」與「**客體**」。強力的領導權力，是對這兩者作清晰劃分的表示，是政治單元中生命力的正確表記。故而，往往一個現存權力的粉碎，不是導致某一新的黨派，成為國家政策的「主體」，而毋寧是導致整個的國家，成為外國政策的目標，成為政治世界的「客體」，造成國家的災禍，這是屢見不鮮的事。

在每一個健全的國家中，成文憲法的條文，與活生生的體制、活生生的「情況」（仍是前述以運動為喻的「情況」）的實施，相形之下，實在並不重要，因為後者是由時間的體驗、情勢的遞衍，尤其是由這國家的民族特性，發展出來的。故而具體政治上的自然形式，建立得愈是有力，則其在未可預知的種種狀況中，運作得也愈是確定，能夠操縱自如，進退有序；事實上，到了後來，實際的領導者，是國王、是首相、是政黨黨魁、抑或是一個與國家並無固定關係的主持人（如南非的羅德茲），已根本毫無分別。在三次布匿克戰爭中，主持羅馬政治的貴族集團，從憲法條文的觀點看來，似乎並不存在，可是這何礙於其實際的成就？國家的領導者，永遠只對少數人負責，這少數的集團，具有政治統御的本能，並能在歷史的奮鬥之中，代表這國家中其他的人們。

事實上，明顯凸出，絕不含糊的，根本只有「**階級國家**」（class—States）——即由某一特定階級統治的國家——才是真正的國家。當然，這絕不是指那些：個人只是「附從」（attached）於其間、而非隸屬於一定階級的「階級國家」，諸如古代雅典的城邦、早期英格蘭與西西里的北蠻國邦、一七九一年國民立憲政體下的法國、與今日的俄國等；兩者絕不可混淆在一起。

真正的「階級國家」，是全盤歷史經驗的外在表現。它永遠是只由一個社會階層，以憲政方式或其他形式，來提供政治上的領導體系。永遠是由一個確定的少數集團，來代表整個國家的歷史傾向。而在這集團內，又是由一個多少可算是自成一體的少數圈層，以其政治才能（這才能且時常足以對抗憲法的精神），來實際從事國家的統馭。在絕大多數的情形中，這一少數集團是貴族中的一些精英——例如：統治英國巴力門議會（Parliament）風格的「士紳階級」（gentry）；布匿克戰爭時領導羅馬政治的「貴族元老」（nobiles）；文藝復興時代威尼斯的「商人貴族」（merchant—aristocracy）；以及巴鏤克時代，受過耶穌會訓練、從事羅馬教庭的外交的教會貴族等，皆是這一類的少數集團。這可稱之為「**第一階級**」。

與此類似，教會中的僧侶階級——也即是「**第二階級**」中，我們同樣可以發現自成一體的集團，所表現的政治才能——不僅在羅馬的天主教會中，而且在埃及和印度的宗教、尤其是拜占庭、及薩散匿王朝時的波斯宗教中，都有同樣的情形。

至於「**第三階級**」（Third—Estate）中，雖然很少產生政治才能，而其本身也不是一個階級單元，但也有一些情形，可以與上述現象相提並論。例如第三世紀時的羅馬，其平民階層中，便包含很多受過商業訓練的人才，而一七八九年以後的法國，其中產階級中，更不乏受過法律訓練的人才。在這樣的情形下，政治才能還是由一個固定圈子內的人所保障，而這些人具有同類的實際才賦，不斷能夠補充進來，以把整個尚未形諸文字的政治傳統與經驗，存留於其圈階之內，維持不失。

世上沒有什麼「最好的」、「真實的」、或「正義的」國家，可以按照計劃實施完成。每一個出現於歷史裏的國家，在**歷史**之流中，其本身都只存在一次，存在於一個時刻；到下一個時刻，無論其法律——憲政的外殼如何堅固，其實都已不知不覺有所不同。故而，諸如：「共和」、「專制」、「民主」等詞眼，在每一不同的例子中，表示的意義都不一樣，而這些詞眼，被哲學家或理論家用為確定的概念時，更已變成為一些口號。**國家的歷史**，是**觀相**的歷史，不是系統的歷史。它的工作，不是去顯示「人性」如何地進展，以取得其永恆的權力、以走向自由與平等、以開展一個超級智慧與超級公正的國家云云；而是要描述真正存在於現實世界裏的政治單元，如何成長、如何壯盛，又如何凋萎，並且顯示出這些單元，事實上即是一些「進入情況」的實際生命，此外無他。

中產階級

在文化開始轉變成為「**文明**」的那一點上，「**非階級**」（non—Estate）第一次決定性地介入了政治事務，成為一種獨立的力量。在雅典的「僭主統治」（Tyrannis）及法國的「貴族革命」（Fronde）時，[1]國家曾祈求「非階級」之助，以對抗本身的階級，由此，「非階級」第一次開始感到自己乃是一種力量。

到了「**文明**」開始時，「非階級」已為其「本身」，而使用出自己的能耐，並成為一個只顧本身自由，反對一切異己的階級。它把專制國體、君主權力、基本政制，均視作是舊式階級的自然同盟者，一體予以抹煞，全不理會這些正是原來深具象徵意義的傳統，真實而終極的代表者。這便是雅典的「第一僭主統治」（First Tyrannis）與「第二僭主統治」（Second Tyrannis）之間、法國的貴族革命與中產階級革命之間、以及克倫威爾與羅柏斯庇（Robespierre）之間的區別所在。[2]後面三種情形，已全是「非階級」具體的表現。

國家，由於對其中的每一個人，需求過重，故被此時盛行的都市理性，認作是一項累贅的負擔。而就在同一時期內，巴鏤克藝術的各大形式，也開始被視作是限制的桎梏，而變成了「古典主義」或「浪漫主義」的形式——也即是：病態奄微、不成形式的形式。從一七七〇

1 指法國在路易十四的寡頭統治下，一些貴族反抗宮廷的一次革命運動——英譯者註。
2 羅柏斯庇（1851—1925），法國大革命期間，為雅各賓黨的領袖，造成革命後的暴民政治與恐怖時期。

年起，德國文學便是一種由強力個人人格，以違抗嚴格詩體形式的反叛。

在這種氛圍下，要使整個國家為任何事物「進入情況」或「進入訓練」的觀念，已變得不能為人忍受，因為個人本身的內在，已不再能「進入情況」了。這在道德、藝術、思想模式，各方面皆然，尤其在政治上，更是如此。每一回的中產階級革命，其場景皆發生於大的都市，其特徵皆是對古老象徵，毫無瞭解，並以具體實際的利益，或是狂熱思想家與世界改革家們的渴望，來取代這些古老的象徵。此時，除了能以推理證明的事物之外，一切均無價值可言。

但是，國家的形式本質上是象徵而形上的，如今既剝奪了這形式的向上提升之勢，國家的生命，便也失去了在歷史之流中，昂首直進的力量。於是，大革命之前的法國政府，於一七八七年，著名外交家維吉尼斯（Vergennes）死後，平庸的路易十六手下少數能幹而遠見的大臣，雖也作了一些絕望的掙扎，可是對於外面的情勢，已不能挽狂瀾於既倒。維吉尼斯死後，法國便自歐洲的政治結構之中消失多年；在此同時，由路易的君權摒除一切阻抗而推行的大舉革新，也仍是完全無效，因為，由於**國家**的柔弱無能，原來的**「階級」問題**，已突然間變成了**權力問題**。歐洲戰爭，雖已顯然迫在眉睫，不可避免，可是此時已根本無人去注意外在的情況。貴族階級，很少思考對外政策及世界歷史的問題，而中產階級，更是漠不關心。沒有人問到：在新形式下的**國家**，是否能夠在其他**國家**之中生存下去？人們所注意的，只是國家是否保障人們的「權益」而已。

中產階級（Bourgeoisie），是都市的「自由」階級，它的階級感受，雖能保持數個世代之久，但即使在階級感受強烈時，它也沒有任何時候，能夠完全主宰自己的行動。因為，最主要的，它在每一個重要關頭，都顯示它的**結合**，只是一個「**負面**」（negative）結合，只能在它反對某些事物、反對一切事物的時刻，它才真正地存在，而當它必須表現一些建設性的行為時，不同的集團之間，利益便告背道而馳了——故而，「第三階級」與「反對階級」，幾乎可算是同義詞。

中產階級的主要支柱，一是**心智**，一是**金錢**。要從某些束縛之中解脫出來，這是兩者一致的。但是，心智所盼望的，乃是使國家成為「正義」觀念的實踐，而不是歷史事實的力量；或成為「人權」思想的保障；或提供批判的自由，以對抗盛行的宗教。而金錢所需要的，卻是一條通往商業成功的捷徑。兩者之間，極不調和。

尤有甚者，另有一個要素，自此而後，飆然而起，這是直到法國貴族革命（包括英國內戰）時代、及雅典第一僭主時代的衝突中，尚未曾出現的政治要素，如今卻已自成勢力——這一要素，在各個文明之中，均曾發現，並具有稱之為人輕藐的名目：「渣滓」、「暴民」、「烏合之眾」、「亡命之徒」等等，但其本身，卻同是代表著驚人的內涵。因為，此時只有各大都市在表現著決定性的行為——鄉野至多只能接受或反對都市的「既成事實」，而毫沒有自主的力量，如我們的十八世紀所證明的——而在各大都市中，**大群無根的人眾**，與社會失卻了一切的聯繫。這些人不再感到自己是附隨於某一「階級」、或某一社會階層，而且，儘管他們須去工作，他們甚至也不覺得自己屬於真正的工作階級。各行各業、各個階層之中，都有人本能地投入到這群烏合之眾中來——失根的農夫、沒落的文人、失敗的商人、尤其是脫軌的貴族。

他們的力量，遠超過他們的人數，因為他們永遠麇集在一起，當機立斷，隨時作出重大決定，隨時可以翻雲覆雨，對於秩序，全不在意，甚至即對一個革命黨派內本身的秩序，也絕無敬意。由於這些暴民，故而事件便具有了破壞力，這便是法國革命之有別於英國革命、「第二僭主」之有別於「第一僭主」的分野所在。

中產階級本身，對這些暴民也極感頭痛，步步為營，以求與他們分道揚鑣——就是由於中產階級此等防範未然的行動，才有拿破崙在法國革命後的暴民政治中，脫穎而出。但是，在事實的壓力之下，中產階級與暴民大眾的分界線，極難劃分。中產階級本身，在相對的人數上，既佔劣勢，其內在的凝聚又極不穩，在它將自己脆弱的攻擊力量，針對原有的秩序孤注一擲之時，這些暴民大眾，便強行躋身進去，推波助瀾，傾注全力，贏取勝利——而經常，卻不免落個自身被人征服的下場。在其間，也常有些心智迷惑的知識分子，不斷在理念上支持這些暴民；或有金錢勢力的實質背景，在後面撐腰，這是因為金錢勢力，為求把危險從自己身上，轉移到貴族及僧侶階級的緣故。

從另一個觀點看來，這一時期也凸現它的重要性——在這時期內，**抽象的真理**，第一次介入了**事實的世界**。世界都會已極其壯大，都市中人已凌越、並影響了整個**文化**的覺醒意識，所謂的「輿論」（Public Opinion），已壓倒一切，而血液及血液中與生俱來的傳統，其力量遂從不可輕侮的地位上，開始動搖。

不可忘記：巴鏤克的國家及雅典的城邦，在形式的最終發展上，純粹是活生生的「種族」表現，而在這些形式之中完成的歷史，也具有該等種族的全部脈動。在此時，任何能夠成立的有關「國家」的理論，必是自**事實**中演繹出來，也必臣服於偉大的事實之前。這時的「專制」（Absolute）二字，即是龐大的生命之流，所呈現的一種「進入情況」的單元，擁有一種生命的脈動與直覺，這脈動的表徵，或為外交及戰略上的才智、或為道德及禮儀上的威嚴、或為藝術及思想上的特殊風味，均無不可。然而，到了這「**文明**」的開始時刻，有關**國家**的「**觀念**」，終於壓服了「第一階級」的**血液**，而使它全然一無保留地，為國家所用。

此時，生命傳統的敵人——理性主義——也開始出現，並散布四方。這便是前述學院中人的覺醒意識所結合的心智團體，它們的宗教，即是批判主義，它們的基本精神，不在神祇，而在概念。書本與理論，開始影響到政治——在中國，有老子，在雅典，有詭辯學派，在歐洲，有孟德斯鳩——而由書本與理論所塑成的所謂「輿論」，也影響到了外交方面，成為一種全新的政治重點。即在皮西斯特拉妥（Pisistratus）、或黎息留（Richelieu）、甚或克倫威爾時代[3]，若說抽象的系統，竟能影響政治的行為，仍會是荒謬無稽之談。然而，在「啟蒙運動」的勝利之後，事實上情形即是如此了。

但是，「**文明**」時期各大抽象概念的歷史角色，卻也與這些概念，在思想家們心目中所呈現的景況，大相逕庭。真理的意義：永遠與它所帶出的趨向，南轅北轍。在事實的世界裏，真理只是手段，其有效性端視其主導精神、從而決定行動的程度而定。真理的歷史地位，不是由是否深刻、正確、或合乎邏輯來決定，而是由其是否「動人」（tell）來決定。這可以從「口號」、「標語」等字眼中，看出端倪。那些**文化春天**的宗教中，活生生體驗的象徵形象——如「聖塚」（Holy Sepulchre）之於十字軍、「基督實體」之於尼西亞會議時代——其地位，在每一文明化的革命時期中，已為兩三個振奮人心的字音所取代。在文明中，只有口號，

3 皮西斯特拉妥，為梭倫之後雅典第二度僭主政治時代的首位僭主。

才是事實。

口號是哲學或社會學系統的末流餘緒，自何而來，本與歷史了不相干，可是一旦化為口號之後，約有兩個世紀之久，卻成為第一流的力量，甚至強於血液的脈動。因為在都市林立的僵化世界之中，血液的脈動已開始鈍化。

但是，批判的精神，只是從「非階級」的混沌大眾之中，勃發出來的兩大傾向之一。與**抽象的概念**並行的，尚有**抽象的金錢**，與**學院**對峙的，尚有**帳房**，兩者同是政治上的力量。而如果所謂「民主政治」，指的是「第三階級」想要實施於全體人民的一種政治形式，則從願望與事實、理論與執行、知識與行動，兩種觀點分別透視之下，**民主政治**與**財閥政治**（plutocracy），終不免是同一回事。那些世界改革家及自由思想家們，以為竭力在對金錢作戰，而事實上，他們卻正是在幫助金錢發揮威力，這實在可算是一幕悲喜劇（tragic comedy）。

民主政治，不免表現為「一律平等」、「自然權利」、「全民投票」等等原則，但所謂的「服從多數」，只是一種混亂民眾中的階級理想，而所謂「輿論自由」（尤其是報紙言論的自由）也無非只是一種理想。因為，事實上，輿論的自由，必然涉及到輿論的鼓動，這便需要金錢；而報紙的自由，自與報紙所有權的問題密不可分，這又是金錢的事；同時，隨公民投票權而俱來的，便有助選的活動，於是誰能出錢，誰便左右大局。民主觀念的代表人，只能看到一面，而金錢的代表者，卻在另一面暗中操縱。至於「自由主義」與「社會主義」的概念，也都只有經由金錢，才能實際發揮與進行。

在羅馬，保民官格拉古提比留（Tiberius Gracchus）所推行的土地改革運動，須賴龐大的金錢集團——「騎士團」（Equites）——之力，才能付諸實施，而一旦這改革之中，對財團有利的部分，已經立法成功，財團便告撤出，運動即隨之瓦解。在英國，早在一七〇〇年，便有位居要津的政客，發表這樣的言論：「改選之時，選票與股票性質相同，一張選票的價格，同一畝土地的價格一樣，行情為人人所知。」在法國，滑鐵盧的消息一抵巴黎，法國政府的股票價位，迅即上升——大革命中，雅各賓黨（Jacobins）[4]已摧毀了古老的血液束縛，金錢的力量，便一無顧忌，取而代之，如今，**金錢已進而成為大地的主宰**。沒有任何一種無產階級的運動、甚至共產主義的運動，不是在金錢的利益之下、在金錢所指出的方向中、在金錢所容許的時間裏，發動起來的——只是那些領導人物中，尚有些理想家之流，被蒙在鼓裏一無所覺罷了。心智只在否定，而金錢一往直前，故而，在每齣文化戲劇的最後一幕中，當國際都會已凌越其他一切時，都是由金錢，在那裏作威作福。

4 雅各賓黨為法國大革命期間的激進份子，所組成的政治團體。

到這個時候，心智沒有理由可以抱怨，因為，畢竟心智也曾經贏取了自己的勝利——雖然這是在它本身的「真理」領域內、在書本與理想的範圍內的勝利，並不屬於這一事實的世界。心智的概念，在文明開端時候，確曾烜赫一時。但是，透過了這些概念，金錢卻在這個世界上，獲得了實質的勝利，金錢的王國，成為這世界唯一的王國。

在西方世界的各國中，「第三階級」政治的兩面傾向，即理想的民主概念與現實的金錢運作，**均是產自於英國**。只有在英國，第三階級可以避免一種必然過程——反抗專制的國家，摧毀國家的政體，而在廢墟上建立自己的統治地位。因為在英國，第三階級能夠發展為「第一階級」那樣的強固形式，而在第一階級中，它便可以找到已完全發展的「利益政政」（interest—politics）的形式，於是，第三階級得以借用傳統的技倆，用於本身的目的，而傳統技倆，早已圓滑完美，無以復加。由此，英國成為巴力門議會制度的老家，既有島國的地位，為其起點，又有第一階級的習向，為其背景，故而真積力久，舉世無雙。

但也是在英國的土地上，理性主義的口號，高唱入雲。這些口號，與曼徹斯特學派（Manchester School）的關係，相當密切——休姆就是亞當斯密的老師，而亞當斯密，即以「自由經濟」的口號，聞名於世。在英國，「自由」一詞，很自然地，意指心智與貿易，兩方面的自由。現實政治與抽象真理的狂熱之間的對立，在路易十六的法國，是不可避免的事，在喬治三世的英國，卻絕無可能。

後來，英國的保守主義巨擘柏克（Edmund Burke）且曾反擊法國的米拉波（Mirabeau）[5]說：「我們所要的自由，不是人的權利，而是英國人的權利。」這可見英國在現實政治與抽象真理之間，運用何等圓滑。法國毫無例外地，從英國接受了革命的觀念，正如她也從西班牙接受了專制君權的風格一樣。她將這兩者，都賦予了輝煌驚人、淋漓盡致的型態，成為整個歐陸的模型，可是，在對任一者的實際應用上，她卻都毫無概念。要在政治中，對中產階級的口號，作成功的利用，必須其統治階級，先有敏銳的眼光，能看清中產階級的心智性向——雖想獲致權力，但一旦獲取之後，卻並無能耐使用權力——英國能做到這一點，故而對「民主政治」的口號應用上，是成功的。

但也是在英國，金錢最是毫無顧慮地，被應用於政治之中——不僅是用賄賂來買官鬻爵，求取個人高位，這在西班牙或威尼斯的政治中，早成習慣，不足為奇，而根本是用金錢來「培養」民主力量的本身。十八世紀的英國，首先是議會的選舉、然後是下院的表決，都已

5 米拉波（1749—91），法國著名的演說家、革命家及政治家。

有系統地以金錢來經營[6]。英國還發明了「新聞自由」或「**自由報紙**」（Free Press）的理想，但隨之而來的，卻是報紙專供擁有主權的財閥之用。報紙並不傳播「自由」輿論——它只是製造輿論。

心智與金錢兩者合起來，構成了（廣義的）自由主義，即是：從生命的限制——無論其為特權、為形式、抑為感受——之中，解脫出來的自由；**心智的自由**，即：任何種類的批判主義；**金錢的自由**，即：任何種類的商業經營。但兩者也同時一往無前地，指向於「一個階級」的統治，不承認國家有至高無上的地位。心智與金錢，都是無機的事物，它們所要的國家，不是一種值得尊敬的、高度象徵的成熟形式，而是一個可以利用的引擎。然而只有在英國，貴族革命，由於有上述的優勢，不但在公開的戰爭中，解除了**國家**的武裝，而且也解決了第三階級的問題，從而達成一種第一階級的民主政治，這是一種既無需計劃，也無需倣傚，而是自然成熟的形式，肆應自如，圓融無礙，不受時間改變的影響。故而，英國的議會，在英國

6 英國首相渥爾坡（Walpole）的繼任者柏爾漢（Pelham），於每一會期終結時，透過他的秘書，付給下院議員五百鎊至八百鎊不等，依其為政府出力的代價而定。輝格黨的代表道汀頓（Dodington）描敘他的議會活動如下：「我儘可能不參加辯論，但絕不錯過任何一次我能夠參加的分組表決。我聽到很多的論證頗能令我信服，但絕沒有一次能影響到我的投票。」——原註。

參加專制各國的「王位繼承戰爭」（Succession Wars）時，能把這些戰爭，處理為具有商業目標的經濟戰爭，而符合其心智與金錢的利益。

除了英國之外，**國家**的推翻，容易導到獨裁的建立。內在混沌的「非階級」，對於高級形式，恆感深刻的疑慮，為了要求取自己的自由，常不覺採用獨裁的方式。「獨裁」（dictatorship）不承認任何的規條，對一切都持敵意，然而，由於它那種機械化的傾向，它卻能夠合乎心智與金錢兩者的品味——例如，由羅柏斯庇開端，而由拿破崙完成的法國獨裁政體結構，便頗能邀寵於一時。有利於某一個階級理想的獨裁，曾引起盧梭、聖西門（Saint—Simon）、羅勃特斯（Rodbertus）及拉塞雷（Lassalle）等理想家的興趣；就如同在西元前第四世紀，也曾引起古典思想家，如贊諾芬（Xenophon）、埃索克萊特（Isocrates）等人的興趣一樣。

羅柏斯庇的名言：「革命的政府，為了反對暴政，必須要有『自由的專制』（despotism of freedom）。」其意尚不止此。它還揭露了一種：震撼所有群眾的**深刻恐懼感**。在重大的危機之前，群眾惟恐自己「脫了節」，所以寧願有強力的獨裁者出現。一個軍團驚撼之餘，常會讓偶然脫穎出來的領袖，握有在平時不可思議的權力。擴而言之，在每一文明的開始時期，情形即是如此。

沒有什麼事情，能比雜亂無形的力量居然飆然崛起，更能顯示出政治形式的沒落了，我們很方便地，可以指出最明顯的例子：——「**拿破崙主義**」（**Napoleonism**）。政治形式健全之時，試看：黎希留或華倫斯坦（**Wallenstein**）的生命，與他們的時代經歷，何等地息息相關？英國革命，在外在的形象之下，又是如何地充滿了內在的形式？僅僅破除一種已經過時的秩序，不足為奇——克倫威爾與「第一僭主」時代的首領，均曾如此做過。但是，在可見形式的殘骸之下，不再能有內在形式的實質；在羅柏斯庇及拿破崙的周遭和本身中，找不出任何可供新的創造之用的基礎：他們別無選擇，只得以一種任意成立的政權，來取代有高度傳統與經驗的政府，而這任意成立的政體，前途不再穩賴於一個緩慢而完全「訓練」的少數集團的品質，而完全要依適當後繼者所遇的機運而定——這便是**文化**轉入為「**文明**」時，突出的特徵所在了。故而，能夠維持傳統，較他國為久者，例如英國，便能有幾個世代之久，享有政治上絕大的優勢地位。

傳統對理論

在古典文化中，羅馬是經過奪權革命之後，唯一碩果僅存、且制度未損的城邦，這是古典民族的命運中，一種令人不能置信的好運道；相反的，以我們西方，那種根深蒂固的權力世襲的觀念，而竟會爆發暴力革命於巴黎，也幾乎可說是一項奇蹟。

法國大革命之所以發生，不是由於法國專制過於強項，而毋寧是過於軟弱，以致從英國來的民主觀念，與金錢力量結合在一起，燃發了革命的行動，使「啟蒙運動」的口號活生生付諸事實，這其間，混合了美德與恐怖、自由與專制，影響所及，甚至直到一八三〇年的七月革命、及一八四八年的二月革命等小型劫禍之時，尚不絕如縷，近時更有社會主義者釀成的災禍。

反而在英國本身，環繞於政黨領袖福克斯（Fox）與雪利敦（Sheridan）的周圍，雖也有一個小的圈子中人，熱衷於「革命」的觀念，並談及普遍參政權及議會改革等，但在維新黨領袖小庇特（Younger Pitt）[7]的領導之下，都一致採取最尖銳的手段，來打擊任何想要為中產階

7 小庇特（1759—1806），英國有名的政治家，於一七八三—一八〇一年及一八〇四—一八〇六年，兩度擔任英國首相。

級的利益，而干涉到貴族政權的企圖。

英國的貴族階級，全力進行對法國的二十年戰爭，並聯絡全部的歐洲君主，究其結果，不是在打擊拿破崙，而實是挫抑「革命」的本身——而事實上，法國「革命」，卻正是想要把英國思想家私人的意見，實行於現實政治中的一種樸素的壯舉，想要把法國沙龍中所忽略、而英國大廳中所樂道的「第三階級」地位，予以改善。[8]

在英國，所謂的「反對派」，只是指：當一派貴族掌理政府時，另一派貴族所持的態度而已，根本不是指階級的對立。可是，法國及一切其他國家的知識分子，卻以英國的「反對派」為典型，而企圖建立一種，在朝廷監視下的，第三階級的階級統治，而完全忽略了英國的社會條件。

從孟德斯鳩以降，英國的政治型態，被狂熱的誤解，捧上了天，讚頌不絕——事實上，這些歐陸國家，由於不是海島，根本就缺乏「英國式」溫和演進的先決條件。

8 後來，從一八三二年起，英國貴族階級本身經過一系列慎重的考量之後，也吸收了中產階級進來，與之合作，但一直是在貴族階級的領導之下，尤其是在政治傳統的架構之內行之，於是在這傳統內，得以不斷有年輕的人才繼起。在此「民主」既獲實現，而政府仍能嚴格地「進入情況」——古老貴族政治的情況，而個人也能依其志向，自由從事政治。在由商業利益主導下的非農人社會中，這一傳統是十九世紀的內層政治中，最最顯目的成就——原註。

變革的結果，在**文明**開始時期，歐陸國家的基本形式，是「君主立憲」政體，其最極端的情形，就是今日所謂的「共和」政體。

在此，必須先廓清那些理論家的呢喃私語，他們終日潛思於無時間性的虛幻概念之中，以為「共和」政體，是一個本身完美的形式。其實，十九世紀的共和理想，與古典文化的「共和」（res publica）、乃至威尼斯或原先瑞士的情形，都絕不相似，正如英國的憲政，與歐陸國家的「憲政」，也根本大相逕庭一樣。所謂的「共和」，只是一種「負面表現」（negation），由於內在的必然，它只能呈示否定的事象，它反對君主政體，卻又須乞靈於君主政體。畢竟，權力世襲的感受，在西方人類之中，極為強烈，甚至在「王朝」（Dynasty）已不復存在時，尚想要求由「王朝」來決定政治的行動。[9] 故而便出現了不倫不類的共和體制。這是西方歷史感的具體表現，而西方人沒有歷史感，便不能生活。在古典世界，朝代的原則，對個人的內在感受，根本絕無影響，在西方國家，卻需要六代知識分子的努力，才能打倒王朝世襲的觀念。

這種感受，是一切憲政的秘密敵人，所以每每革命之後，又有復辟的情形。而憲政本身，最終而言，只是基於恐懼與疑慮而來的防禦性的方式。至於共和，則是都市中人的「自由」

9 西方人對世襲王朝的觀念，其實也可算根深蒂固，故而法國大革命之後，仍不斷有復辟事件發生，而拿破崙以革命為號召，而終於踐位稱帝，多少也受這情狀的影響。

概念，狹隘至僅具反王朝（anti—dynastic）的意義後的產物。共和的狂熱，既只是由於這樣一種感受而存在，其為一種負面表現，至為顯然。

這樣一種負面現象，不可避免地，造成了理論紛歧，盛極一時的情況。「王朝」及其近親「外交」，保留了古老的傳統與脈動，而「憲政」則含容了過多的體系、書本的理論、構作的概念，所以，浮士德文化之長於閱讀及寫作，不是毫無緣故的。印刷的書本，是**時間**上「無限」的表徵，普及的報紙，則是**空間**上「無限」的表徵。與這些表徵所呈現的巨大力量及橫厲氣勢相形之下，幾乎連中國文明中的寫作成就，都顯得微不足道。

在「憲政」之中，文字被用來替代知識、語言被用來顛覆種族、抽象的權利被用來反抗成功的傳統——而全不顧及，處在一連串外在事件中的國家，是否仍有能力進行作業，及維持「形式」。空言炎炎，徒滋紛擾。不但是三種純理論的憲法——一七九一年的法國憲法、一八四八年及一九一九年的德國憲法——而且事實上，所有此類立憲的嘗試，都無視於現實世界中，國家本身的命運問題。這由一項事實中，即可以看出端倪：沒有任何成文憲法，把金錢當作政治的力量。故而，憲法所包含的，只是純粹的理論，如此而已。

只有在英國，種族的力量，尚能抗衡抽象的原理。人們深知：現實的政治，指向歷史成就的政治，是需要「訓練」、而非「灌輸」所能為力的。這不是貴族政治的偏見，而是放之四海的事實。「灌輸」可以修正「訓練」，但卻不能取代它。故而，英國的高級社會：伊頓（Eton）與巴里奧（Balliol）學府[10]，成為訓練政治家的基地，從這裏出來的政治家，個個堅確卓越，不同凡響，與此類似的成就，只有普魯士軍團的訓練，可堪比擬──「訓練」之後，能夠對事象底下的脈動，深入地鑑別及掌握。

經過這一番準備之後，英國政治家們，能夠在一八三二年之後，風行一時的中產階級革命的巨流之中，保存、並控制他們統治下的生命之流。他們具有「訓練」，如同技術嫻熟的騎師，跨下騎著一匹良駒，感到勝利已越來越近。他們任令革命的原則來激動大眾，因為他們深知事情的關鍵，乃在金錢，故而他們能以較為溫和、但十分有效的手段，來取代十八世紀的暴力方式。

他們極擅於運用金錢的力量──簡單的例子之一，他們以新的選舉，需要大量成本，來威脅對手，使對手知難而退。歐陸國家的理論性憲法，只看到真正「民主政治」的一邊，英國，雖沒有成文憲法，卻有「進入情況」中的人物，是以，在此可以看到「民主政治」的全面。

10 伊頓為倫敦以西一城市，為著名的「伊頓學院」所在地，巴里奧亦為聞名的貴族學府。

歐陸國家，對此也不是一無所覺。因為：巴鏤克時代的專制國家，曾是一種形式分明的政體，可是如今的「君主立憲」，卻只有極不穩定的妥協折衷，於是便有「保守黨」與「自由黨」之爭。但在英國，於政治家甘寧（Cunning）之後，兩黨只是輪流執政，沒有原則上的分裂。而在歐陸各國，「保守黨」與「自由黨」，卻分別想把憲法改向不同的方向：——究是趨向「傳統」、抑或趨向「理論」？應是「議會」為「王朝」服務，抑或「王朝」為「議會」服務？這是爭論的主幹，而在爭論中，已忘記「對外」的政策，才是終極的目標。兩種傾向，不能同時攜手成長，故而在十九世紀中，對外的外交措施、與對內的議會行動，竟告背道而馳，不但在基本感受上彼此格格不入，而且還互相藐視對方。

在大革命之後，法國已屈服於「股票市場」（Bourse）的統治之下，金錢控制政治：一步緊似一步，只有偶而成立軍事獨裁（一八〇〇，一八五一，一八七一，一九一八）時，才能緩和一下。至於俾斯麥所統一的德國，基本上具有「王朝」的性質，議會僅居次要的地位，可是國家內部的摩擦，非常強烈，不能有效發揮政治能力。倒是它的軍隊，卻有其自己的歷史。其偉大的傳統，可以上溯腓特烈威廉一世，並擁有行政的系統，是以軍隊中倒具有一種真正的政治「訓練」，足與英國頡頏，而同為強力種族特性的充分表達。軍隊的日漸茁壯，預示了一個新的時代即將來臨。

議會制度並不像希臘的專制城邦、及巴鏤克的王權國家一樣，是政治型態的頂點，它只是一種信仰的過渡——從後期文化中政治的成熟形式，過渡到混亂無序的個人世界。當然，就如同十九世紀前半期時候的建築與裝設一樣，它也會有美好的巴鏤克風格的一些流風遺韻。議會政治的習俗，是英國式的洛可可風格，華麗有餘，但是——不再是不假思索的、深入血液的現象，而需要以一種虛構的幻想，來維持其主權地位。到了二十世紀，議會制度（甚至包括英國的在內）便迅速地趨向於取代原來的君權角色。於是，當大的政治重心，從君主那裏合法地轉到了人民代表身上時，一種深刻驚人的群眾景觀又告開始：——事實上，權力隨即從議會本身，轉到了一般的非官方團體、及非官方人士的意志之中，於是秩序蕩然，危機迭出。

第一次世界大戰，幾乎已完成了這樣的發展。從英國首相路易喬治（Lloyd George）的統治方式、及法國軍人的拿破崙主義傾向中，已不可能再回復到原來的議會制度了。至於美國，其作為一個地區的性質，尚大於真正國家的性質，迄今雖能與世無爭、自給自足，但是，一旦她介入於世界政治之中時，那種以孟德斯鳩的理論所導出的，總統與國會平行的制度，便不可能固持下去[11]，而必定會在真正危險的時候，由混亂無序的現實權力，取而代之，這在墨西哥與

11 今日的美國總統與國會間的諸般爭衡，如水門事件、越南問題，已證明了這一方面，史賓格勒實有先見之明。——譯者

南美洲，早已是司空見慣的事了。

戰國時代

到了這一步，便開始了巨大的紛爭時代，如我們今日的情形一樣。這是從「拿破崙主義」進入到「凱撒主義」的過渡，是一個普遍的演變階段，至少有兩個世紀之久。在每一個文化中，都有這一時期的存在。中國人稱此為「戰國時代」。

對西方人而言，這一「戰國時代」是始自於拿破崙、及其憑恃武力任意建立的政府。拿破崙是西方世界中，把軍事觀念極度發揮的第一人，同時，他還首開「武力征服世界」這一觀念的先河——這是與查理五世的帝國、甚至與拿破崙自己同時的不列顛殖民帝國，都大不相同的雄圖。如果說：十九世紀在大的戰爭、和大的革命方面，是相對地貧乏的，而且每每會在會議之中，以外交的手段來克服最重的危機，這絕不是意味「戰國時代」尚未到來；相反地，這正是由於持續而可怕的備戰行為，促使爭執的各國，一再擱置付諸一戰的決定，而代之以折衝樽俎的努力。

這只是暴風雨的前夕，是一個充滿龐大的常備軍隊，與全民的備戰運動的世紀。我們本身，只是由於距這可怖的景觀太近，以致看不出真相罷了。在所有的文化中，這樣的情形是史無其匹的。自從拿破崙以來，數十萬、乃至數百萬的人們，隨時都在準備行軍作戰。強大的艦除，每十年便換新一次，已充斥於各大海港。

這是一種沒有戰爭的戰爭，這是互比裝備與實力的戰爭，是一種數字、速度、與技術的戰爭，而外交的談判，已不在宮廷之間，而在各國軍隊的司令之間。爆發的日期越是延後，其張力越難忍受，而手段越將暴烈。這是浮士德式的動態「戰國時代」的形式，是西方在其「戰國時代」第一個世紀中的表現。而其結果，便是世界大戰的爆發。

第一次世界大戰的四年之間，各國都是全部動員，悉力以赴，一切的戰術手段，也紛紛出籠。戰後，常備軍隊逐漸復員，從數百萬再回到數十萬的水準，但一些嫻於戰事的志願軍武力，又取而代之。正因為如此，第二個世紀將是真正的「戰國時代」，因為這時的軍隊，已不再是戰爭的用物——相反地，他們為戰爭而生，他們本身需要戰爭。短短兩個世代之內，這一**嗜血的意志**，會壓服一切苟安逸樂之心。

而當他們出而爭奪整個世界時，大地都將為之震動。印度、中國、南非、俄國、回教世界，都在吶喊之中，新式戰技與戰術，一再出現，反覆攻殺。這時，小國已只是次要的地區、被動的目標，只是大國達成目的所用的手段，其命運對於整個大局之進行，全無重要性可言。而各大國際都會的勢力中心，會隨心所欲地支配這些小國——他們的領土、經濟、人民，都可任意宰割。即在戰後短短幾年，我們對於戰前足以驚動世界的一些世界的一些事件，已經置若罔聞；今天，還有誰會去想到俄國境內死亡的數百萬人呢？

在這些流血與恐怖的鉅災浩劫之間，**要求民族和解與世界和平**的呼聲，會一再地響起。但這**只是大戰進行之中的背景與回聲**，雖然必會聳動一時，卻不能視作歷史的主流。例如：在希克索人入侵時的埃及、在巴格達與拜占庭的戰國時代，都不曾有這樣一種呼籲弭兵停戰的傳統。儘管我們願意尊重這一切的和平呼籲，我們必須有勇氣去面對現實——只有面對現實，才是具有「種族特性」的人們的表徵，也只有這樣的人們，才有歷史可言。生命如要輝煌偉大，就必是艱苦的；生命只能在**勝利**與**毀滅**之間，抉擇其一，而不是在**戰爭**與**和平**之間，苟延時日；要想勝利，也必定要有為勝利而作的犧牲。在那歷史事件旁邊，怨懟嫉妒地蹣跚而行的，只是文學之流，只是所謂「真理」——已經失落在急速進行的事實的擠壓之中。歷史是絕對不屑對這些東西，多加注目的。

在中國，早在西元前五三五年，就有宋大夫向戌，發起「弭兵停戰」的盟會。到了「戰國時代」，更有南方各國的國際聯盟（**合縱**），起來對抗北方的帝國主義（**連橫**），可是這注定是徒勞無功的，甚至在秦國獲得勝利以前，**合縱**的觀念早已煙消雲散，無影無蹤了。而在戰國中這兩大主流，都一致摒棄了道家的政治風範。在這些恐怖的歲月中，道家只合在心智上，自我地解除武裝，退化到只求溫飽的水準上，而為別人所利用。

不但中國如此，甚至羅馬的政治——雖然深謀遠慮籌思周詳，一如古典精神在所有其他方面的表現——也至少嘗試了一次，想將整個世界置於一個勢力均衡的系統中，以消弭一切再進一步戰爭的必然性，故而當漢尼拔失敗之後，羅馬一度放棄了吞併東方的機會——但是，勉強是無用的，箭在弦上，豈能不發？到了小西皮阿執政時，便率直明白地，走向了「帝國主義」，以結束混沌的局勢。從亞歷山大到凱撒的路向，是明顯確定、無可避免的，而任何一個文化中最強之國，無論自覺或不自覺，自願或不自願，終須走上這一條路子。

這些勢所必至的事實。無處可以逃避。一九〇七年的「海牙會議」，是第一次世界大戰的序幕；一九二一年的「華盛頓會議」，也將會是另一次戰爭的先聲。[12]「戰國時代」的歷史，不再是以文雅的形式，作爭長較短的勾心鬥角，可以任意進退、無傷大雅。這時候的抉擇，不是奮然勃起，就是匐匍受制——沒有中間的路可走。世事的邏輯，今日所能容我們擁有的唯一道

12「華盛頓會議」果然成為第二次世界大戰的先聲。

德，就是「**強者的道德**」，爬山者伏在危崖峭壁之上——一時的軟弱，就會永劫不復。這不是空談高論的時候，今日一切的「哲學」，無非是一種內在的放棄與忍順，或是藉神秘主義以逃避現實的，一種卑怯的願望而已。這正與羅馬當時的情形一樣。

然而，歷史家塔西陀告訴我們：當西元前七〇年，龐培軍團抵達羅馬大門時，著名的演說家魯福士（Musonius Rufus），嘗試以和平的幸福及戰爭的罪惡，來說服軍團，可是在他們的怒擊之下，卻狼狽而歸，僅以身免。後來，有實力的軍事執政官艾維達斯凱西斯（Avidius Cassius），且稱皇帝奧理略為：「滿口哲學的老女人」（philosophical old wowan）[13]。在歷史世界裏，在戰國時代中，惟有強者，才是主宰。

在這樣唯力是視的狀況中，二十世紀的國家，只有能夠保持古老而偉大的傳統，只有能夠使歷史的臍帶與經驗，深入血液，才能獲得舉世無匹的潛力。對西方人而言，政治上創造性的虔敬（creative piety），或是從最初的始源中傳下來的脈動，只能求之於法國大革命及拿破崙以前的形式之中[14]，只有這些原來的形式，才是自然成長、而不是人工強造的。這類形式的每一

13 因奧理略潛心於哲學問題，對現實政治不甚內行。

14 包括美國的憲法體制在內。惟因此故，我們敬佩美國人能珍愛他們的憲法，雖然他已明白看出憲法的不夠完備之處——原註。

遺跡，無論如何微少，只要能在任何自成一體的少數集團的生命中，保持不失，則不消多久，便會產生無可數計的價值，而帶來想像不到的歷史效果。

古老的君主政體的傳統、貴族政治的傳統、上流社會的傳統，只要維持足夠的健全，與職業政客的政治涇渭分明，只要能夠具有榮譽、勇氣、訓練，與真正的偉大使命感、責任感，就能夠**為凝聚整個民族生命之流的中心**，並使其民族耐過這一戰亂時代，而在未來的世界中，安然著陸。「進入情況」，是最要緊的事。我們已開始生活在一個偉大文化的歷史中，最最動盪的時代裏，最後，只有能夠保持其形式的**種族**，只有活生生的**傳統**，以及能擁有這兩者為其後盾的領袖們，才能通過這些動盪時代，而向前行進，成為勝利者[15]。

凱撒主義

「**凱撒主義**」（Caesarism）一詞，我是指一種，不論名義上擁有何種的憲法體制，可是在

15 在此史賓格勒似暗示日耳曼正統的德國將會勝利，故有人指為史氏的偏見。——譯者

內在的深處，卻實在已回復到**毫無形式**的狀態（formless）中的統治而言。羅馬的奧古斯都、中國的秦始皇、埃及的阿瑪斯王（Amasis）、巴格達的阿斯蘭王（Alp Arslan），雖然都以古代的「形式」，來裝扮自己的地位，可是，這些形式的精神，其實已經死亡，故而，一切的制度，無論如何小心地維護，也都已毫無意義和重要可言。「凱撒主義」時代，真正的重點所在，乃是由凱撒、或任何其他掌權的強人，所遂行的全然個人性的權力統治。這便是從一個形式已經完全發展的世界，回返到**原始狀態**（primitivism）、回返到**自然宇宙而無歷史的狀態**（cosmic—historyless）。茫昧綿亙的生物學上的時間，再一次取代了由歷史的時期，所空出來的地位。

最初，當**文明**已發展至花朵盛開的時刻，便出現了**國際都會**的奇觀，這是巨大宏偉的化石，是混茫無形的象徵——龐碩無朋，燦爛輝煌，毫不客氣中散立於四方，把已經虛軟無能的鄉野中生命之流，全吸入到自己之中。大群的人們，好似隨風的浮丘一般，從一個都會漂流到另一都會，也像鬆散的沙子一樣，流入了岩石的裂縫之中。在世界都會中，金錢與心智，慶祝著它們偉大而最終的勝利。國際都會，可說是人類的眼睛所能看到的，最最虛飾、最最巧妙的現象——不可思議，難以想像，幾乎已經脫離了自然宇宙結構的一切可能性之外。

然而，不消多時，赤裸而龐巨的**事實**，不理會任何觀念（idealess）的**事實**，再度到來。

永恆普遍的自然脈動，終於壓服了幾個世紀以來的心智力量。不久以前，在民主政治的形式中，金錢似乎確已勝利，曾有一段時期，政治幾乎已是金錢的附庸。但是，一旦金錢摧毀了文化的古老秩序，則混沌之中，便生長出一個新的壓倒性要素——**凱撒式的強人**（**Caesar-men**），這一要素，貫穿了「存有」的一切基本領域之中。在這些強人之前，萬能的金錢也無所用其技，登時瓦解。

每一個文化中，帝國時代一開始，便代表了心智與金錢的政治之終結。血液的力量，生生不息的具體力量，重新取得早先的主宰地位。「種族」再度抬頭，純然完潔，不可抗拒——強者自然獲得勝利，其餘一切都成為他們的戰利品。血液的力量，統治了世界，書本與理論的國度，自然而告僵化，或從記憶之中消失。經「凱撒主義」之後的帝國時代，情形都是如此。羅馬皇帝塞佛拉斯（Septimius Severus）與格里納斯（Gallienus）的生命，以及諸如蠻族國王阿拉雷（Alaric）與歐多塞（Odoacer）[16]、埃及帝王雷姆賽（Rameses）[17]之類，還有圖拉真、漢武帝，所有這些人的生命，都沒有什麼內在的差異，都是屬於沒有歷史性的時間綿延之中，一些

16 阿拉雷（370—412）為西哥德蠻族國王，於四一〇年征服羅馬。歐多塞（435—493）義大利第一位蠻族統治者。

17 雷姆賽，古埃及幾個一系列國王的共同名字。

不具變化的起伏升沉而已。

一旦帝國主義已經到來，便不再有政治問題可言了。情形已定，權力分明，人們只能接受現實。在「戰國時代」，鮮血的洪流，染紅了各個世界都會的街道，想要把偉大的「民主」真理，履現為事實，想要贏取各人的權利，而沒有權力，生命似乎便不值得苟活下去。可是如今，權利是贏得了，但是那些民主鬥士的子孫們，即使以處罰來強迫，也沒有人會去使用這些權力。再過一百年，甚至連歷史家，也不復能瞭解當年的爭論，有何意義。早在凱撒的時代，有名望的人士，便幾乎已不再參加選舉。後來羅馬皇帝提比留深感痛苦的，是他那時代大多數的賢能之士，對政治避之惟恐不遠，到了尼祿皇帝時，甚至動用威脅，也不能迫使參議員們回到羅馬，遂行他們的權力。這，便是偉大政治的終局。

凱撒的宮室，摧毀了羅馬的歷史，始皇帝的宮室，摧毀了中國的歷史，隱約之間，我們可以辨析出埃及女王哈達蘇（Hatshepsut）[18]及其兄弟們，情形也是如此。這是走向終局的最後一步。「世界和平」是實現了，生命的「陽剛一面」退落下去，而「陰柔一面」重新抬頭。自此以後，不再有整個國家共同的奮戰，有的只是私人的歷史、私人的命運、私人的野心，徹

18 哈達蘇，紀元前十五世紀埃及女王，為第一位名字見於史乘的埃及女人。曾派船遠航征服各地。

頭徹尾，從農夫卑微的煩惱到帝王陰鬱的仇怨，一切都只是私人的事。而世界和平時代的戰爭，乃是各自私人間的戰爭，卻要比任何國家戰爭，更為可怕，因為這些戰爭，是沒有形式可言的。

所謂「世界和平」，事實上確常存在，但它所意味的，是絕大多數的人，自己放棄了戰鬥的意志，並且不自覺地，準備屈服為好戰之徒的戰利品。世界和平，始於為求普遍的和平，不惜希望國家的毀滅，終於各人自掃門前雪，不管他人瓦上霜。早在羅馬皇帝奧理略治下，每一城市及每一地方，已都只為自己著想，皇帝的行動，只是他自己的事，與別人概不相干。而邊遠的民族，更是對皇帝本人、他的軍隊、他的目標，漠不關心，一如他們對日耳曼蠻族勢掠者的計劃，也漠不關心一樣。

在這樣的精神前提之下，便發展出一種「**第二度維京主義**」（Second Vikingism）[19]。此時，「進入情況」的生命狀態，從國家這裏，轉移到一些冒險家、自成風格的帝王、退職下來的將領、以及蠻族國王群之中——在這些人眼中，人命直如草芥一般。故而，梅錫尼原始時代的英雄，與羅馬後來的軍人皇帝之間，有一種深刻的關係存在；埃及極早的開國君王曼尼士

19 維京主義，就是指北歐蠻族的劫掠活動。第二度維京主義即指此類劫財的行為將再度發生。

（Menes）[20]，與帝國時期的雷姆賽二世（Rameses II）之間，也是一樣。在我們的日耳曼世界，早期的蠻族國王阿拉雷與狄奧多理（Theodoric）之流，將會再度出現——而其第一個預示，可見於南非的羅德茲。俄國及南美，也皆有此類劊子手的事實。

成形的**國家，結束了它的歷程之後，高級歷史便也沉沉睡去了**。人再次變成為植物，依附於泥土，沉默而堅忍。亙古如一的村落，與「永恆」不變的農人，重新出現，生育子女，埋入「母土」——成為一群忙碌而容易滿足的群眾，而軍人皇帝們的飆風暴雨，不時飄襲於他們的頭上。在大地之中，散置著舊日的世界都會，如今，已成為精華俱逝的靈魂，所賸下的空殼，任由不具歷史的人類，慢慢地營巢於其中。這樣子的人們，只求餬口，以卑微的儉樸與卑微的財產，一逕忍持下去。

大批的人群，被在世上爭奪權力及獵物的征服者們，蹂躪踐踏，但殘存者仍以一種原始的生命力，填進了縫隙之中，苟延殘喘。高處，永遠在作著勝負之決，可是下層深處的人，卻一逕祈禱，以「第二度宗教狂熱」的強烈虔信祈禱，並永遠以此虔信，克服一切的疑惑。於是，在這些靈魂中，世界的和平、神賜的和平、灰髮僧侶與隱士標榜的幸福，實在已告實現

20 曼尼士，傳統上埃及第一個王朝的第一位國王的名字。

——也只有在此才會實現。

在忍受苦難之中，靈魂所獲的醒悟之深，是歷史中的人，在一千年的發展過程中，永不會知曉的。而只有在偉大**歷史的終點**，神聖的、寂靜的「存有」才再度出現。歷史是一幕高貴莊嚴，而漫無目的的戲劇。高貴莊嚴，而漫無目的，一如星辰的歷程、地球的旋轉，以及滄海桑田、冰川叢林的遷易。我們可以對此感到驚奇，或一掬哀慟——但它就是如此。

第十九章 政治哲學

政治家

成為行動的中心，大眾注目的焦然；把個人自己人格的內在形式，帶入到整個的民族與時代；成為歷史的指揮者，並將自己的民族、或家族、或意向中的目標，帶領到事件的頂點——這些，是每一個具有歷史使命感的人，所生具的不可抗拒的**脈動能力**（impulse）之所在，雖然他自己絕少意識到。故而，世上只有「**個人的**」（personal）歷史，也便只有「**個人的**」政治。原理和理想，都算不了什麼，只有不同的個人、不同的種族特性，對於實際行政權力的爭奪，才是政治的一切。甚至連「革命」也不例外，所謂「主權在民」，只是表示：統治權力如今出之以「人民領袖」的頭銜，而不用國王的頭銜而已。是以統治方式極少改變，而被統治者的地位，根本絕無改變。甚至所謂世界和平，無論在何情形下，也不過是全體的人類，被少數能力強大的支配者，構成的統治政權所奴役而已。

行政權力的概念，意味著生命的單元，被劃分為「主體」與「客體」兩類。這一需要，顯然是自明之理，沒有一個群聚集團，會在任何的時刻，失去對自身這一內在結構的需求的意識。甚至在最嚴重的危機之下（例如一七八九年的法國大革命），也不例外。

天生具有政治天賦的民族，事實上並不存在。一般人所以為具有這種天賦的民族，只是其人民被緊緊掌握在統治的少數（ruling minority）手裏，以致人民自己覺得是處在良好的形式之中而已。作為一個民族來看，英國人對於政治事務，其實也與其他的人一樣，缺乏思想、狹隘褊淺、不切實際，但是，他們確實擁有一個信心的傳統（tradition of confidence）——儘管他們喜歡公開地爭辯，並無礙於這傳統之發揮效能。英國民族與其他民族的區別所在，只是：英國人是處在一種由非常古老而成功的習尚（habits），所形成的統治政體之下。英國人默許這些習尚，因為經驗已使他明白到其中的優點。這一默許形之於外，便是表示了同意，而由此出發，到他相信政府是依他的意志而成立，已不過是一步之差。

雖然，弔詭的是：事實上，是政府為了其自身技術上的理由，而不斷將這一觀念灌注到他的腦中。英國的統治階級，所發展出來的一套目標與方法，根本與「人民」無關，不成文憲法的精華所在，乃由實際行政經驗得來，全然不是藉什麼理論之功，所以在未窺門徑的人看來，既曖昧又不可解。但是，舉例言之，一支軍隊的士氣，是依其對自己領導者的信心而定，有了信心，便自然不會妄施批評。只要指揮者有能力，烏合之眾也可以成為戰鬥英雄，若無能力，戰鬥英雄照樣會成為烏合之眾，這不但軍隊如此，民族、階級、政黨之中，情形也都一樣。所以一民族的政治才能，不過是人民對其領導階層的信心而已。

然而，這信心不是憑空得來的，它只在自身特定的時間，才會醞釀成熟，而只有藉由成功，才能使這信心穩定，進而形成傳統。一民族中，被統治者若是缺乏確定的信心，事實上，即是意味著統治階級缺乏領導的才能，這便造成批評叢集眾說紛紜的情形，而這種情形的存在，正顯示該一民族已經不再「進入情況」了。

天生的政治家，最主要的，應具有**評價的能力**——作為人物、情況、事物的評價者。他的「眼光」，能不假思索、直接了當地統括了一切可能的狀況。就如同相馬的高手，能在一瞥之下，就洞悉該馬，在比賽中會表現何等的特性。政治家不需「了解」原委，只消逕自作出正確的事情即可，他不知不覺間，便能鬆緊由心，控制自如——這種才能，恰恰與講求理論的人相反。他身上所有的神秘脈動，就與歷史事象中的脈動完全一致。他是講求事實的人，不會以情緒或計畫，來遂行政治的實務。他不相信空書河漢，大話滔滔。彼拉多的問題，經常掛在他的唇上：——**真理是什麼**？天生的政治家，根本超乎真偽之外。他不會把事件的邏輯、與系統的邏輯混淆不清。

當然，他也有他的信念，但那只是他私人的事；沒有一個真正的政治家，在行動的時候，會為信念而受到拘束。歌德曾說：「行動人永遠沒有**良知**可言；除了旁觀者之外，也沒有人會有良知。」這話用在真正的政治人物，如蘇拉（Sulla）[1]、羅柏斯庇、俾斯麥、庇特等身上，確實是真確無誤，百試不爽。即如羅馬教皇及英國的政黨領袖等，在爭取事物的掌握權之時，也都和一切時代的征服者與暴發戶，採用同樣冷酷的行為。以教皇殷諾森三世（Innocent III）的作為為例：他幾乎成功地創造出一個教會統治世界的局面，並演繹出一套完善的教義系統；他的手法，卻與所有的宗教道德，恰成尖銳的對比。但是，沒有這種手段，便不可能有任何強大的教會在，更不用提英國的殖民、美國的財富、法國的革命等等情事了。一般而言，國家、或政黨、或民族，皆少不了藉助這樣的手段。**生命本身，便是沒有良知的**，倒不是個人的問題。

故而，最重要的，是須認清自己生長於斯的時代。任何人，若不能感覺到、瞭解到時代

1 蘇拉（138—78 B.C.），羅馬將軍與政治家，為凱撒之前羅馬有名的獨裁者。

的神秘力量，若不能在本身之中，感受到一種親切的脈動，驅使自己向前行進，而不為「概念」之類事物所囿限，任何人，若是相信了表面的事象——例如今日的輿論、空談、理想之流——則他便不會成為時代所發生的事件中的重要人物，則他便被這些事件玩弄於股掌之上，而不是由他來掌握這些事件。政治人物，切不可用過去的時代，作為度量的標尺！更不可輕信這套那套的系統！

我們目前的時代，和羅馬的格拉契掌政時代（Gracchan era）一樣，有兩種最致命的理想主義存在，其一，是**復古的思想**（reactionary），其二，便是**民主的幻象**；前者認為歷史可以逆轉，而後者則相信歷史有確定目的（teleology）。但在必然歸於失敗這一點上，兩者倒是毫無區別的，而這失敗，無論是由於迷戀於往日的記憶，抑或由於執著於概念的系統，都會對國家的命運，構成沉重的負擔。**真正的政治家，是歷史的化身**，在他身上，歷史的方向表達為個人的意志，而有機的邏輯形成為個人的性格，所以，必定會超越於這兩類理想主義之外。

但是真正的政治家，廣義而言，還必須是一名**示範者**（educator）——不是什麼道德或原則的代表人，而是行動的帶頭者，行動的典範。很明顯的事實：宗教從來不改變曾過生命的風格。宗教能透入覺醒意識，透入人的心智；能對另一世界，投下新的光明；能經由仁慈、順服、及對死亡的忍受，而創造出無比的幸福之感，但它卻不能凌壓生命的力量。在生命的領域裏，只有巨大的人格——以及該人格中的神秘脈動、種族特性、自然力量——才具有創造的能力，能夠有效地，修正整個階級與整個民族的型態。所謂「真理」、或「善良」、或「正直」，都不是政治世界內的事物，只有「羅馬人的」成就、或「清教徒的」成就、或「普魯士的」成就，才是政治世界中的事實。榮譽與責任的糅合、訓練、決心，這不是能從書本上得來的東西，只能經由活生生的示範者，才能自生命之流中喚醒出來。

腓特烈威廉一世，能夠做到這一點，故而是此類示範者之一，是各時代共通的偉人，他個人在種族定形方面的成就，能夠垂之世代永不磨滅。真正的政治家，與一般政客有別，因為政客只是玩票性的、只能在歷史的高峰上推波助瀾、只為了追求財富與地位。真正的政治家，也與理想的說教者有別，因為他敢於要求人們為他犧牲，他也能獲得人們的犧牲。這是由於他自知，他是時代與國家所必須的人物，而這一感受，也能為千萬人所共認。以這種犧牲為核心，自能暢所欲為，一往直前。[2]

然而，最高的境界，還不是行動，而是**指揮的能力**。有了指揮的能力，才能使個人脫穎而

---

2 「教會」亦是如此。「教會」與「宗教」不同——教會乃是現實世界中的元素，故而在其領導方式的型態上而言，是政治性的，而不是宗教性的。征服世界的，其實不是基督教的福音書，而是基督教的殉道者，使基督徒鍥而不捨的，不是教義，而是耶穌被釘十字架的實例——原註。

出，成為行動世界的中心。而最高明的指揮，能使部下的「服從」，成為一種驕傲、自由、而且高貴的習慣。例如，拿破崙就做不到這一點。他身上殘留的低級軍官的意識，使他不能把部下訓練成獨立的個人，而只能是唯唯諾諾的僚屬；也使他不能以人格來統馭，而必須出之以敕令。正因為他不了解此一最精微的指揮手腕，故而他必須事必躬親，集煩劇於一身，由於他這一狀況，與人類能力的極限不能調和，終使他慢慢趨於崩潰。

但是，像凱撒與腓特烈大帝，卻具有此等最終而最高的統馭才能，故而當戰鬥過後的黃昏，大勢已定，勝利在握；或當最後的條約已經簽訂，一個歷史時期圓滿結束時，他們那種大權在握躊躇滿志的美妙感受，絕非執著於「真理」的人，所能想像於萬一。歷史上有一些時刻，個人能感覺到自己已與命運合而為一，成為世界的中心，而他自己的人格，也似乎將會籠蓋了未來的歷史——這些時刻，也指示了自然流衍中的高潮所在。

政治家的第一個課題，是使自己脫穎而出，與眾不同；第二個課題——較不顯著，但卻更為艱難、其效果也更大——便是要**創造一個傳統**，提攜一些人出來，以同樣的脈動與精神，繼承自己的事功，把類似的活動，造成一種潮流，使不需原來的領袖，仍可維持原有的形式。能如此，則政治家已提升至於一種境界，這境界在古典世界中，無疑便稱為「神性」（divinity）。能如此，則他便成為一個新生命的創造者，成為一個年輕種族的精神始祖。作為一個自然生命，他本人會在一些年代之後，自生命之流中消失，但由他所創造的一個**統治的少數**，接替了他的歷程，而使之垂於久遠。

這種無以名之的傳統、這種統治階層的靈魂，是真正的政治家一手造成、並留作遺產的，而縱覽歷史，只有這樣的傳統，才能產生持久的效果。偉大的政治家，甚為罕見，而他是否出現、能否成功，為時過早、抑或過遲，皆決之於**偶然**。而且，偉大的個人，經常破壞多於建設——因為他們的死亡，會對歷史之流，造成空隙。可是，**傳統的奠立，則能夠消除偶然**。一個良好的政治傳統，能滋育出較高的平均水準，而國家的前途，便能有所依託——凱撒只是個人，而元老院則是傳統，拿破崙也只是個人，所向無敵的軍團才是傳統，國家所托命的，不是這兩位巨人，而是良好的傳統。一個強大的傳統，能自各個角落，吸引人才，能由小的資賦，產生大的成就。普魯士的軍隊與羅馬教廷的外交，固能證明這一點，義大利與荷蘭的畫派，也同樣說明了這情形。

與腓特烈成廉一世相比，俾斯麥的大缺點，就是他雖有個人的成就，卻不能形成一個傳統；他不能對應於莫克將軍的軍團，而培養出一個政治家的統緒，來配合國家的新工作，與國家的進展合而為一，並不斷從下面拔擢人才，以一直繼續俾斯麥行動的脈動。如果這樣一個傳統不能奠立，則便不會有一個素質平均的統治階層，主持大計，而只有一群混亂的首腦，面對無法預測的局面，便惶然失措。但如果這樣一種傳統能夠奠立，則一個高度訓練、自我補充的少數菁英集團，便隨著堅確不移而緩慢成熟的傳統，發展出來，它吸收每一人才，進入這一圈層，並將之發揮至於極度。因此之故，便能與國中其餘的被統治者，和諧一致，共同進退。

似這樣的少數菁英集團，即使在開始時，只是一個政黨，但久而久之，也終能發展成為一種真正的「**品種性質**」（breed），至此，它在決疑定策時之明確果決，已是出自於**血液**，而非得之於推理了。這便表示：它能使一切操之在己，行於所當行，止於所當止，而不需「天才」之助了。似此奠立起的**偉大政治規制**（great politics），便取代了偉大的**政治家**（great politician）。

那麼，何謂政治？一種古老的說法，也幾乎是統括一切的說法是：——政治即「**可能的藝術**」（art of the possible）。園丁可以使種籽，發展而成植物。或燦然盛開、或凋零萎謝，總之，種籽中所藏蘊的一切意涵，無論體態與色彩、花朵與果實，能否發展完美、壯實，皆操之在園丁對其「可能」（posibilities）——也即是「必然」（necessities）——的培養手法如何。當然，這植物的基本形式與方向、階段與速度，則非園丁所能為力。

文化，以及文化的形式世界中，由人類家族形成的生命之流，就如同一株龐大的植物，情形與此相同。而偉大的政治家，正是一個民族的園丁。民族如何發揮其「可能」的潛力，端賴政治家運用之妙，善為誘發。政治理想的崇拜者，於此一無所用。他們的心智自由，頗足驚人，可是他們的心靈城堡，是由諸如智慧和正義、自由與平等之類的空幻概念所構成，終極而言，千篇一律，都是從上向下構築而成，絲毫不切實際。

真正的政治家，是事實的主宰，他正視事實，並接受事實，然後於不知不覺間，引導事實的進展。（看起來似乎不像，可是廣義而言，這正是**自由**一詞的起點。）政治的妙訣，是在於一些看來微不足道的小事、在於最後小心地輕觸機樞、在於對集體靈魂與個人靈魂之間微細的搖擺，有精微入妙的感覺。一切勝利的秘密，全在於一些瑣碎細節的整合與組織。此道的老手，如第一次世界大戰後的泰利蘭德（Talleyrand）[3]，能以戰敗國大使的身分，去到維也納，而成為維也納會議中，勝利者的主宰。在盧卡會議（Lucca meeting）中，凱撒的地位幾近絕望，可是他不但能使龐培的力量，為他所利用，同時還在對方一無所覺間，破壞了對方的力量。

然而，在政治「可能」的領域內，也有些危險的邊緣存在，巴鏤克時代的各大外交家，手段圓滿無懈可擊，幾乎永遠保持冷靜，但那些理想家們的言論，卻使得他們頻頻絆倒。此外，在歷史的轉折中，政治家有時也須暫時隨波逐流，方能不失其領導的地位。但每一情況都

3 泰利蘭德（1954—1834），法國著名的外交家與政治家。

有其彈性限度，在估計這一限度時，連最小的錯誤都不容發生。

尤有甚者，政治家採用必要的行動，必須把握時機，劍及履及。統治的勢力，能把握住一縱即逝的時機，便能獲得人民的信心，而在這千鈞一髮的時刻，若是趨於讓步，自甘犧牲，定會洩露自己的弱點，招致別人的藐視。政治形式，是活生生的形式，其變化必定依循一定的方向進行，想要阻止這一歷程，或想使其轉向於某一理想，無異即是自認已「脫離狀況」（out of condition）。在早期民主初興的時代，我們一再看到不能把握時機，所造致的致命後果（如一七八九年之前的法國，及一九一八年之前的德國）：政府對於必須的改革，給予得太遲，引起人民的輕視；終致原來政府應該嚴厲拒絕的事項，也不得不被迫讓步，由此，遂形成了政府解體的徵狀。而且政治家若不能及時察覺，在第一個情況下所必須採取的行動，也必然會在第二個情況出現時，重蹈覆轍。

時機的把握，可以決定一整個民族的前途，把握得當，其民族便能主宰其他民族的命運，把握不當，自身的命運，便成為其他民族的目標。至於後期沒落中的民主政治，所常重複的同類錯誤，則是：執著於昨日的理想，而不知變通。這便是我們二十世紀的危機所在。在通往凱撒主義的路上，我們尚沒有出現那位能高瞻遠矚的現實政治家卡圖（Cato）[4]。

一位政治家，即使是處在非常堅強的地位上的政治家，其對政治的方法或手段所能發生的影響，仍是微乎其微的；而高級政治家的特徵之一，便是他在這一點上，絕不自欺欺人。他的工作，只是在他所看到的歷史形式之中，如實地進行。只有理論家者流，才會狂熱地追求某些理想的形式。但是，要能夠在政治上「進入情況」，也必須要對最新的方式，具有無條件的**掌握能力**。貴族政治的危險，其在於其方式過於保守，而民主政治的危險，則由於把定律與形式，混淆不清。今天、以及相當年代之內，政治的方法是議會制度那一套——選舉與報紙。一個真正的政治家，對於這一套東西，可以喜歡、可以尊敬、也可以藐視，但他必須能夠掌握這一套方法。巴哈與莫札特便能**掌握**他們時代中的音樂方法。在任何領域之內，主控局面的具體表徵，便是能夠掌握方法，運用自如，政治家自不例外。政治家深知：公民參政權的擴伸與否，與操縱選票的技術相形之下，根本毫不重要——無論在雅典、在羅馬、在雅各賓黨時代、在美國、抑或在今日的德國，情形都一樣。至於現代的報紙，多情的人士，會因為憲法上載明

4 卡圖（234—149 B.C.），羅馬著名的政治家，對現實政治具有遠見，在參議院，或其他場合，一貫主張毀滅迦太基，最後其主張終獲實現，使羅馬成為當時唯一的強權。

了言論「自由」，而滿足陶醉不已——但能正視事實的人，只問這報紙是聽命於誰。

政治理論

政治—社會理論（politico—social theory），是政黨政治的基礎之一，但也是一項必需的基礎，在各大文化之中，普遍存在。西方所引以為傲的政治理論系列，從盧梭到馬克斯，可以在古典文化直至柏拉圖與芝諾為止的，各派理論系列之中，找到能夠對照的類型。在中國，相應的政治原理，亦可求之於儒家及道家的典籍中，而墨翟更是中國的社會主義者。在拜占庭及薩散匿時代的阿拉伯文籍中，也頗不乏這類的理論，而第九世紀的一切政治危機，其原動力無非便來自於這些政治原理。至於埃及與印度，從當時發生的事件所顯示的精神看來，也分別在希克索時代及佛陀時代，產生過它們自己的政治理論。這些理論的文字形式，其實並不重要，因為它們可於各類的教派與集會之中，藉由演說及宣傳，而口耳相傳，一樣地發生效力。事實上，這也正是清教運動的末期，標準的傳播方法。

我們必須重複強調的是：對政治史而言，這些**原理**究屬「真確」抑或「謬誤」，根本是**毫**

無意義的問題。舉例言之，對馬克斯主義的駁斥，乃是屬於學院論文及學術論辯範疇內的事，而在這一領域內，每一個人自己永遠是對的，而對手永遠錯誤，故與事實了不相干。真正重要的是：這些原理是否具有影響力、從何時開始具有影響力、以及其影響力持續多久時候。因為：一般人若是相信，事實可以用一套概念的系統，來加以改良，則這信仰的本身，便是一股真實的力量，政治活動，不能不考慮及此。

我們今天是處在一個對於「理性」萬能懷有無限信心的時代裏。自決、正義、人性、進步，諸大觀念紛至沓來，一律神聖而不可侵犯。各項的政治理論，往往被視同福音一般，而其說服力並非依邏輯前提推演出來，毋寧是基於它們的關鍵字眼（key—words），實具有一種宗教聖禮式的本質。因為一般大眾，既不具備批判的能力，也無法超脫影響，認真檢視。固然，這些理論的魔力，也只是限於各大都市的人們、及理性主義的時代內，才能風行不已，對於鄉下的農人，便無所用其技；即使對城市大眾，它的效力也只能持續一定的時間，但在這一段時期內，卻如新的啟示一般，具有不可抗拒的魅力。人們紛紛篤信不移，熱烈地響應那些政治宣傳家的言論，不惜走向荊棘、走向戰場、走向絞架，為這些理論而獻身殉道。此時人們的目光，凝注於一個政治性、社會性的新世界，相形之下，乾澀冷冽的批判主義，似乎顯得卑下、邪惡、合該死亡。

正因此故，諸如盧梭的「社會契約論」（Contract Social）及馬克斯的「共產主義者宣言」（Communist Manifesto）等文件，到了那些有力的人手中，便如動力最強的引擎一般，發揮了掀天揭地的作用，這些有力的人，往往在政黨生命中，已到達頂點，故而熟知如何形成，並利用群眾的信念。

然而，從文化史看來，政黨政治不過歷時兩世紀，故而這些抽象理想所具的魔力，也很少能超過兩個世紀之久。而其趨於終結，不是由於人們的反駁，而實在是出於人們的**厭煩**——這種厭煩之情，久已使盧梭的理論一蹶不振，很短期內，也將使馬克斯主義宣告死亡。最後，人們不是棄絕某一套特定的政治理論，而是根本不再相信**任何種類的政治理論**，到了這一步時，十八世紀以為目前令人不滿的事實，可以應用概念而加以改進的，那種**情緒性的樂觀主義**便也煙消雲散了。

從古典時代來證明，則當柏拉圖、亞里斯多德、及他們那時代的人士，採集各種不同的古典政治制度，以尋求出一項智慧而美麗的集大成結論時，整個的古典世界都拭目以待；而柏拉圖本人，更嘗試將西那庫斯城，依他那理想家的妙訣，加以改造——可是，他卻使得這個城市每下愈況，至於覆滅。

在我看來，中國先秦時代的南方各國，也是由於這一類的哲學性試驗的結果，才會空談理論，而卒為秦帝國所征服。法國雅各賓黨中，那些著迷於「自由」與「平等」的狂熱信徒，也終把法國從革命後的「五人執政團」（Directory），斷送到軍隊勢力及證券交易所之手。而每一次社會主義者的暴動，也無非是為資本主義鋪出了新的路徑。政治理論至此，已經「功德圓滿」。到了西塞羅為龐培撰寫他的「共和國」（De re publica），以及塞勒斯特（Sallust）兩次向凱撒提出嚇阻時，已經不再有人屑於一顧了。到西元前一世紀，政治理論已經變成陳腔爛調的學院把戲，自此以後，只有權力，現實的力量，才代表一切。

在我們西方，理論的時代，也已經趨近於終點。自由主義與社會主義的偉大系統，均興起於約一七五〇——一八五〇年間，而馬克斯的體系，也已歷半世紀之久，此後便無以為繼了。對馬克斯主義，及其唯物史觀，本身即代表一種末世的現象。政治理論至此，實已窮途末路。對於政治計劃的信仰，在我們祖父一輩，是他們的特徵和光榮，——到了我們孫子一輩，這將證明是一種狹隘的膚淺之見。甚至就在目前，一種新的柔順與虔信的種籽，已經發展出來，以取代這種過時的信仰；這種新的柔順與虔信，是起於痛苦的良知、與精神的饑渴，其任務是想要建立一個新的「人間世」（Hither—side），而這新世界所追尋的，是神秘的經驗，不是堅硬冷亮的概念，而最後，這便導入到「第二度宗教狂熱」的深處了。

民主的命運

在剛開始的時候，民主只屬於知識分子的領域。西方早期民主政治史上，有名的幾件大事：如一七八九年八月四日夜間法國的「階級大會」、「網球場的誓約」、以及一八四八年五月十八日普魯士的「法蘭克福會議」，可算是歷史上無比高貴而純潔的事件——當時的人們，雖然權力在手，卻仍為「普遍的真理」爭論良久，議論未定，兵已渡河，以致實際的力量，得能乘隙振起，把一干夢想家們擲落在一旁。但是，在此同時，民主政治的另一面目，卻也並未落後，一逕潛滋暗長，終致，人們開始了解到一項事實：只有擁有**金錢**的人，才能利用到憲法的權利，民主的權利。事實上，選舉權的功能，若竟能夠發揮到，接近理想主義者所以為的程度，則必然是因為：有組織的金錢勢力，尚沒有從中操縱競選者的緣故。一旦這等勢力出現於政治舞臺，則選票也不過只是徒具形式的公眾意見記錄紙而已，對於真正操縱政治的權力結構，已不復具有任何正面的影響。

表面上，西方的、議會式的民主政治，與埃及、中國、阿拉伯等**文明**中的「民主政治」，大相逕庭，因為在那些**文明**之中，全民普遍的參政權，根本從未成立。但事實上，如我們這個時代，一般民眾，也只是在「選舉區」（electorate）中，被集體操縱的一群，相對於政治的

「主體」而言，也仍只是「客體」而已；這與巴格達人民對其教派統治、拜占庭人民對其僧侶階層、以及任何其他地方，人民對其統治結構所表現的集體服從，根本絕無什麼不同的意義。**自由**，永遠只是純粹的**負面現象**。自由表現於對既存傳統、王朝、教主的摒棄，但是事實上，實際的政治權力，依然存在，絕未稍減，只是由這些體制，轉入於新的力量中——如政黨領袖、總統、先知等等名目而已。相對於這些新的政治中心，大眾仍只是無條件地被動的客體。

古典人民的基本權力，曾伸展至擁有最高的國事與司法的職權。為了施行這些權力，人民乃集合於所謂「**公會所**」（Forum）中。其實，在「公會所」中，人民只是歐幾里得式的「質點」，被具體地集攏起來，以充作古典風格的政治影響程序下的客體而已，政客們可以用具體切近、訴諸感覺的手段，左右這些人民——舉例言之，這些手段包括：施於每一人眼前及耳邊的雄辯之術；包括很多在我們看來，簡直厭煩不堪、難以忍受的方式，如嗚咽不休、捶胸頓足[5]；對聽眾作恬不知恥的諂媚，對敵手撒異想天開的謊言；冠冕堂皇的辭命、慷慨激昂的陳

5 甚至凱撒於五十五歲時，尚被迫在魯賓肯（Rubicon），於他的兵士之前扮演此一鬧劇，因為兵士們已習慣了這一套，並當他們被要求任何事時，便期待這一套的表演。這恰對應於我們的政治集會中，那種「反覆陳詞」的演說之類——原註。

詞；還有遊戲與表演，威脅與攻擊，無所不用其極。但是，最主要的，還是**金錢**。金錢之介入政治，早在西元前四〇〇年的雅典，便已顯出端倪，到了凱撒與西塞羅時代的羅馬，更是達到了駭人聽聞的高潮。

到處都是一樣，選舉的活動，從階級代表的提名開始，即已成為各政黨候選人的戰場，同時也即是迎接金錢源源進入的所在。而從查瑪之戰以後，金錢的數額越來越趣龐大，「個人手中能夠集中的財富愈鉅，則政治權力的爭奪，發展為金錢問題的程度便也愈大。」西塞羅這一段話已足說明一切，無需更作贅述了。然而，從深一層的意義來看，若認為這是賄賂舞弊，仍是未中肯綮之言。這不是什麼墮落行為，民主精神的本身，在達到其成熟狀態時，便已注定了必然會採取這樣的形式。

西元前三一〇年的克勞第士（Censor Appius Claudius），無疑是一位真正的希臘精神的信徒，也是主張憲政的理想家，有如法國革命時代羅蘭夫人（Madame Roland）圈子中的人物一般，在他所從事的政治改革中，確實不曾在公民參政權上玩弄狡獪，也絕不曾採用更改選法、以圖利己的政治「藝術」——但他所作的努力，只不過為這些「藝術」鋪路而已。並不是民主的體系有利於舞弊，而是從最初應用民主政治開始，種族的特性便已出現，金錢便已發揮作用，而且，非常迅速地，完全主控了局面。終極而言，在金錢獨裁的時代裏，將金錢的運用，描述為一種墮落的標記，是頗不公平的事。

羅馬的公職，自從其產生的過程，需經由一系列的選舉以來，由於所需的資金甚鉅，往往使每一個政治家，都不免向其周圍的伙伴告貸。選舉的資金，或用於邀請所有的選民晚餐、或提供角鬥表演的免費座位、甚或登門送上現款——誠如西塞羅所言：「傳統道德，蕩然無存。」選舉的資本，龐大驚人，有時竟達數億銀幣之譜。以羅馬一地所蓄積的款項之充沛，而西元前五四年的選舉，由於動用太多的款額，竟致當時的利率，一時從百分之四，劇升至百分之八。

凱撒競選「護民官」時，支付浩繁，以致克拉蘇必須為他簽約擔保二千萬銀幣，那些債主方肯讓凱撒離去赴任。而在凱撒競選「最高僧侶院」的職位時，由於信用過緊告貸無門，幾乎毀於一旦，他的對手卡特拉斯（Catulus），竟能認真考慮向他提出賄賂，逼他撤手。但是，對高盧的征服與開發——這也是出自於財政上的動機——終使凱撒成為世界上最富有的人物。而凱撒之所以積聚鉅款，就如今南非的羅德茲一樣，乃是為了權力，並不是如凡理士（Verres）、或甚至克拉蘇那般，只是由於喜愛財富而已。相形之下，克拉蘇首先、且主要是一個財政家，其次才能算是政治家。而凱撒掌握的，則純是事實：——在民主政治的土地上，沒有金錢，憲法的權利根本一無所用，有了金錢，方能夠妙用無窮，予取予求。

報紙刊物

古典的政治方式，尤其是羅馬的「**公會所**」，是將民眾聚集起來，成為一個可見的實體，然後驅使民眾使用他們的權利，當然，這權利之應用，實在還是由真正的政治家，在主持操縱的。與此「相應」地，英美的政治，則透過**報紙刊物**，創造了一個無遠弗屆的，心智與財政的張力交相運作的「**力場**」（force—field），在這「力場」之中，每一個人都在潛意識中，接受被指派好的地位，故而他的所思、所言、所行，無非是遠處某個地方的一位統治者，早已深思熟慮縝密計劃過的後果。

這與古典那一套方式對比之下，即是動力學與靜力學之別，浮士德世界感受與阿波羅世界感受之別，也是西方第三進向的熱情，與古典純粹切近可見的感覺之間的不同所在。在我們這個時代裏，不再是人與人的對話，而是由報紙及同類的印刷刊物、電力播送的新聞廣播，來促使各個民族、各個地方的感覺意識，完全處在一大堆的報導、標語、觀點、視域、感受，所構織成的震耳欲聾疲勞轟炸之下，日復一日，年復一年，以致每一「自我」，都變成為僅是巨大畸形的心智產物——報紙之類——的函數，很難具有獨立的意識。在政治上，金錢不會輕易轉手，不會變成香檳美酒；透過對傳播媒體的控制，金錢已轉成為「力量」，而金錢的數量，便決定它影響力的強度。

槍火與印刷，彼此密不可分，兩者都發明於哥德式時代的頂點、都起源於日耳曼的技術思想，而成為浮士德式「超距作用」（distance—tactics）的兩大法寶。在**後期文化**開端時的宗教改革中，最初一些傳單與最初一批野炮，便曾同時出現。到了**文明**開始時的法國大革命，人們便在一七八八年秋天，目睹宣傳小冊，如狂飆驟發，又在維米之役中，眼看巨型大炮，隆然發威。隨著**文明**的進展，這些大量生產、四處散播的印刷文字，到了懂得利用的人物手中，便成為不可抗拒的武器。在法國，直到一七八八年，文字作品仍只用於表達私人的信念之類，但英國則已超過這一地步，懂得慎重研究如何製造印象、影響讀者。由倫敦所發動的反拿破崙的宣傳戰，在法國地面上大肆散播文章、傳單、偽造的回憶錄之類，即是第一個著名的例子。

今天，我們終日生活在這類心智「大炮」的轟炸之下，任何人都很難保持其內在的脫然獨立，以冷靜地觀照這一幕巨大怪異的戲劇。在純潔的**民主外衣**之下，**權力意志**的運作實已登峰造極，人民自以為獲得了自由，實際上，卻正面臨前所未有的最徹底的奴役。

真理是什麼？對大眾而言，真理即是不斷讀到和聽到的消息。也許有少數孤零的學人，還能自行安身立命，蒐集證據決定「真理」——但所能獲致的，也只是他個人的真理。至於今日在事實的世界中。能夠發揮作用一往無阻的另一類真理，流行的真理，已全是報紙的產物。報紙想要渲染的情事，頃刻便成為真理。報紙的指揮者，可以任意提出、轉變、或交換真理。只要三個星期的報紙刊載，「真理」便能街知巷聞，人人知曉。

與政治性的報紙密切配合的，是普及化的學校教育，這在古典世界，是完全闕如的。在這樣的教育需求之中，有一項頗難自覺的要素，潛存其間，即：使大眾成為政黨政治的客體，並進入報紙勢力的範圍。早期民主政治的理想家們，毫無保留地誠心以為：「全民教育」是完善而單純的啟蒙工作。甚至在今天，還到處有人在熱心倡議「報紙的自由」——殊不知正是這一套東西，為未來的凱撒式強人鋪平了道路。控制了世界的報紙，便控制了一切，能夠閱讀報紙的人們，便不免屈服於這等力量之前，於是，後期民主政治中虛幻的自決，不過是由報社所聽命的幕後主宰，在決定一切罷了。

相形之下，沒有一個馴獸師，能令他馴養的動物如此地聽話。在報紙上稍加引發，讀者大眾便會匯集街頭，猛攻報上指出的目標，示威恫嚇，砸碎窗戶，無所不為；在報上稍作暗示，大眾又會頓然沉寂，乖乖回家。今天的報紙，不下於一支軍隊，擁有縝密組織後的支部與分部，以記者為其軍官，而以讀者作為兵士。但在此，與任何的軍隊一樣，兵士只是盲目地服從，戰爭目標和運作計劃千變萬化，全非他所得而知。事實上，讀者既不會明白、也不容明白：他究被用於何種目的、甚至他扮演的角色為何？我們不可能想像出比這情形，對所謂「思想自由」更具諷刺性的畫面了。從前，人不敢自由思想，如今他敢了，可是卻已不能自由思想，他被報紙刊物、傳播媒體緊緊控制著，而他卻認此為他的「自由」。

政黨領袖的獨裁權力，即由報紙的支持而來。競爭雙方互以金錢控制報紙，努力使讀者大眾——不，人民大眾——脫離向敵方的效忠，而置入於己方的「心智訓練」（mind—training）之下。而透過這種心智訓練，人民所能知道的事，便全只是政黨領袖所要讓他們知道的——於是，人民的世界圖像，全由高層人士在那裏代為拼組。此時，已不需如巴鏤克的諸侯一般，將兵役義務施諸大眾身上，只需以文字、電報、圖面，來鞭撻大眾的靈魂，直到他們自己大聲疾呼，要求武器，要求作戰，並強迫他們的領袖，出兵參與紛爭之中——而這一「強迫」，其實正是領袖們蓄意已久的事。

這便是**民主政治的結局**。如果在真理的世界裏，是由「證明」（proof）決定一切，則在事實的世界裏，「成功」（success）才能出人頭地。「成功」意即一方壓倒了其他的各方。政治的領域內，生命終竟已獲致勝利，而世界改革家們的夢想，徒然成為被人利用的工具而已。在後期的民主政治中，種族的性徵，勃然湧現，或則迫使政治的理想，成為它的奴隸，或則無情地將理想捽入了深淵。埃及的底比斯、羅馬、中國，情形都是如此。只是，任何其他的文明之中，權力意志都不曾如我們西方這樣，顯現出如此嚴酷緊固的形式。大眾的思想，以至行為，皆被籠蓋於一種鐵硬的壓力之下——正因為如此，人們表面上雖擁有讀者與投票者雙重的權利，實際上，當政黨已成為只是少數人的應聲蟲，而未來的凱撒主義陰影已觸目可見時，這卻正是雙重的奴役狀態。

在**金錢摧毀了心智之後**，透過金錢，**民主政治乃成為自己的摧毀者**。然而，正是因為，任何以為芝諾、或馬克斯之流理論家的概念，可以改進實際事態的幻覺迷夢，已經消失無蹤；正是因為，人們已經認清：在現實的國度內，一個權力意志，只能為另一權力意志所推倒（這是在戰國時代中，人類所獲的大體驗）；終於，一種深刻的思慕之情，開始覺醒過來：人們懷念一切尚存的古老傳統，有價值的傳統。

人們厭惡於金錢至上的經濟，希望能從這一切中解脫出來。並開始對諸如榮譽與俠義、內在的高貴、無私與責任等真正的理想，深致渴望之忱。於是，那個本已被世界都會中，理性主義所凌壓下去的**血液力量**，重新自深處甦醒出來，而開啟了一個新的時代。一切與王朝傳統及古老貴族的秩序有關的事物，一切與高度蔑視金錢的舊式倫理有關的事物、一切內在適合於為國服務的品德，如勤勞、犧牲、苦心謀國之類——突然之間，這些種種，成為無比強大的生命力凝聚的焦點所在。

凱撒主義雖生長於民主政治的土壤上，但它的根柢，其實卻深深扎入於血液傳統的底層。古典文明中的凱撒，其權力固然由民主政治的「護民官」導出，可是他赫赫的威嚴，永恆的地位，卻是由於他是國家的「元首」（Princeps）。在西方，古老的哥德式靈魂，也在重新覺醒。騎士團體的尚武精神，將壓服惟事劫掠的「維京主義」。至於文化的偉大政治形式，此時已經形神俱逝，一去不回了。將來的強人，可能會把地球當作他們的私產，但是，這並不關緊要，因為儘管他們的權力，漫無形式、漫無限度，畢竟有一項工作，要待這樣的權力來實施。這工作便是：永不休止地**正視**這個世界。這與金權至上、財閥當令（money—power）時代的汲汲牟利，恰好相反；這需要有高度的榮譽感與責任心。然而，正因此故，便開始了民主政治與凱撒主義之間的最終決戰，也就是：獨裁性的金錢經濟，所代表的勢力，與凱撒式強人所代表的純粹政治性的權力意志，兩者之間最後的決戰。（勝利自然屬於後者。）

第二十章　經濟生命的形式世界

——金錢

經濟生命

要想瞭解各大文化的經濟史，其觀點不當求之於經濟層面。我們今日所謂的「國家經濟」（national economy）一詞，其所據以建立的前提，是明顯而突出地英國式的東西。英國是非農業國，利用世界貿易和出口工業的關係，產生了一套特殊的經濟型態——「信用貸款」（credit—money），以此作為基礎，而界定了諸如「資本」（capital）、「價值」（value）、「價格」（price）、「財產」（property）等詞眼。而這些名詞，又毫不費力地，傳遞至其他的文化階段及生命圈層之中。此一經濟圖像的創始者，是大衛休姆（David Hume）與亞當斯密（Adam Smith），自他們以後，每一篇討論他們或反對他們的文字，本身早已承認了他們的系統，所使用的結構和方法。經濟學家卡瑞（Carey）和李斯特（List）固是如此，傅立葉（Fourier）和拉塞雷（Lassalle）也無不皆然。至於亞當斯密最大的對手——馬克斯，無論他如何大聲疾呼，反對英國式資本主義，他本身其實已徹底浸淫在資本主義的意象之中，他的反對，本身即是一種承認，而他唯一的目的，只是要透過一種新的會計方式，來顛倒主體和客體的利益而已。

自亞當斯密以迄馬克斯，經濟思想，無非是一個文化在某一特定的發展階段上，對其經濟思考所作的自我分析而已，這徹頭徹尾是唯理性主義的，它從物質及其條件、需求、動機出發，而不是從靈魂——世代、階級、和民族的靈魂——以及其創造力出發。這種經濟思想，把經濟生命，當作可由明顯的因果定律而囊括無遺、常作相當機械而完全自成一體的結構來看待，甚至，最後還認為經濟與宗教及政治，有某種的因果關聯——而後二者亦仍被視為是個別自足的領域。這是**系統式的看法，而非歷史的曠觀**，故其概念與定律，表現為不具時間性的、欲放之四海而皆準的真理，這實在只能說是一種「信仰」，而其野心，仍是欲設定經營經濟的唯一正確的科學方法。因而，一旦其所謂「真理」面對了事實，便遭遇了十足的慘敗——例如中產階級理論家對世界大戰的預言[1]、及普羅階級的理論家對蘇聯經濟的預言，皆告落空。

於是，直到今天，對於生命的經濟一面，尤其是高級文化的生命的此面，由於諸大文化，各有依自身的階段、速度、持續期而來的個別風格，故就**形態學**的意義而言，尚無「國家經濟」之可言。經濟學應無系統，只能是一種觀相。要徹底明瞭經濟生命的內在形式、經濟生命的靈魂，需要有觀相的敏銳才智。此等「判斷」的才智，是可以被啟發出來的，而啟發之道，乃是透過對歷史的同情的曠觀。因為對歷史作同情的曠觀，可以得出有關各**種族本能**的明徹觀念，而此等種族本能，在經濟活動之中，也和在生存活動的其他機能之中，一樣地發揮作用，能以象徵的作用，使外在的地位——如經濟資源、經濟需求等——與種族自己內在的特徵，諧和一致。故而，**所有的經濟生命，都是一個愛魂生命的外在表達**。

下面所嘗試，只是對經濟生命的各項可能情況，作一迅速的縱覽。

1 當時，幾乎在各處，專家的意見都認為，普遍動員所造成的經濟後果，會迫使敵對行動在短短幾周之內爆發——原註。

經濟政治

經濟與政治，是同一**活潑流衍中的生命之流**，所表現出的**兩種面貌**，不是屬於覺醒意識及心智方面的事物。生命的「進入情況」，即是指兩方面——政治方面與經濟方面。兩者互相覆疊，互相支持，也互相頡頏，但**政治**無條件地，**應列於經濟之前**。生命的意志，是要保存自身及發揚光大，或者：使自身更為強大，以凌越其他之上。然而在「適者生存」的經濟狀態中，生命之流只能計及本身，在政治狀態中，則必須顧及其他，故而政治方是生命昂揚的表現。所有的民族，在長期生活的卑瑣腐蝕下，都會失去他們強烈的種族力量。在此，人只「因」某事物而死（die of something），而不是「為」某一事物而死（die for something）。政治猶能使人，為一項理念而犧牲，但經濟卻只能使人日漸衰耗，無聲無息。

在戰爭中。生命因死亡而提升，經常達到不可抗拒的程度，僅由這種生命的存在，即已保證了它的勝利，但在經濟生活中，飢餓常喚起對生命的恐懼，一種醜陋、卑微而全然非形上的恐懼，在這種狀態之下，文化的高級形式世界，悲慘地趨於瓦解，而人們開始如野獸般的赤裸裸掙扎圖存。

因此之故，經濟史的義蘊，與政治史頗不相同。經濟對生命而言，固然一定有其意義，但只是一個基礎。真正重要的，不是某一個人或民族「進入情況」，滋育良好，飽滿豐盈，而是：個人或民族「**為何**」如此。人在歷史世界中攀登越高，則其表現內在象徵的政治與宗教意志，其表達力凌越一切所完成的形式，其所具有的經濟生命的深度，都會越趨明朗。只有在「**文明**」到來時，整個的形式世界開始衰退，純粹的生命苟全才會彰顯出來，赤裸而頑強。——到了這時候，所謂「飲食男女」乃是生命的原動力之類的庸俗言論，恬不知恥地公然出現，而生命不再是工作強度的增加，而只求「最大多數的最大幸福」，只求舒適的逸樂，只求羅馬式的「麵包與馬戲」（**Panem et circenses**）。到了這時候，以經濟為主的政治，取代了大風格的政治，而其本身，即代表一種終結。

經濟既是屬於生命的種族一面，故其所具的，也如政治一樣，乃是習尚的**倫理**，而不是道德——這又是貴族與僧侶，事實與真理的判分。從經濟的角度看來，任何職業階層，皆如同政治的「階級」一樣，天生擁有一種辨別好壞（但不是**善惡**）的感受。沒有這種感受，便是缺乏榮譽之心，而對經營經濟生活的人們而言，榮譽無疑是中心的基準，有了榮譽感，才能有敏銳的智巧與才能，以擇取「正確」的事物——這與宗教思想中所含的罪惡觀念，完全不同。不但在商人、工匠、農夫等階層中，存在有非常明確的職業榮譽，即在店老板、出口商、銀行家、承包商，乃至於小偷及乞丐等階層中，也都有同樣明確的職業等級存在。雖然從沒有人，述出或寫出這些習尚的倫理，但這些倫理確實存在，並如同各地一直皆有的階級倫理一樣，各自在自身的圈層中，發揮其約束力。

在任何一個職業社會中，與忠誠和勇敢、俠義和友誼等品行並行不悖的，尚有對於勤勉、成功、勞動等的倫理價值，所表現出的明白肯定的觀念。這類事項，是人與生俱有的概念——人對此所知並不甚多，但習俗只有在遭到侵犯時，才會在意識中凸現出來。可是相反地，宗教的禁制便不是與生俱來的，而是無時間性、普遍真確、但從未實現的理想，人在能夠理解或努力遵循這些禁制之前，必須先加以「學習」方可。

宗教修行的基本，諸如「無我」、「無罪」等，在經濟生命中，沒有意義可言。而在真正的聖人眼中，則連商業行為本身即是罪惡的，更不消說博取利率的作法、或對財富所生的欣悅、或貧者所具的嫉妒之感了。有關「田野中的百合花」的說法，對深刻的宗教（以及哲學）本質而言，乃是無條件無保留的真理所在。**宗教存有**的整個重心，完全落在「這個世界」的經濟、政治、及一般事實的層面之外。我們可以在耶穌的時代、聖本篤的時代，在今日俄羅斯人民靈魂中，看到這一點；而狄阿鑑尼斯或康德之類哲學家的生命路徑，也在在顯示了這一點。為此之故，那些人們自願選擇貧苦與修行，並深藏在寺院修道及學術研究的生涯之中。宗教或哲學之中，永遠不會有經濟活動；經濟活動只能見於某一教會的政治機構、或某一學理團體的社會機構之中，這是教會或學院對「這一世界」的一種妥協，但也是權力意志存在的一種指標。

所有高級文化的經濟生命，都是自農人社會之上發展出來的。農夫本身，不需依賴任何基礎，它本身便是基礎。它可說是種族的根柢，是植物似的、無歷史的**存有**，它的生產與花費，完全起於自己的本能，對於世界上其他的經濟型態，它一概認為偶然之事，不屑一顧。

這是一種「**生產的經濟**」（producing economy），相對於此的，便也有一種「**貪利的經濟**」（acquisitive economy），後者以前者為目標，加以利用——作為滋養的來源，索貢或劫掠的對象。政治與貿易，在開始時期，根本甚難分離，兩者都表現出強力的、個人的、嗜戰的特性，都飢渴地追求權力與戰果。原始的戰爭，一直也即是一種奪取戰利品的戰爭，而原始的貿易，更與擄掠及搶劫的行為，密不可分。冰島的傳奇，經常敘述維京人同意某一城鎮的人們，有兩個星期的市場和平，過此期限，便干戈大動，開始奪取戰利品了。

形式發展之後的政治與貿易，則同是以其他方式來代替戰爭，而表現為一種利用心智的優越，壓服敵方，而獲取實利的「藝術」。每一種的外交，皆具有商務的性質，每一種的商務，也皆有外交的性質，而兩者都需基於敏銳的判斷與觀相的才智。但是，真正的君王與政治家，所要的是統治的權力，而真正的商人，所要的只是財富，至此，「貪利的經濟」便產生了目標與手段之間的分離。或為權力而爭取財富，或為財富而爭取權力。純粹追求經濟利益者——諸如羅馬時代的迦太基人，以及規模更為龐大的，我們時代中的美國人——相對而言，便不能夠表現出純粹的政治思考。以美國總統威爾遜為例，在高級政治的決策中，常會被人欺騙及利用，尤其是缺乏政治家的本能，而代之以道德的情緒時，情形更是如此。

這便是何以今日的各大經濟集團，在政治上一再接連失敗的緣故，除非他們能找到一位真正的政治家，作為領袖，情形才會改觀，然而到那時，這政治家又會——利用他們。因此，雖然在形式上，兩者有高度的和諧性，然而經濟思考與政治思考，在方向上卻有基本的背離。偉大的商業成功，確會喚醒一種激越的權力之感——「資本」（capital）一詞與「領袖」同義，足透個中消息。但是，只有少數的人，能對由他們的意欲、及所處情況培養出來的基準，共同凝成的色彩與方向，作幡然的改變。只有當一位企業家，真正不再覺得他的企業，是他「自己的事業」，不再覺得其目標所在，只是積聚財產時，這企業家才可能成為一個政治家，如同南非的羅德茲那樣。

然而，所有這一切，正是一個高級**文化歷程**的外在顯露。在**文化**開始時，出現的是原始秩序，即貴族與僧侶，分別象徵著「時間」與「空間」。而政治生命，在一個秩序井然的社會中，有其固定的位置、有其命定的行家，對事實與真理，也都有派定了的目標。而在此之下，經濟生命沿著確定的路徑，不自覺地行進著。然後，生命之流發展至陷入於城市的石砌結構之中，而心智與金錢，開始取得了歷史的領導權。具有年輕的象徵力量的英雄人物與聖哲之士，越來越少，並撤退到日益狹小的圈層之中。冷漠的中產階層，所代表的清澈理性，取代了英雄與聖人。

在城市的摩擦之中，生命之流失去了嚴格而豐富的形式。基本的經濟因素浮現於表面，並與形式完俱的政治，所餘下的殘渣，交互作用，而在此同時，惟我獨尊的科學，也不得不將宗教列入其對象之中。政治上的自滿之情，猶且在對經濟生命，撒佈一種察察為明的世界情緒。可是，正是在此，個別的生命歷程四處湧現，取代了腐化的政治「階級」，這些個別的生命歷程，深具真正的政治與宗教力量，將決定全體人民的命運。（這便進入了群雄並起的「戰國時代」。）

貨物思考與貨幣思考

在每一**文化**的春天到來時，都先有一種固定形式的經濟生命。此時，人們的生活，完全即是鄉野農人的生活。在此，每一個人同是生產者與消費者。自這樣一種型態的生命中分離出來的，即是「貨物」（goods），而貨物的交換，即是所有早期交通的重點所在。這些時代中的交易過程，即是貨物自一個生命階層，轉入到另一生命階層而已。貨物的評價，全以生命為依歸，漫無一定的基準，因時而異，隨感而變。既沒有一種價值的概念，也沒有任一種或一些貨物，能構成共同的度量準據——金子與錢幣，也只算是貨物，惟由於極為稀少且不易毀壞，故而比較貴重。

在這樣一種物物交易的韻律與歷程之中，交易人只是一個參與者而已。在市場中，「貪利的經濟」與「生產的經濟」，不免彼此碰見。但即使在早期艦隊與商船卸貨的港口，其貿易的型態，仍只是同鄉野交易的方式一樣[2]。

隨著城市靈魂的出現，另一種全然不同的經濟生命覺醒了，轉捩點是在於——真正的**都市**

2 故而，其實是以一種非常小的尺度為之。因為，在這些時候，對外貿易具有高度的利益，並且頗易引起想像，通常都被強度的誇張過。約一三〇〇年，威尼斯的「大」商人，尚難與比較傑出的工匠相匹敵，在一四〇〇年，著名的富商家族梅迪錫（Medici）與福哲爾（Fugger）的崛起，也不過如同今日一小鎮中的造船業般的程度而已。當時，最大的商船，通常都由數個貿易商共同擁有，卻較近代德國的渡船尚小得多，而每年只做一次重要的航行。中世紀，漢撒（Hanseatic）同盟的貿易，重要的項目之一，是著名的英格蘭羊毛出口，但約在一二七〇年，其數量也不過如同現代兩貨車的商品而已——原註。

人，根本不是以鄉土為主的生產者。都市人與土地、與自他人手中流過的貨物，全然沒有內在的關聯。

至此，貨物變成了「商品」，交易型態大為轉變，而**貨幣的思考**，取代了**貨物的思考**。

至此，一種純粹廣延性的事象，一種抽象的形式，自可見的經濟物象之中，抽離了出來，正如數學的思想，自機械性的周遭事物中，抽離出某些事象來一樣。**抽象的貨幣**，恰恰**對應於抽象的數字**。兩者都是全然無機性的事物。經濟的圖像：乃縮到只屬數量（quantities）的範圍，而原先「貨物」的重點，卻是在於其**性質**（quality）。

所有的貨幣理論，都犯了一項錯誤，即：不從經濟思想的形式出發，而卻從價值標記（value—token）甚或支付媒體（payment—medium）出發[3]。事實上，貨幣，就像數字及法律一樣，是屬於思想的範疇。貨幣的價值，是一種以計算單位作量度的數字價值。這正是一種「孤離的價值」（value—in—itself），恰如「數字的本身」（number—in—itself）一樣，是城市

3 馬克與美元，並不是「貨幣」本身，正如公尺與公克，並不構成力學上「力」的本身。貨幣的數目，才是真正的價值單位。由於我們西方對古典物理學的無知，才使我們不曾把重力與重量弄混淆，但我們的數學，由於以古典數學為基礎，故仍把數字與大小數量混為一談，而我們對古典錢幣的模仿，也造成了同樣的混亂情形，把貨幣本身與貨幣數目釐劃不清——原註。

中人，無根的人，最先想像出來的。惟有在真正城市人的經濟圖像中，才會有獨立於他私人需求之外的價值、及價值種類存在，並以之作為一種**普遍真確**的思想要素。而事實上，每一個人都有他**自己獨具**的價值系統及價值標準，並以此為據，才能感覺出市場現行的價錢，為「便宜」抑或「昂貴」[4]。

較早的人類，對貨物是採取「比較」（compares）的方式，而且這比較不僅是經由理性的方法為之；後來的人類，則對商品的價值加以「計算」（rechons），而且這計算硬性地排除了性質上的量度（unqualitative measures）。這樣一種價值的量度，是否能夠、以及如何能夠以一種價值表記，來完成其象徵的表達，端視一特定文化的經濟風格而定，而每一個文化，也都創造了一種不同的貨幣。

這些貨幣發生的共同條件，即是都市人們的出現。都市人在經濟上，是以貨幣為思考的基準，至於作為價值表記的貨幣，是否同時也即是支付媒體，則視不同文化的都市人，特定的

4 同樣地，所有的價值理論，無論其本意是如何的客觀，都不可避免地，是由一個主觀原則所發展出來的。例如，馬克斯的價值理論，在界定價值時，只提出手工業工人的利益，故而，發明者或組織者的努力，對他而言，似乎都毫無價值可言。但說這是「錯誤的」，卻也不盡然，所有這些理論，對其支持者而言，都是「對的」，而對其反對者而言，都是「錯的」，決定一個人為某理論的支持者或反對者的，其實不是推理，而是「生命」的本身——原註。

性格而定；是以，古典文化的錢幣（coin），以及巴比倫的銀幣，同時代表價值表記與支付媒體，可是埃及的銅卷（deben，以生銅鑄造），則只代表一種交易的量度，既不是價值表記，也不是支付媒體。而西方的銀行券與「相應的」中國銀票，[5]也只是一種媒體，而不是一種量度。

這樣的一種思考方式，其結果便是：與生命及土地密切相關的古老「財產」（property）觀念，為後來的「財富」（fortune）觀念所取代：「財富」在本質上是流動的，而且性質不甚確定；它主要不是基於貨物的本身，而卻基於對貨物的投資與經營，故而就其本身而論，純粹是一種貨幣價值上的抽象數量而已。

有了這樣的思考型態，城市便成為貨幣的市場，價值的中心，而一股貨幣價值的潮流，開始灌進了貨物之流中，將後者加以**心智化**，而終於主導了後者。至此，商人從經濟生命的一種工具，變成為經濟生命的主宰者。以貨幣為思考基準：永遠即是某種方式的貿易或商業的思考，它以土地的「生產經濟」為前提，而建立其「貪利經濟」的型態，因為並無第三種經濟路向可走。「貪利」、「獲益」、「投機」等詞眼，正指出由貨幣出發，至消費者之間，中途所襲取的利益，因此之故，在早期的農人間，不可能適用。

5 西方從十八世紀末葉起，經由英國的銀行而導出了此類的銀行券，而中國銀票則始自於戰國時代——原註。

隨著貨幣的交通，生產者與消費者之間，彷彿成為兩個分離的世界，而第三種人，「中間人」（middleman）開始出現。而這種人的思想，先天地便為生命的商業一面所主導，他使生產者交貨給他，使消費者向他取貨，將中間的仲裁，提升到壟斷的地位，從而襲取經濟的首席主位，而使另兩者以他的利益為依歸，他依他的計算來預備商品，並以他的壓力來揚抑物價。

能夠掌握這一思考模式的人，即是金錢的主宰。所有的文化中，經濟演進都會走上這一條路。希臘人陸舍斯（Lysias）在他攻擊玉米商人的演說中，告訴我們：比里亞斯港（Piraeus）的投機者，經常散布運貨艦隊沉船、或戰爭爆發的報導，以製造恐慌。在希臘——羅馬時代，盛行一些安排土地輟耕、或將進口貨羈留，以迫高物價的事實。埃及的新帝國時代，已能以帳單折算的手腳，從事小麥的壟斷，其規模有如今日的美國，而這種帳單折算，與西方的銀行功能，已不相上下。亞歷山大大帝駐埃及的總管克里歐曼尼士（Cleomenes），竟能以文卷處理的方式，將整個玉米供應納入掌中，在希臘造成廣大的飢荒，以便中飽私囊，大肆搜括。

從事經濟思考，而忽略這些事實，只能算是大都市的貨幣運作中的末流角色。所有高度發展的經濟，皆是都市經濟。**世界經濟**的本身，即是一切**文明**，表現在經濟方面的特色所在，故而可稱之為「世界都市經濟」（world—city—economy）。到了**文明**時期，甚至這樣的世界經濟，其命運也只由少數的地方、由世界的「貨幣市場」，來予以決定。最後，金錢成為心智能量的外在形式，而統治者的意志，改治與社會、技術與心靈的創造力，以及對完全成長的生命之渴望，全部集中於此。蕭伯納說得對：「對金錢的普遍尊敬，是我們文明中一項有希望的因素……金錢與生命不可分；金錢是使生命得以散佈於社會之上的籌碼；而這即是生命。」這裏所講的**文明**，即是文化已到了這一階段：——傳統與人格，失去了它們直接的影響力；而每一概念，皆已實現，不得不置入於金錢的統緒之中。

古典與西方的貨幣思想

每一文化，有它自己的貨幣思考方式，及它自己的，依本身價值原則而來的貨幣象徵。阿波羅的貨幣概念，是一種「大小數量」，浮士德的貨幣概念，卻是一種「函數功能」，兩者恰恰互相對立。如其他各方面一樣，古典人在經濟上，也視其周遭的世界為一種實體的總和；金錢也是一個實體。以大小數量來表示價值，在古典世界中久已存在。

約在西元前六五〇年，出現了錢幣（coin）。以錢幣作為貨幣。是一種純粹的古典文化現象，是依歐幾里得式的概念導出的現象，浸假而主導了古典的經濟生命。故其諸如「收入」、

「財產」、「負債」、「資本」等觀念，其意是指具體的價值事物之總和。財產永遠是指可動的現金。故而在漢尼拔之後，羅馬的無限制「財閥政治」時代中，由於有價值的金屬，數量上有天然的限制，已經不敷需要，而將奴隸也列為財產之中。當時的奴隸，只當作一項物品，而不是一個人，故而也便有討價還價的價值。很多戰爭，是為擄取奴隸而發動的，而私人的企業，也沿地中海岸，從事物色奴隸的工作。

西方在一四九六年所發明的「**複式簿記**」（double—entry book—keeping），正呼應於古典在六五〇年對錢幣的發明。複式簿記是對「價值空間」（value space）所作的一種**純粹的分析**，其參考座標是自商業的「公司」出發。故而帳面簿記所代表的，乃是空間中的貨幣張力，所形成的「力場」，這「力場」中的每一物象，皆有一或正或負的「有效價值」。由此而設想的函數式貨幣，其象徵意義，不在於實際的帳面簿記，更不在於提貨憑單、支票、期票等，實是在於函數變化的行為本身，而保證金制度，只是這一行為的歷史證據而已。西方的經濟世界，是由「力」與「質量」所統轄，正如古典的經濟世界，與「實物」及「數量」息息相關一樣。

西方在三項事物上，沿襲了古典的習慣，其一，是鑄造的錢幣，這是古典的「大小數量」觀念下的產物，其二，是哥德式時代，採用了羅馬的法律，這也是將事物與具體數量等量同觀的系統，其三，是歐幾里得的數學，這更是基於視數學為「大小數量」的概念而產生的。故而，在西方文化自己心智的形式世界，發展演進的過程中，這三項事象，便逐漸自「大小數量」的觀念中解脫出來，而表現其浮士德式的性徵了。

金錢與勞動

以勞動量的大小，來度量事物的價值，實在是與將金錢的功能、與金錢的數量混淆不分的幻覺，相並而生的。馬克思只考慮純粹的實際勞動量，固然，事實上，這種勞動量，即是一種創造、整理、及組織工作的函數；其他事物，由此而導出其相對的意義、相對的價值、甚至成立的可能。

自從蒸汽機發明之後，整個的世界經濟，已成為極少數優秀頭腦的產物，沒有這些人的高級勞動，其他一切事物，根本無從產生。但是，這種成就，是一種創造性的思考，而**不是一種數量**，其價值不能以某些數量的錢幣，來加以衡量。其實，**這種思考，其本身即是金錢**，不是實際鑄造的金錢，而是浮士德式的金錢，——因為浮士德式的生命，其性質能夠將思想提升至具有事實的意義，從而，在經濟學上，以**金錢為思考基準**，**本身能夠生出金錢**（**Thinking in money generates money**），這真是西方世界經濟的奧妙所在。一個企業界的巨擘，在紙上寫下一百萬，這一百萬元便能確實存在，因為他經濟的能力，可以擔保其經濟負荷的升高，而這，便是西方「信用」（credit）一詞的真義所在。當然，任何生命之流，都以領導的少數、及被領導的絕大多數，共同構成，故而任何種類的經濟，也都有領導者的工作與實際性的勞動，兩種不同的勞動表現。

同樣，以金錢為思考基準，也分別有主體和客體兩種；那些以其能力，創造及引導金錢的人，便是主體，而被金錢驅策的人，便是客體。浮士德式的金錢，是自浮士德式的經濟動力學中，揮發出來的「力量」，它附隨在個人命運的經濟一面中，如影隨形，無論此人是內在足以代表這力量的一部分，或是相反地，與這力量毫無關係，均無法脫離金錢的影響。

第二十一章 經濟生命的形式世界

——機器

技術之為物，實與自由動彈的生命本身，同其古老。覺醒意識的內在宇宙，與自然世界的外在宇宙，原初的關係所在，即是：心理的感覺從純粹的感覺**印象**（sense—impression），提升至感覺**判斷**（sense—judgement）的層次，故而已具有批判的能力，或說：因果分析的能力。高級生命的歷史，決定性的轉變，是發生於對自然律的確信建立後，繼之以**實際上的應用**。有了實際的應用，技術便多少成為君臨性的獨立事象，而直覺的體驗，轉而成為確定的理解。思想已從感覺之中解脫了出來。造成這一劃時代改變的，當是文字語言的出現。

文字出現後，人類的認同標記（identification—marks）的系統，經由當時的技術，而發展成為一種理論，一種圖像（picture），這一過程不容顛倒。無論是在高度文明化的技術的時代，抑或最簡單的技術初起時代，技術都需經由「抽離作用」（abstration），才能達臻上面的成就。但一旦技術能做到這一點時，透過技術，**覺醒意識**便有力地介入了**事實世界**。生命利用思想，作為開啟秘門的敲門磚，然而，到了很多**文明**的頂點時，在文明的各大都市中，終於，另一個時刻來臨了，**技術**厭倦於作為生命的僕人，而開始使其本身，成為**暴君**。今日的西方文化，即正在經歷這種不受羈束的思想之放恣橫行，並且已到了悲劇的地步。發明的累積，不斷增長，經常發明後又忘卻，然後再度發明，然後，模仿、規避、改進。但到了最後，發明之多，已使整個大地成為取之不盡的發明泉源之所在。

高級文化的技術，就是在這樣的基礎上產生出來的，這在各大文化整個靈魂的性質、色彩、與感情中，歷歷可睹。然而不待說的，古典文化的人，由於以歐幾里得式的概念，來感受其自身及其環境，故而先天地便對技術的概念，懷著敵意的反對。如果所謂「古典的」技術，是指古典人們以自決的努力，從梅錫尼時代的普遍僵化狀態中，提升出來的創造，則根本沒有這等古典技術的存在。希臘及羅馬的三槳戰船，只是壯麗的划艇，而古典的弩砲與投石機，也只是手臂與拳頭的代替品，根本不能與亞述及中國的戰具等量齊觀。至於著名的發明家希羅（Hero）之類，其成就也只是僥倖，而非真正的發明，缺乏內在的分量與深刻的必然，不是他們當時註定要發生的成就。

與此截然不同的，是**浮士德的技術**。其滿腔「第三度向」的熱情，自早期的哥德式時代起，即一逕投向於自然，並堅決地要成為自然的主宰。在此，只有在此，研究與應用的關係，才成為一種當然的道理。從開端起，西方的理論，也即是其「工作假設」[1]。古典的研究者，終日「沉思」如亞里斯多德的神性之類，阿拉伯人則自冶金術中尋求魔術的法力，以便不需努力，即能掌握自然的寶藏，但是西方人，卻竭力以自己的意志，來主導自然。

浮士德文化的研究家與發明家，是獨一無二的典型。其意志的原始力量、其視景的燦爛卓絕、其實際思考中鐵一般的能耐，從其他文化的觀點看來，簡直奇異怪誕，不可思議，但對西方人而言，卻是血液中與生俱來的本性。西方整個的文化，具有一種發明家的靈魂。發明那未曾見過的事物，將其置入於內在之眼的視域內，以便加以主宰——這是從西方文化的第一天起，即堅持不變的熱情。所有偉大的發明，都慢慢趨於深度的成熟，而最後成為一種必然的命運。

---

1 中國文化，也自行發展出幾乎所有的歐洲的發明——包括羅盤、望遠鏡、印刷術、火藥、造紙、瓷器——但中國人不是強自於自然中榨取事物，而是循循善誘因勢利導得來。無疑，中國人也感受到這種知識的益處，並加以利用。但他不會全力投注於此，強行開發——原註。

其實，所有這些發明，在早期哥德式僧侶的研究中，幾乎均已觸及，這顯示了一切的技術思想，皆是始源於宗教。哥德式時代那些沉思的發明家，在他們的寺院中，一面祈禱與齋戒，一面研究著上帝的秘密，他們認為這就是侍奉上帝之道。但他們都無法避免真正浮士德式的魔鬼的誘惑，魔鬼在精神上引他們來到高山，允許他們地球上一切的權力。他們一再屈服於這一野心之前；於是，將技術的秘密自上帝處分出，以使自己成為上帝。他們傾聽自然脈動的定律，以便能夠掌握自然的脈動。以此之故，他們創出了「**機器**」的概念，使其成為只服從於人的意志的一種小宇宙。

然後，在理性主義的同時，出現了蒸汽機的發明，這推翻了一切現存事物，並使經濟生活從根改造。在此之前，**自然**已開始為人服務，但到了這時，**自然**被繫上了軛圈，當作奴隸看待，人們以「**馬力**」（horse—power）為標準，來量度**自然的功**，似乎頗表輕蔑之意。「馬力」運轉越來越大，由百萬而至於千億，其增加之速，為任何其他文化所難以夢想得到。這一成長，當然全是「機器」的產物。「機器」的動力，百倍於個人，而竟一直為人所使用、所控制。因機器之故，人命變得貴重起來。而「工作」或「功」（work）一詞，成為倫理思考中的重要詞眼，在十八世紀中，已不再含有輕視的意味。機器不斷工作著，並使得人們不得不與之合作。

不足一個世紀之內，這幕在西方世界上發展起來的戲劇，其偉大性，在**未來文化**的人看來，已必然會嘆為觀止。未來文化的人，以其不同的靈魂與不同的熱情，將很難相信在西方「那些日子裏」，**自然**的本身，竟曾搖搖欲墜。在一切其他事蹟均已失落及遺忘之後，西方的技術，猶會留下其全盛時期的許多痕跡。因為，這一浮士德式的熱情，已經改變了地表的面貌。

這是一種竭盡全力向外擴伸、向上提升的生命情調，是哥德式精神的真正後裔——在蒸汽機猶甚年輕的時代，歌德筆下浮士德的獨白中，已經表達無遺。沉迷的靈魂，一心要飛越於時空之上，一種不可名狀的渴盼，引誘著浮士德走向未知的境界。

從未有一個文化，像浮士德文化這般，內在宇宙，自覺能凌越外在宇宙，小小的生命單元，能以全幅的心智力量，主導了機械的外在事象。這是一種史無其匹的勝利，只有我們西方文化有此成就，而可能也只會維持少數幾個世紀的時間。

但正因此故，浮士德人已變成他自己的產物的**奴隸**。機器使其人口增加，使其習慣政變，一往直前，無法回頭。突然之間，與機器在發展過程中，培養及訓練出來的三大形象相形之下，農人、手工藝者、甚至商人，都變得毫無重要性可言，這三大新的形象，即是：**企業家**、**工程師與工廠工人**。從手工業的小枝椏上，竟長出了一棵大樹——即：機器工業的經濟型態[2]——其所擲下的陰影，覆壓了一切其他的職業。這一經濟型態，迫使上至企業家、下至工人，均一體服從，結果，兩者都成為機器的奴隸，而非主宰。如此，機器首次發揮了惡魔似的玄奧力量。

工業的重要自不待言，而工業之所以能存在，乃是基於千萬具有天賦的、嚴格訓練的頭腦，在那裏掌握技術，使之不斷推陳出新。故而只有沉默的工程師，才是**機器的主宰與命運**。工程師認為可能的思想，付諸機器便成為事實。也許有一種恐懼，純然唯物式的恐懼，不免出現，即擔心油田的原油有用盡的一日，但只要有傑出的技術探路者存在，這類的危險自然能夠消除。這些技術性的頭腦，其思想工作已與機器的工作，共同形成了一個內在的單元，只有當這一單元，不再能夠吸收新的血輪時，工業才會趨於衰歇，到了這個時候，則管理上的能耐、與工人的努力，都無法挽回局面了。故而，倘若在未來的世代中，最有天賦的心靈，發覺靈

2 只要機器工業仍主宰全球，每一非歐洲人，都會嘗試去探究此一恐怖武器的秘密。然而，非歐洲人其實內在地憎恨此等事物，無論其為印度人或日本人、俄羅斯人或阿拉伯人，都是如此。馬日靈魂的本質中，某種基本的素質，導使猶太人雖身為企業家與工程師，卻常避開機器的創造方面，而只投身於機器生產的商業方面。俄國人亦然，俄國人以恐懼與憎恨的眼光，來看那些輪轂、電纜、鐵路之類橫行一時，他在今日或明日，也許被迫使自己適應於此等不可避免的事物，但總有一天，他會把這一切，自他的記憶與他的周遭之中，抹拭罄盡，而創造一個全新的世界，而在那個世界中，此一惡魔似的工業技術，不留一絲痕跡（當然，這須是俄共被真正俄國人民推翻後的事）——原註。

魂的健康，要重於世上的一切權力；或萬一在形上與神秘主義（這類思想今天正在取代理性主義）的影響下，那些如今尚與機器密切相關的心智秀異分子，被一種日漸發展的邪道思想所征服，則便沒有任何事物，能夠阻止這一幕巨大的工業戲劇走向終局，因為這是一幕由心智所演出的戲劇，手工只是附屬品而已。

但是，金錢對此一心智力量的衝擊，也相當巨大。因為工業亦是為塵世所束縛的事業，如同自耕農的情形一樣，它的地位、它的原料，都是來自於地表。只有高級的**金融**，才是完全自由、完全虛幻的事物。

而自一七八九年以來，由於日漸膨脹的工業，對於信用融資的需求日殷，故而銀行及證券交易所應運而生，浸假而**自成一種力量**，並且想要成為唯一的力量。古代的生產經濟、與貪利經濟間的角鬥，至此已經強化而為心智之間，無聲的「巨人之鬥」（gigantomachy）。這是在世界都會的帳冊之中進行的戰鬥，這一戰鬥，代表技術思想，想要反對金錢思想，而維持本身自由的一種絕望掙扎[3]。

3 這一鬥爭，一般人民既不能看到，也無法理解，這是代表種族特性、與代表強力心智的兩撮鋼鐵般硬的人們之間的鬥爭，從遠一點的世界歷史觀點曠觀之下，那斤斤計較於雇主階級與勞工階級之間利益的社會主義鬥爭，與此強烈的鬥爭相形，已只淪為不足輕重的地位——原註。

在**浮士德文明**中，也如其他每一文明一樣，金錢的獨裁勢力，不斷挺進，而抵達其實質上的頂點。但是到了這一地步，便發生了另一變化，這是只有已透視到金錢的本質的人，才能理解的事。概略言之：如果金錢是具體的事物，則它的存在可以永垂不渝——但，金錢只是一種思想的形式，故而，一旦由金錢所支撐的經濟世界，已走向終局，則金錢本身也隨之萎退。儘管金錢曾戳入鄉野農業的生命之中，而促使生產運行不替；儘管金錢的思想，曾轉變了每一種的手工業；今天更勝利地壓蓋在工業之上，使得企業家、工程師及勞工的生產工作，一律成為它的掠獲物。而這一世紀中真正的皇后——機器——也瀕臨屈服於更強的勢力——**金錢**——之前的危險。然而，金錢也已開始失去其威權，而最後的衝突已經接近，在這一衝突中，文明便達到了最終的形式：**金錢**與**血液**之間的衝突。

即將到臨的凱撒主義，會打破金錢的獨裁權力，以及其在政治上的武器——民主政治。在世界經濟及其利益，壓服了政治性的創造力，而獲長期的勝利之後，**生命的政治一面**，終究顯示出它仍是兩者之中，**較強的一者。寶劍勝過了金錢，統治意志再度壓制了掠奪意志**。

如果我們稱這種金錢的勢力為「資本主義」[4]，那麼，我們可以認為「社會主義」是一種在

4 就這一意義而言，工人運動的利益政治之爭也屬於資本主義，因為這種利益政治的目的不在克服金錢價值，而在擁有金錢價值。——原註。

人類生活中喚入強有力的政治——經濟秩序的意志，這強有力的政治——經濟秩序超越了一切的階級利益；「社會主義」也是一種由高遠的思想與責任感所形成的系統，可以使人類整體在歷史的決定性戰爭中，維持良好的情況，而這戰爭也正就是金錢與法律的戰爭。經濟的私利勢力必定要求開放各種道路，以便掠取更多的資源。它們不容許任何法律程序阻擋它們。經濟的私利勢力試圖由它們自己、依它們的利益來制訂法律。為了達到這一目的，它們利用民主政治作為工具，以金錢收買政黨，使民主政治為它們所用。而為了抵抗經濟私利的這一猛烈攻勢，法律需要有其高尚的傳統，這傳統不以累積財富為滿足，而致力於超越一切金錢利益之上的、真正領導風格的建立。

一個權力，只能被另一權力所推倒，不是什麼原理之類可以解決的，而能夠面對金錢維持不倒的權力，只有一種——**血液**。金錢終被血液所推翻而消滅。生命才是一切，是萬物之始與萬物之終，是內在宇宙中的自然之流，是歷史世界內，事實中的事實。在不可抗拒的世代蕃衍的韻律之前，一切由覺醒意識在心智世界中建立起來的事物，終歸消失無蹤。在歷史中，只有生命，只有種族特性，只有權力意志的昂揚，才具有意義，至於那些真理、發明、金錢等的勝利，不過是無關緊要的點綴。故而，高級文化的戲劇——那個包括神祇、藝術、思想、戰爭、都市等的奇妙世界——隨著血液永恆的原始事實、隨著不斷循環的宇宙流衍的重回，而終告結束。

光輝幻現的覺醒存有，終將沉入於寂靜無聲的生命存有之中，如同中國及埃及帝國的情形一樣。「時間」勝過了「空間」。而「時間」所具的不可改變的嚴格律動，在這星球上，將瞬息變幻的文化事件，嵌入於人的事件之中，於是生命情節，一時奔流而前，一往無悔；然而在此之後，也不過徒留地質上的、及星球上的歷史，滄桑流衍，層層堆聚，以供人們瞻仰而已。

至於我們，命運既已置於這一文化之中，而文化的發展，又已到達這一時刻，金錢正在慶祝其最後的勝利，而隨後繼起的凱撒主義，正以寂靜而堅定的步伐，迫近而來——故而我們的方向，無論自願抑或強迫，其限度都已十分狹小，而捨此之外，生命又不值得活著。我們沒有自己選擇道路的自由，而只有在「必然」與「虛無」之間，任擇其一的自由。而由歷史的必然，所定出的工作，無論個人是參與其中，抑或力持反對，都終竟會宣告完成的。

（全書完）

風雲思潮

西方的沒落（下）世界歷史的透視【全新譯校】

作者：〔德〕史賓格勒 Oswald Spengler
譯者：陳曉林
發行人：陳曉林
出版所：風雲時代出版股份有限公司
地址：10576台北市民生東路五段178號7樓之3
電話：(02) 2756-0949
傳真：(02) 2765-3799
執行主編：朱墨菲
美術設計：吳宗潔
業務總監：張瑋鳳

初版日期：1993年1月(桂冠)
最新版日期：2025年1月
ISBN：978-626-7510-19-3

風雲書網：http://www.eastbooks.com.tw
官方部落格：http://eastbooks.pixnet.net/blog
Facebook：http://www.facebook.com/h7560949
E-mail：h7560949@ms15.hinet.net
劃撥帳號：12043291
戶名：風雲時代出版股份有限公司

風雲發行所：33373桃園市龜山區公西村2鄰復興街304巷96號
電話：(03) 318-1378
傳真：(03) 318-1378
法律顧問：永然法律事務所 李永然律師
北辰著作權事務所 蕭雄淋律師

行政院新聞局局版台業字第3595號 營利事業統一編號22759935

定價：680元

國家圖書館出版品預行編目資料

西方的沒落 / 史賓格勒著；陳曉林譯. -- 初版. -- 臺北市：風雲時代出版股份有限公司, 2024.11　冊；　公分

ISBN 978-626-7510-19-3 (下冊：平裝)

1.CST: 西洋文化 2.CST: 文明史

740.3　113014232